스마트한
소셜미디어 세상

황의철 著

 21세기사

PREFACE

잠깐이라도 시간이 주어지면 사람들은 스마트폰을 만지작거린다. 모바일 메신저로 수다 떨고 좋아하는 노래를 바로바로 스트리밍으로 들으며 필요한 생필품이나 금융거래도 몇 번의 손가락 움직임이면 다 해결 된다. 수많은 기술이 동원되지만 소비자는 굳이 알 필요도 없다. 그저 누리면 되는, 바야흐로 소셜미디어 시대다.

우리나라 국내총생산(GDP)이 광복 이후 70년(1953년~2014년) 세월 동안 3만 1,000배 이상 늘어난 것으로 나타났다. 통계청 발표에 따르면 승용차 등록대수가 1,000대→ 1,575만대, 이동전화 가입자가 300명→ 5,235만 명, 기대수명도 61.9세→ 81.9세, 여성의 경제활동률도 37%→ 51.1%로 증가했다.

자고 나면 세상이 날로 변하는 시대에 살고 있음을 실감한다. 소셜미디어·빅데이터·사물인터넷·클라우드컴퓨팅·핀테크 등 새로운 신기술 용어들로 넘쳐나고 있으며 미리 사용법이나 활용방법을 잘 익히면 좀 더 시간과 비용을 절약할 수 있다. 이 시간에도 현재 쓰이고 있는 4G에 비해 데이터 전송속도가 천배가량 빨라 홀로그램 가상현실 등이 일상화될 것으로 기대되고 있는 5세대(G) 이동통신의 표준화 개발이 한창이다.

무인자동차, 원격진료, 입체영상, 사물인터넷 등을 실현할 '5G특허 전쟁'을 위해서 세계는 소리 없는 전쟁을 하고 있다.

최근 일주일간 모바일, 신문, TV 등 각종 매체에서 볼 수 있는 각종 이슈들을 살펴보면 우리의 오감각들이 총 동원되어 학습의 폭을 확장시켜야 좀 더 편리하고 효율적으로 이러한 환경변화에 적응이 될 것이다. '쇼핑에서 간편 결재·SNS·동영상까지…', '스마트폰으로 3초 만에 주문 결재 끝', 'AI킬러로봇 활용땐 인류는 제3의 전쟁','음원사이트, 소리 없는 전쟁', '지문·얼굴로 PC켜고…음성으로 일정 검색,' 1인 방송 묶음 서비스, 'MCN(MultiChannel Network)', '시각효과(VFX) 허브로,' '스마트뱅킹 손목위의 전쟁', '3D카메라 달린 스마트폰', '스마트카의 딜레마', '진화하는 해킹에 피해 눈 덩이', '빅데이터로 인근 맛집 추천' 등이다.

모바일 애플리케이션(앱)을 하루에 60번 이상 실행하는 사람이 전 세계적으로 2억8000만 명에 달하는 것으로 나타났다.

정보화의 진전에 따라 초고속 정보통신망 구축사업은 정보기술 혁명의 인프라 구축 사업으로써 정보처리 시간을 단축, 필요한 정보가 적절한 형태로 가공되어 어떤 종류의 정보(multimedia service)든지, 언제(any time), 어디서나(any place), 실시간(real time)으로 저렴하고 누구에게나(any one) 그 정보를 제공될 수 있도록 하는 것이 목표이다.

이 책은 변화의 속도가 빨라지고 현재와 미래의 신기술들을 기본 개념부터 실 사례까지 최근 정보를 담아 정보기술의 현장감각을 살리려고 노력하였다.

1장~4장에서는 스마트한 사회의 뉴패러다임, 스마트워크, 스마트라이프, 스마트비즈니스, 스마트인프라에 대하여 스마트화를 이끄는 변화 동향에 대하여 설명한다.

5장~9장에서는 소셜미디어란?, 소셜미디어의 진화, 사물인터넷(IoT), 디지털마케팅, 현재와 미래의 신기술에 대하여 설명한다.

대학의 일반 교양과정에서 대학생으로서 갖추어야 할 스마트사회와 소셜미디어 분야의 이슈와 트랜드에 대한 흐름과 상식을 갖도록 설명하였다. 특히 최신 신기술의 개념과 활용되고 있는 실 사례를 표와 사진으로 쉬운 이해와 현장감 있게 구성하였다. 지금 이 순간에도 없어지거나 새롭게 생성하는 정보로 넘쳐날 것이다. 이러한 변화의 소용돌이 속에서 신기술의 습득으로 편리함과 삶의 질을 높일 수 있고, '미래의 변화를 예측하고 대처하기 위한 준비를 시작합시다.

끝으로 이 책의 출판을 위하여 적극적으로 지원하여 주신 21세기사 이범만 사장님과 출판사의 모든 분께 깊은 감사를 드립니다.

2015년 여름

황 의 철

CONTENTS

Chapter 01
스마트한 사회의 뉴 패러다임

＼ '스마트한 사회란 무엇인가' 이야기를 해 본다.

＼ 스마트 사회와 뉴 패러다임에 대하여 알아본다.

＼ 스마트 시대의 패러다임 변화 전망과 ICT 전략에 대하여 알아본다.

＼ 미래사회의 특징에 대하여 학습한다.

＼ 스마트 기술에 대하여 학습한다.

＼ 인류역사의 변화에 따른 사회적 특징에 대하여 알아본다.

＼ 선(line)없는 사회에 대하여 알아본다.

＼ 모바일 미디어 비즈니스의 시대에 대하여 이해한다.

대화단절 · 스마트폰의 폐해 '씁쓸'(출처: tvreport.co.kr, 2013.1.27.)

Chapter 01
스마트한 사회의 뉴 패러다임

1. 스마트한 사회가 무엇인가?

가. 사회 패러다임 변화와 스마트 사회

* 산업사회의 등장이 농업사회 구조 해체
* 산업사회 : 대량생산, 대량분배, 대량소비의 사회체제 형성
* 정보사회 : 지식, 네트워크, 유연성, 글로벌화
* 기술변화 : 사회 변화를 가속화
* 지난 5000년 역사가 최근 20년 동안 변화가 더 **빠르게** 변화
* 수확 체중의 법칙 기술은 발전할수록 그 발전에 가속도가 붙는다.
* 속도의 시대, 세계화에 다른 국가 간 상호작용의 증대, 복잡성의 증가, 기술의 융합, 서비스의 통합 → 사회변화를 가속화 시키는 요인

나. 스마트 사회에 대한 이해와 현명한 준비의 중요성

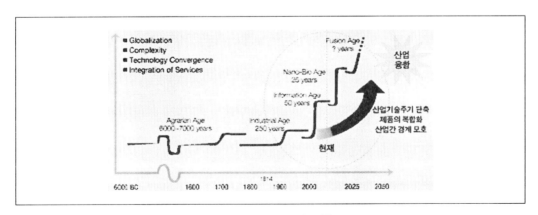

스마트 사회로의 발전 모형도
► 농업 사회 → 산업 사회(6,000년 이상) , 산업 사회 → 정보화 사회(250년 소요)

* 미래를 예측하여 대비하는 것은 개인 및 국가의 생존과 번영을 위한 최우선 과제이다.
* 1960년대 중반 피터드러커는 '단절의 시대' : 국가의 경쟁력 → 지식시대
* 1970년대 다니엘 벨은 '후기산업사회의 도래' : 사회적 가치가 자본 → 정보
* 1980년대 엘빈토플러는 '제3의 물결' : 다양성 강조, 정보사회 전망
* 정보화 사회를 이끈 수요와 공급, 정책 메커니즘의 경험과 노하우 → 새로운 스마트 사회 준비
  - 미래는 다양한 가능성을 향해 열려 있는 시간이다.
  - 미래의 가능성에 대해 '상상력'과 '희망'을 가지고 넓게, 다양하게, 멀리 준비하는 지혜가 절실하다.

다. 미래사회의 특징과 스마트 사회

1) 미래학자들이 전망한 미래사회와 스마트 사회

우리사회는 '스마트폰'에서부터 시작하여 '스마트워크', '스마트시티', '스마트 그리드' 등 스마트 열풍에 빠져있다.

즉 기술의 발달과 확산이 산업과 사회부문의 스마트화를 촉진하고 스마트해진 산업, 사회는 기술 스마트화의 기폭제로 작용하면서 미래 사회는 전혀 다른 스마트사회가 될 것이다.

2) 미래학자의 특징과 스마트 사회

* 현재의 정보화 사회가 고도화되면서 시간, 공간, 지식, 관계가 확장됨에 따라 새로운 가능성이 형성되거나 핵심가치가 변화하는 모습을 보이는 것.

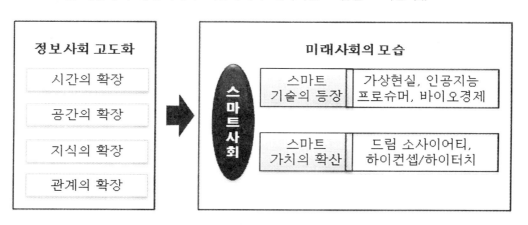

11

미래학자들이 바라보는 미래사회

(출처 : 한국정보화진흥원, 2010.12, p24)

미래모습	주요 전망
'가상현실 사회' (Cyber Now) 제롬글렌 (유엔미래포럼회장)	· 2025년에는 '사이버 나우'가 상용 · 모든 사람이 '사이버 나우'라 불리는 특수 콘택트렌즈와 특수 의복을 통해 24 시간 사이버 세상과 연결 ※ 사이버 나우 : 24시간 실시간으로 인터넷에 연결된다는 의미
'인공지능 사회' 윌리엄 하랄 (조지워싱턴대 교수)	· 2030년이 되면 로봇과 인간이 공존하는 시대가 도래하고 '인공지능'을 통한 3차원 세계로 나아갈 것 · 앞으로는 가치, 목표, 지각이 중요한 '영감(靈感)의 시대가 될 것이며 알고 있는 것을 바탕으로 내리는 선택이 핵심 경쟁력이 될 것
'드림소사이어티' (꿈과 감성의 사회) 롤프 옌센 (드림컴퍼니 대표)	· 이성·과학논리가 지배하는 시기에서 탈피하여 상상력과 감성이 더 중요한 '드림소사이어티(Dream Society)'로 진입 · 기업은 상품과 서비스에 감성적 가치를 덧붙여야 함
'하이컨셉/하이터치' 다니엘 핑크 (미래학자)	· 논리적·선형적 능력이 중시되는 정보화 시대에서 창의성·감성·직관이 중시되는 '개념의 시대'로 이동 · 예술적·감성적 아름다움을 창조하는 하이컨셉, 공감을 이끌어내는 능력인 하이터치 능력을 갖춘 인재가 필요
'프로슈머 경제' 앨빈 토플러 (미래학자)	· 제3의 물결(정보사회)이 심화되면서 부(富)의 기반인 시간/공간/지식에 큰 변화가 옴에 따라, 이 기반을 선도하는 사람이나 기업이 미래의 부를 지배할 것 · 이러한 변화를 잘 반영한 프로슈머(Prosumer)가 향후 경제 체제를 더욱 혁신적으로 바꾸고 폭발적 부를 창조할 것
'바이오 경제' 데이비스/데이빗슨	· 1950년대 이후의 정보경제에 이어 2020년대부터는 지능 컴퓨터, 유전공학, 극소화 기술에 기반한 '바이오경제'로 진화 · 바이오 경제는 단순히 생명공학에 기초한 경제라기보다는 정보기술과 바이오 관련기술이 융합되어 창조되는 경제

3) 스마트 기술의 등장

가상현실, 인공지능과 같은 새로운 사회

- 스마트기술 기반 창조적이며, 인간 중심의 행복한 사회로 진화
- 삶의 방식과 사회시스템 변화 스마트 사회로의 진화
- 교육 현장 증강·가상현실 활용 실감나는 교육, 실시간 교육, 1:1 맞춤형 교육문제 해결 능력 교육의 방식, 교육의 역할, 학교의 형태 등 교육 패러다임 변화

스마트 기술

- 3D 프린터의 개발 공장제작, 유통단계 사라지는 제2의 산업혁명 일어날 전망
- 디지털 기록, 관리 기술의 발달 보고, 듣고, 만나고, 느끼는 모든 정보 자동 기록(life logging) 일상화 → 완벽한 기억이 가능
- 모든 사물, 시스템, 프로세서에 지능 부여 가능 임베디드된 스마트 기술 통한 지능 부여

지능화된 검색 및 분석도구 활용

- 시장 트렌드 및 사회적 흐름 파악
- 경제, 생활, 스마트 등 우리사회 현안문제 스마트한 솔루션 개발 스마트 사회의 구현
- 인간 중심의 창조적, 감성적 사고 중요 시 삶의 다양성 중시되는 스마트 사회
- 향후 공간과 영역, 산업과 서비스의 파괴적 혁신 초 경쟁시대 예상 다원화, 개인화로 갈등 심화

2. 스마트 사회로 가는 길

가. 인류역사의 스마트 사회로의 변화

1) 인류 역사의 변화와 사회적 특징

인류역사의 변화와 사회적 특징

구 분	농업사회	산업사회	정보화 사회	스마트사회
기술	체력, 근면	제조기술	디지털기술	네트워크, 개방적 협력 스마트 IT
일하는 방식	육체적 근면 자급자족	노동집약 대량생산	지식집약 수평적 질서	스마트워크
경영전략	자연재해 극복	H/W중심	S/W중심	컨버전스 1인 기업, 모바일
인재상	근면한 사람	근면한 공장근로자	지식역량보유 근로자	창의적, 개방적 인재
핵심가치	공동체의식	폐쇄적, 정형화	개방, 공유, 지식	유연성, 창의성, 인간중심

- 인류역사 → 기술의 발전, 사회적 가치의 변화 → 패러다임 변화

2) 혁명적 기술에 따른 사회 패러다임의 변화와 스마트 사회의 등장

- 도구의 발명과 기술의 혁신 사회 패러다임 변화의 핵심요인 작용
- 스마트사회의 임베디드화된 IT와 지능화된 IT 등 스마트기술 기반
  - → 사회가 혁신적인 변화, 사회적 측면 창의적이며 감성적인 가치가 중요
  - → 이에 걸맞은 인재 육성이 중요과제

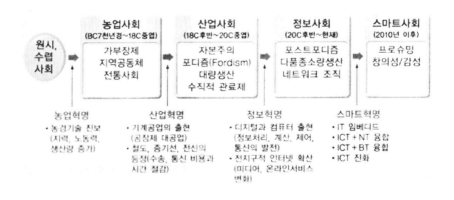

14

나. 글로벌 현안문제와 스마트사회

1) 2008년 글로벌 금융위기

* 성장 동력 약화, 글로벌 금융위기 장기 저성장 시대 → 실업이 사회문제 직면

2) 20세기 중반 이후 기후변화 현상 확산, 1960년 이후 45년간 0.6도 이상 상승
→ 인구증가와 온실가스 배출량 급증

3) 경제위기, 환경오염, 사회 안전 이외에 현안문제 산재

4) 시스템 및 사회 인프라를 스마트하게 하고, 산업, 경제, 정부 등 사회 구성요소 스마트하게 진화

5) 우리 사회의 현안문제와 시대적 선결과제 근본적인 해결책 중요 거시적이고 효과적 대응방안 마련

다. 선진일류국가를 향한 스마트 사회 구현

1) 스마트 사회 → 스마트 기술과 가치를 통해 더 행복한 선진일류 국가 실현하는 것 목적

* 스마트사회 구현 → 국가의 스마트화 구축 국민생활, 정부, 산업, 문화를 스마트화

2) 미래지향적 스마트사회 구축 → 미래예측, 거버넌스, 법, 제도 같은 사회적 인프라의 혁신적인 발전 필요

3) 스마트 사회의 구현 → 스마트워크, 스마트정부, 스마트 비즈니스, 스마트 컬처, 스마트 인프라 구축과 스마트 역량 → 다양한 전략 소개, 정책적 방향 제시(출처: 스마트 사회를 향한 대한민국 미래전략, 김성태, 법문사).

3. 선(Line)없는 사회

≡Q 지금 우리는 ?

* Wireless Society의 도래
* 모바일 미디어 비즈니스 시대
* 비즈니스 판(Platform, Market)이 바뀐다.
* 모바일(휴대폰)이 미디어
* 무선 인터넷과 1인 미디어 시대
* 스마트 폰 새로운 시장을 개척한다.
* 애플의 투톱과 한국 IT의 길

가. Wireless Society의 도래

∴ 한 마디로 선이 없는 사회

* 사람과 사람을 연결해 보다 자유로운 커뮤니케이션을 제공하는 음성 통신망
* 휴대폰의 SMS(Short Message Service)와 MMS(Multi Message Service)는 무선인터넷 기능과 쌍방향성 등의 차별화 특성 개인화된 타깃 광고 가능
* 모바일 광고 모바일 쿠폰, 모바일 프로모션 등 효과적인 매체

∴ 수퍼 하이웨이 도래

* 인터넷 접속속도 기하급수적 향상, 시간과 생산성 낭비의 문제, 인터넷 중독의 문제
* 무선사회가 도래할수록 의사소통을 더 잘하는 방법 배워야
* 트위터나 페이스 북 같은 다양한 SNS 미디어를 이용한 무선 커뮤니케이션 절대적 필요

∴ 효과적인 커뮤니케이션을 하기 위한 도구에 따른 한계

* 자신의 생각을 압축해서 전달해야 되고, 어휘를 활용하는 능력 절대적 필요
* 직접적 소통 위주의 중년 이후 세대 다소 불편 예상

* 무선 인터넷은 유선 인터넷보다 익명성 높아 상대 확인 곤란하여 피해 예상
  - 문명의 이기는 편리함과 만족감을 주지만 부작용 야기
  - 선이 없어지는 사회 대비

나. 모바일 미디어 비즈니스의 시대

2009년 12월 '아이폰 출시'

* 앱 스토어(App store) : apple의 모바일 애플리케이션 판매 위한 Market place
* 개인 모바일을 '무선 아이폰&아이팟+유선의 앱 스토어(아이튠즈) : 미디어화, 비즈니스화로 발전
* 아이튠즈 애플사가 만든 멀티미디어 플레이어 및 아이팟용 동기화프로그램
* 앱 스토어에는 30만 개가 넘는 애플리케이션 등록 인기 App 수억 회 넘는 다운로드 횟수
* 세계 이동통신 시장에 엄청난 변화 미디어의 비즈니스 시대

다. 비즈니스 판(Platform, Market)이 바뀐다.

유선 인터넷 시장

* 이동통신 기업 소비자 지향의 오픈 정책으로 판(platform) 바뀜
* 애플의 앱 스토어 모바일 클라우드로 판(platform)의 변동에 대처 할 상황

무선 인터넷 시장

* 2009년 말 무선인터넷, Wi-Fi, 무선망 개방, 모바일 클라우드, 모바일 OS, 모바일 네트워킹(SNS), LTE, 4G의 서비스(와이맥스 : WiMAX),

라. 사회 패러다임과 스마트사회

디지털 기술은 모든 형태의 학습, 놀이, 사회적 상호작용을 변화시킴

* 인터넷에서 '온라인 교제'가 이루어지고, 위키디피아처럼 지식을 공유하고 협동하고 축적시키며, 소셜 네트워킹을 통해 자화상을 남기는 인터렉티브한 특성을 지님

정보통신산업 눈부신 발전

국내에 이동전화가 첫 선을 보인 건 31년 전. 1984년 3월 한국이동통신이 차량에 장착하는 '카폰' 서비스를 시작하면서 한국의 모바일 시대가 열렸다. 당시 카폰 가입비와 단말기 가격이 자동차 1대 가격(약 400만 원)과 맞먹어 첫해 가입자는 2658명에 그쳤다. 첫 휴대전화 서비스는 서울 올림픽을 앞둔 1988년 7월 시작됐다. 음성통화만 가능한 1세대(1G) 아날로그 방식의 미국 모토로라 폰은 크고 무거워 '벽돌 폰'으로 불렸다.

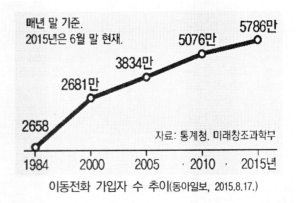

매년 말 기준. 2015년은 6월 말 현재.

2658 · 2681만 · 3834만 · 5076만 · 5786만

1984 · 2000 · 2005 · 2010 · 2015년

자료: 통계청. 미래창조과학부

이동전화 가입자 수 추이(동아일보, 2015.8.17.)

1996년 세계 최초로 디지털 방식의 2세대(2G) 이동통신(CDMA) 서비스를 상용화하고 1997년 개인휴대통신(PCS)이 도입되면서 이동전화는 빠르게 대중화됐다. 1996년 318만 명이던 이동전화 가입자는 1999년 2344만 명으로 3년 만에 7배로 급증해 유선전화 가입자를 넘어섰다. 2003년엔 무선 데이터 통신이 가능한 3세대 이동통신(WCDMA). 2011년에는 4세대(4G) 이동통신(LTE)을 각각 세계 최초로 상용화해 지구촌에서 가장 빠른 통신환경을 마련했다.

2009년 애플 '아이폰'의 등장으로 스마트폰 시대가 열리면서 이동전화는 '손안의 컴퓨터'로 진화해 생활필수품으로 자리 잡았다. 6월 말 현재 이동전화 가입자는 5786만 명으로 한국 인구(5145만 명)보다도 많다. 이동통신으로 대표되는 정보통신기술(ICT) 산업은 지난해 국내총생산(GDP)의 8.5%를 차지했다.

한 세대 만에 정보통신 강국으로 성장한 한국은 이제 5세대(5G) 이동통신 기술을 세계 최초로 상용화하고 사물인터넷(IoT) 등의 미래 산업을 주도하기 위한 도전을 이어가고 있다(동아일보).

연습문제 I ※ 다음 문제의 정답을 표시하시오.

01. 미래사회의 특징에서 정보고도화가 아닌 것은 ?

① 시간의 확장 ② 공간의 확장 ③ 관계의 확장 ④ 연결의 확장

02. 스마트기술의 등장으로 인한 미래사회의 모습이 아닌 것은?

① 가상현실 ② 바이오경제 ③ 블루투스 ④ 인공지능

03. 스마트사회의 특징이 아닌 것은?

① Globalization ② Information
③ Technology Convergence ④ Integration of Service

04. 24시간 실시간으로 인터넷에 연결된다는 의미?

① Internet Now ② Cyber Now ③ Real Internet ④ Connect Now

05. 미래학자가 전망한 미래사회의 모습이 아닌 것은?

① 인공지능 사회 ② 가상현실 사회
③ 컨슈머(Consumer) 경제 ④ 바이오경제

06. 스마트사회의 사회적 특징이 아닌 것은?

① 개방적 협력 ② 스마트워크
③ 소프트웨어 중심 ④ 창의적, 개방적 인재

07. 글로벌 현안문제 중 거리가 먼 것은?

① 온실가스 배출량 급증 ② 스마트폰 판매저조
③ 경제위기 ④ 사회 안전

08. 소비자가 소비는 물론 제품개발, 유통과정에까지 직접 참여하는 '생산적 소비자' 로 거듭나는 의미?

① 컨슈머(Consumer) ② 바이오경제
③ 프로슈머(Prosumer) ④ 하이컨셉소비

09. 모바일 미디어 비즈니스의 시대에 대한 설명이 아닌 것은 ?

① 자신의 생각을 압축 전달 → 어휘 활용 능력
② 직접적 소통 위주의 중년 이후 세대 다소 불편 예상
③ 문명의 이기는 편리함과 만족감 → 선이 없어지는 사회 대비
④ 무선 인터넷 → 유선 인터넷보다 익명성 낮다

연습문제 II ※ 다음 문제를 설명하시오.

01. 선이 없는 사회란?

02. 선이 없는 사회가 되면 무엇이 달라질까?

03. 5세대(5G) 이동통신

04. 모바일 스토어의 종류

05. 프로슈머(Prosumer)

06. 바이오 경제

07. IPTV 서비스

08. 스마트기술이 등장하면서 대학교육은 어떻게 변모되어 가는가.

09. 글로벌 현안문제?

10. 스마트사회가 정보화 사회와 다른 점은?

11. 애플의 앱스토어에 대응할 수 있는 서비스로 구글의 모바일 스토어를 무엇이라 하는가?

12. 애플리케이션 마켓의 원조 격인 애플의 〔   〕는 가장 성공적인 모델로서 인식되고 있으며 다른 애플리케이션 마켓의 벤치마킹 대상이 되고 있다.

13. 다니엘 핑크는 그의 저서 '새로운 미래가 온다.에서 〔   〕을 제시했다. 그는 18세기 이후의 산업변화를 농경시대, 산업화시대, 정보화시대, 그리고 〔   〕의 시대로 구분했다.

14. 패턴과 기회를 감지하고, 예술적 감각과 감성의 아름다움을 창조해 내며, 훌륭한 이야기를 창출해 내고, 언뜻 관계가 없어 보이는 아이디어를 결합해 뭔가 새로운 것을 창조해내는 능력을 〔   〕라 한다. 나이키의 'Just Do It', 아디다스의 'Impossible is Nothing'이라는 〔   〕에 매료되어 제품을 구매한다.

Chapter 02

스마트워크 · 스마트라이프

＼ 세대별 일하는 방식의 패러다임에 대하여 알아본다.

＼ 미래 근무환경의 특징을 알아본다.

＼ 스마트 워크 성공 사례에 대하여 알아본다.

＼ 스마트워크(Smart Work)란? 무엇인지 학습한다.

＼ 스마트워크의 긍정적 · 부정적 효과에 대하여 학습한다.

＼ 유형별 스마트워크에 대하여 알아본다.

＼ 스마트한 농촌의 실 사례에 대하여 논의한다.

Chapter 02

스마트워크 · 스마트라이프

1. 미래시대의 근무환경 변화

가. 농업-산업-정보사회의 근무환경 변화

1) 미래 사회의 근무환경은 네트워크 망 발전 시공간을 초월한 근무, 수평적인 커뮤니케이션, 지식정보를 기반으로 하는 직업

2) 정보화 사회 가상현실, 인공지능 등 스마트 사회 인간의 감성과 창의력

3) 모바일 오피스와 1인 창업 스마트 비즈니스

세대별 일하는 방식의 패러다임

농업사회	산업사회	정보사회	스마트사회
자연친화적 일하는 방식	대량생산을 위한 표준화된 업무방식	가치창조를 위한 탈구조방식	일과 삶의 조화를 위한 스마트한 업무방식
• 집과 직장 동일 • 토지, 육체노동 중시 • 수확체감의 법칙 • 효율성 중시	• 시간을 초월한 근무 • 집과 직장분리 • 폐쇄·정형화근무 체제 • 기계, 분업, 집합형 근무 • 자본, 노동 중시	• 공간을 초월한 근무 • 개방·유연한 근무 체계 • 일 체계 수평적 • 수확체증의 법칙 • 정보와 지식 중시	• 시공을 초월한 근무 • 삶과 일의 조화 • 분업과 협업의 동시수행 • 개인의 창의·감성·직관의 중시

나. 미래 근무환경의 특징

1) 직장은 사라지고 직업만 남는다.

스마트사회의 근무환경은 어떤 특징을 가지게 될 것인가?

시공간을 초월한 근무환경으로 직업만 남게 되는 현상

* 프리 에이전트 시대(Free Agent Nation) 자유롭게 자기 삶을 컨트롤하며 일하고 여가를 즐기는 것
* 멀티커리어(Multi Career)족 공부, 스팩 쌓기, 아르바이트, 취미 함께 준비

2) 일과 삶이 자유롭게 움직인다.

* Blinde(2005)는 일을 처리하는 데 소비되는 시간이 19세기 중반에는 70%, 20세기 초 42% 교육에 소비되는 시간이 길어졌고, 물질적 풍요나 소비보다는 개인적 개발, 자기충족, 가족관계, 창조적 활동 등 정신적 가치에 관심을 가짐
* 업무의 유연성 제고 강조 텔레커뮤니팅, 원격회의 및 협업, 재택근무, 원격근무

3) 분업과 협업이 동시에 가능

* 미래사회의 일 클라우드 컴퓨팅 기반
* 언제, 어디서나 필요한 프로그램, 데이터, 자료 등 정보자원을 활용
* 분업하여 처리된 일 중앙 서버 통한 협업, 타인과 공유

2. 국내 근무환경은 워크하드

가. IT 기술은 선진국, IT 활용은 후진국

1) 2010년 유엔 전자정부 평가 온라인 참여지수 1위, ITU의 정보기술 발전 지수 3위, G20 아시아 최초 개최

수준 높은 IT 인프라와 국민들의 IT 활용능력을 이용한 가치창출이나 사회현안 해결은 미흡

2) IT 산업 경쟁력 지수 2007년 3위, 2009년 16위 사회적으로 대면 문화 만연 업무 처리시간 소요 크다

3) 사무실 근무 노약자, 장애인, 출산 여성 등 직업 포기

∴ IT 활용 스마트 워크 성공 사례

° Sun Microsystems

- 원격근무 시스템 'Open Work'을 활용하여 업무 생산성을 34% 제고, 지원들의 통근시간 60% 감소, 사무공간 17% 감소하는 효과

° IBM Korea

- 영업팀 위주로 스마트폰 도입, FMS 도입 및 사내 무선 랜 구축 등 스마트 워크 환경 구축
- 사무공간 40% 감소, 5년간 고정비용의 순 비용 절감 100억, 생산성 74% 증가, 업무 집중도 강화

나. 우리도 저 출산 · 고령화 사회

1) 우리사회는 저 출산, 고령화로 생산 가능 인구가 감소하고 있다.

° 2009년 합계 출산율 1.15명으로 세계 최저수준이며, 2018년에는 고령화 사회로 진입 예상

° 2012년 합계 출산율은 1.30명으로 11년 만에 이 수준을 회복했으며, 출생아 수도 48만4천여 명으로 전년 대비 1만3천여 명 증가했다(출처 : 2013.2.26., 노컷뉴스)

2) 2009년 기준 우리나라 여성고용율 25세~29세 65.6%, 30대 초반 50.1%로 감소, OECD 국가 25세~54세까지 70%의 고용율 유지, 2009년 취업여성의 31%가 일과 육아병행(보건사회연구원)

3) 일과 생활의 균형이 핵심인재를 확보, 유지하고 근로자의 만족도 및 생산성 제고하는 요인으로 부상

→ 적합한 직무개발, 근무시간의 단축, 재택근무 등 다양하고 유연한 근무형태 적극 도입

4) 2009년 글로벌 소비 지출의 약 20조 달러가 여성소비자에 의한 것, 향후 5년간 28조 달러로 증가 예상

5) 전 세계 여성들이 경제활동을 통해 벌어들이는 소득 2009년 13조 달러 2014 년 18조 달러 증가 예상

6) 미래세상의 핵심소비자로서, 생산의 주역으로서, 조직 운영의 **중요** 주체로서 여성의 존재감과 위상 높아짐(출처 : LG경제 연구원, 2010. 8 재구성).

3. 스마트 사회의 일하는 스마트워크 방식

가. 스마트워크(Smart Work)란?

종래의 지정된 업무공간인 사무실에서 벗어나 시간과 장소에 얽매이지 않고 언제 어디서나 편리하게 효율적으로 업무에 종사할 수 있도록 하는 미래 지향적 근무형태를 의미한다.

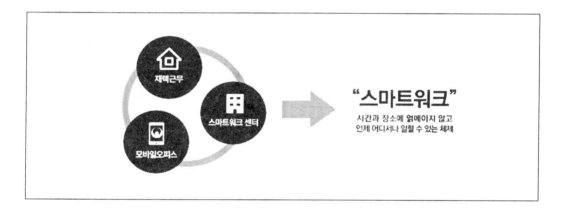

1) 유연한 근무방식, 네트워크로 연결, 집단지성 활용, 글로벌 협업
2) 일하는 장소에 따라 재택근무, 스마트워크센터 근무, 모바일 근무(원격근무)
3) 출퇴근 시간 낭비의 최소화, 교통체증 방지 및 탄소 배출량 억제, 사무공간의 효율적 이용 → 사회 간접비용의 절감
4) 일과 가정의 조화 실천 → 저 출산 문제 해소, 재난재해 등 위기 상황 발생 시 현장에서 신속업무 처리
5) 저 출산 고령화 문제 해소, 저 탄소 녹색 성장, 위기관리 등 국가 현안을 해소

6) 스마트 폰 확산 → 비즈니스 창출 기회

7) 스마트워크 역기능 → 변화에 대한 저항, 조직문화에 대한 고립감, 손상/보안문제, 소외감

KT의 스마트워크 근무환경

8) 미국의 스마트워크 전문 연구기관 '텔레워크 리서치 네트워크(Telework Research Network)'는 스마트워크 도입으로 에너지 소비감소, 국가 생산성 향상 등의 효과를 기대할 수 있다고 설명

- 2,500만 명의 美 근로자가 스마트워크를 실시할 경우 2억 8,100만 배럴의 원유 소비가 절감되며 5,100만 톤의 온실가스를 감축할 수 있음

- 국가 생산성도 15%~55%까지 증가할 수 있으며 동일 비용으로 600만 명의 노동력이 추가되는 효과 창출.

- 출·퇴근자 감소로 교통정체 및 교통사고 발생률이 경감되는 것은 물론 교통시설 인프라에 대한 투자도 줄일 수 있음.

스마트워크는 크게 재택근무(Home Office), 모바일 오피스(MobileOffice), 스마트워크 센터(Smartwork Center)를 통해 가능하다.

유형별 스마트워크

유형	특징	장점	단점
재택근무	자택에서 인트라넷 등 본사 네트워크에 접속해 근무	·별도의 공간 불필요 ·출퇴근 부담 감소	·협업에 따른 시너지 효과 감소
모바일 오피스	무선통신 단말기를 이용, 장소를 이동해 가며 근무	·모바일 단말기 대중화로 적용 손쉬움 ·대면 및 이동이 많은 근무에 유리(영업, AS등)	·엄격한 자기관리 필요 ·모바일 인프라(무선인터넷)구축 필수
스마트워크 센터	특정지역에 IT 인프라가 완비된 사무실을 개설, 인근 거주 근로자들이 해당 장소로 출근	·본사와 근무환경 미미 ·사무실 도심 집중을 분산시켜 임대료 절감 및 교통난 해소	·별도의 공간 요구 ·관리조직 및 시스템 구축비용 소요

※ 출처: 스마트워크현상과 활성화방안 연구(이재성외, '10)

나. 스마트워크 관련 기술 동향

스마트워크 관련 기술은 크게 인프라 기술과 **보안관리** 기술, 운영관리 기술, 시스템 관리 기술로 구분할 수 있다.

1) 인프라 관련 기술 군에는 PC, 프린터, 접속 라우터 등 스마트워크를위한 각종 정보 통신기기 관련 기술이 포함

2) 보안관리 기술 군에는 **안티바이러스, 방화벽, 콘텐츠 보안** 및 암호화,네트워크 접근 제어 등과 관련된 기술이 포함

3) 운영관리 기술 군에는 스마트워크를 위한 각종 **솔루션**이 포함되며 전자결재, 메신저, 파일 공유, 원격**협업** 관리 솔루션 등이 해당.

4) 시스템 관리 기술 군에는 클라이언트의 HW/SW **자산관리** 및 업데이트, 시스템 복구 및 백업 등이 포함.

≡Q 인프라 관련 주요 기술동향 : 실감형 전송기술

1) 초고속 네트워크와 PC **보급**이 일반화됨에 따라 스마트워크 **인프라**관련 기술의 초점은 사무실 근무환경과 최대한 유사성을 갖추는 것으로 옮겨지고 있다.
    ※ 기능적 요소뿐만 아니라 사무실 외부에서 업무를 진행하는데 따른 근로자의 불안감과 소외감 을 해소해야 한다는 지적이 제기되고 있는 상황

2) 따라서 근로자의 시선을 고려한 선별적 영상 정보 제공, 3D **효과지원,**실감형 인터페이스 구현을 위한 홀로그램 디스플레이 기술, 음성명령 기술 등이 주목받고 있다.
    ※ 특히 시야의 사각 없이 전체가 디스플레이 되며, 수십 종의 **센서**와 카메라를 활용해 사용자의 제스 처를 인식함은 물론 터치스크린 등 직관적인 인터페이스를 제공하는 실감형 전송기술이 필요하다.

실감형 전송기술을 이용한 화상회의 장면 (출처: ITWORLD)

다. 스마트워크 추진 동향

1) 인천 스마트워크 센터는 2010년 시범 센터 구축과 법령·제도 정비를 시작으로 2015 년까지 근로자의 30%에 대해 스마트 워크 환경 조성을 목표로 하고 있다. 2010년 11월 서울특별시 도봉구청과 성남시분당 센터가 문을 연 뒤로 2012년 3월 현재 서울특별시 서초, 서울특별시 잠실, 서울특별시 구로, 인천, 부천, 수원, 고양시 일산, 중앙청사 등 수도권 10개 지역에 설치됐다.

   인천 스마트 워크 센터에서는 소규모 1인 창조 기업, BI기업, 벤처기업 등을 대상으로 스마트폰, PC 등 다양한 기기를 통해 다자간 화상회의를 진행하고 문서, 동영상, 이미지 등을 공유해 원격 협업하도록 5종의 스마트 워크를 제공한다(출처: 한국향토문화전자대전, 한국학중앙연구원).

서울 도봉구에 마련된 거주형 스마트워크센터 전경

2) 세종청사 근무자가 국회나 중앙청사로 출장을 올 경우 편리하게 업무를 볼 수 있도록 스마트워크센터를 개소하고 이를 통해 사무공간과 함께 정부업무시스템과 보안장치가 깔린 PC, 회의용 영상카메라 등을 갖추게 된다.

   스마트워크센터는 클라우드 컴퓨팅 기반 환경으로 구현되며 이에 따라 업무자료를 개인PC가 아닌 중앙 클라우드 시스템에 저장해 언제 어디서나 꺼내 쓰고 저장할수 있도록 했다. 앞서 정부는 임산부나 치료를 요하는 공무원 대상으로 수도권 9곳에 주거형 스마트워크센터를 운영 중이다.

3) 포스코는 스마트워크를 통해 시간·공간의 제약을 극복하면서 모든 사람이 자유로운 소통과 협업을 통해 좀 더 창의적으로 일할 수 있도록 하고 있다. 포스코 스마트워크 추진은 크게 스마트 오피스(Smart Office)와 스마트 작업장(Smart Works) 영역으로 나누어 본사는 오피스 부문을, 제철소에서는 스마트 작업장을 추진해 왔다. 스마트 오피스 부문에 대해서 알아본다.

포스코는 사무 부문의 일하는 방식 개선을 위해 스마트오피스 환경조성, 문서 관리 시스템, PC 영상 회의 시스템, 모바일 오피스, 사내 소셜 네트워크 서비스(SNS) 등의 혁신 프로젝트를 추진했다. 스마트 오피스는 직원들에게 쾌적한 근무 환경을 제공하는 한편 일하는 방식의 변화도 가져왔다. 공간 활용성이 높아지고 낭비가 줄어들며, 일하는 방식이 스마트해졌다. 또한 업무 몰입과 협업이 가능하도록 사무환경을 조성해 직원들이 좀 더 창의적이고 가치 있는 일에 집중할 수 있게 되었다. 이는 업무 목적에 맞게 포커스 룸(Focus Room), 아일랜드 룸(Island Room) 등을 이용할 수 있어 몰입도가 증가하고, 4인용·6인용 등 다양한 회의실 사용으로 협업을 향상시켰다. 칸막이 제거와 소통 공간화(Communication Space)로 부서 간 벽이 낮아지면서 소통도 증가했다.

포스코의 스마트오피스

포스코의 스마트 오피스 변화는 직원들의 일하는 방식에도 변화를 가져와 높은 성과를 가져오고 있다. 스마트 오피스로 업무 공간의 활용성은 25%(180평 → 225평), 수용 인원 45%(90명 → 130명) 향상된 것으로 조사되었다. 포스코센터 20개 층을 스마트 오피스로 구현 시에 5개 층의 여유 공간이 확보 가능해 연간 임대비 등을 60억 원 절감하는 경제적 효과가 있을 것으로 기대하고 있다.

포스코는 또 문서 관리 시스템을 통한 문서 중앙 화와 정리 **활동** 등을 통해 불필요한 문서 작성을 줄이고 있다. 지난 3년간 월 평균 문서 생성 건수가 약 5만 5000건 줄어들었다. 또한 지시와 보고 방식의 변화와 U-페이퍼리스(U-Paperless) 구축을 통해 종이 출력을 **최소화하고** 있다. 직원들은 "이메일 보고가 활성화하면서 임원과 직원 간 커뮤니케이션이 늘었고, 본업에 몰입할 수 있게 됐다"고 긍정적 평가를 하고있다.

시간과 장소에 상관없이 회의할 수 있도록 TV, PC, 스마트폰, 고화질영상 회의를 통합한 영상 회의 시스템을 갖추었으며, 특히 PC 영상 회의 시스템을 월 3000여 회 이상 사용하고 있다. 또한 사내 소셜 네트워크 서비스(PIRI)를 통해 47개 포스코 패밀리사 직원들이 정보를 공유하고 있다. 포스코는 포스코 패밀리 63개 사가 함께 활용할 수 있는 PC 영상 회의 시스템 인프라를 구축했다. 2010년 8월부터 전 직원에게 스마트폰을 지급해 모바일 환경에서 업무를 수행할 수 있는 모바일 오피스를 도입했다. 현재 직원의 57.4%가 매일 1회 이상 스마트폰을 활용해 이메일, 모바일 결재 등의 업무를 수행하고 있다. 최근에는 직원들이 필요한 애플리케이션을 직접 만들어 공유해 업무에 활용하고 있다(비즈니스혁신의 10대경영도구, 커뮤니케이션북스, 2014.4.).

라. 내 집은 나의 직장 : 재택근무

1) 회사로 출근하지 않고 집에서 IT기술을 이용하여 본사 정보시스템에 접속하여 업무를 수행하는 것
2) 재택근무 도입으로 영국 BT의 경우 결근 20% 감소, 생산량 30% 증가, 재택근무자 업무만족도 50% 증가. 업무 참여도 재택근무자가10% 증가 행복지수 상승
3) 재택근무로 일과 삶의 균형이 개선되었다는 응답자 73%(Waters, 2010)
4) 장애인 재택근무제, 재택근무제로 인한 프랑스의 출산율 증가

마. 사무실은 집에서 10분 : 스마트워크센터

1) 스마트워크센터는 집과 회사의 장점을 결합한 제3의 공간으로, 주거지 인근에 지식 근로 활동에 필요한 사무공간을 제공하는 복합 공간
2) 2010년 우리나라 수도권 출근시간 평균 76분, 왕복 2시간 32분
   육아문제, 복무문제
3) 원격 회의시설, 육아서비스, 원격교육 서비스, 휴식시설

바. 내 손안의 개인 PC : 모바일 근무

1) 모바일 근무란 스마트폰 등 모바일 휴대기기를 이용해 시간 공간적 제약을 받지 않고 언제 어디서나 업무를 처리할 수 있는 근무환경으로 사무실, 공장 등 일정 근무지를 벗어나 차량이동이나 출장 중에도 서류결재, 이메일 체크, 사내 인트라넷 접속 등이 가능한 근무 형태이다.
2) 신속한 의사결정 등 업무 효율성 향상, 고객 민원업무 등의 신속한 처리가 가능하다.
3) 모바일 근무형태 이동 중 업무처리 가능한 이동업무(방문 판매)와 현장근무(위생검사 현장)등이 있다.

4. 스마트워크 사회의 활성화 방안

가. 스마트워크 거버넌스 구축

1) 스마트워크의 가장 큰 장애요인은 기존 일하는 대면 방식의 관행
2) 민간과 공공의 협력 거버넌스 체계 확립 스마트워크 수요자와 공급자로서의 기업, 스마트워크 관련자들의 유기적인 협력채널 구축
3) 다양한 서비스 모델, 장애요인 및 문제점, 정책제언 등 원활하게 소통 효율적인 정책 시행 및 스마트워크 실행환경 구축

나. 스마트 워크 법·제도 개선

1) 기존 정형화된 근무방식 시공간 제약 없이 일하는 방식으로 제도 및 규정 개정
2) 계약직 및 시간제 근로에 대한 근로자들의 거부감과 정규직에 대한 과보호가 스마트 워크 확산에 장애요인 비정규직의 처우개선 필요
3) 기업의 스마트워크 도입 촉진 위한 다양한 지원제도 마련 교통유발분담금 감면 및 지역주민 복리시설로 제공하도록 관련법규 개정의 필요성 대두

다. 스마트 워크 서비스 인프라 구축 필요

1) 국가자원의 유연한 활용구조, 상호호환성 확보를 위한 공동 소프트웨어 개발기반, 스마트폰, 스마트 TV 등 스마트 디바이스 공통기반 소프트웨어 체계 구축 필요
2) 오픈 API 기반의 국가자원 공유 서비스 및 국가공유 자원 등록 저장소 등 오픈 API 클라우드 기반 구축 확산의 필요

라. 스마트 워크 사회 문화 역량 제고 필요

1) 기존 스마트워크가 사회 전반의 문화로 확산하기 위해서는 건전하고 성숙한 미래사회의 시민의식과 역량 뒷받침
2) 스마트워크 사회에 걸 맞는 성숙한 시민의식 제고, 정의에 기반한 도덕적 가치함양, 스마트 사회의 기회 및 이점을 잘 활용할 수 있는 미래 지향적 역량강화, 변화의 시대에 적절히 대응하기 위한 평생학습 등을 통해 실현 가능
3) 기업의 책임, 신뢰, 공정에 기반한 건전한 문화, 소통과 창의 기반의 실용적인 문화, 상생과 통합의 가치를 추구하는 함께하는 문화 등 조직 및 사회전반으로 확산될 수 있도록 관련정책 개발 및 시행이 필요

스마트워크의 긍정적 · 부정적 효과

구 분	긍정적 효과	부정적 효과
관리자 입장	• 시간의 활용 및 생산성 증가 • 빠른 서비스 • 고급 전문가 보유 • 기술력 갖춘 집단의 확보 • 주 사무실로 통근하는 시간 절약 • 적은 비용으로 경쟁력 유지 • 지역에 기반을 둔 관리 • 사무실 유지비용 감소 • 시설/업무에 적합한 장소 • 다른 지역의 업무시설 활용	• 변화에 대한 저항 • 원격근무자에 대한 생산성 점검의 어려움 • 원격근무에 대한 동기부여의 어려움 • 조직문화에 대한 고립감 • 손상/보안문제

근로자 입장	• 직무만족
	• 사무실 근무에 관련된 통근시간
	• 비용의 절약
	• 다양한 장소에서 업무공간 활용
	• 업무에 가정생활의 조화
	• 원격지에서 업무제공
		• 업무로 인한 가정생활 장애
		• 경력 관리에 대한 피해의식
		  (관리자와 떨어져 근무)
		• 고립감/소외감/개인 비밀에 대한 침해
		  (프라이버시 보호)
		• 임시/위촉직 등 비정규직화

[스마트한 농촌…ICT(정보통신기술) 만나 창조경제 주역으로]

세종센터, 앱으로 비닐하우스 관리
사물인터넷 양어장 조성도 계획
전남센터는 천일염 생산성 높여
명품브랜드-농생명분야 창업 등
1차 산업 한계 넘어 영역 확대

"요즘같이 비 올 때 직접 비닐하우스까지 안 가도 스마트폰으로 습도를 조절할 수 있어요."

세종시 연동면 창조마을에서 20여 년째 토마토 비닐하우스 농사를 짓고 있는 OOO씨는 이제 집에서도 스마트폰으로 비닐하우스 상태를 챙기는 데 익숙하다. '스마트팜' 애플리케이션만 누르면 비닐하우스 안에서 여물어가는 토마토도 화면으로 볼 수 있다. 더운 날엔 내부 온도도 바로 조절할 수 있다.

예전에는 비닐하우스를 오래 비우거나 서울에 친지를 보러 떠날 때도 불안했지만 이젠 그런 걱정도 덜었다. 마을 곳곳에 설치된 지능형 영상보안 장치 '마을지킴이'가 든든히 지켜주고 있기 때문이다. OOO 연동면장은 "비닐하우스 작물이나 농기구를 도난당하는 사례가 있어 항상 신경이 쓰였지만 이제 주민들이 마음 편하게 다른 마을에서 볼일을 보고 친지 방문도 걱정 없이 다녀올 수 있게 됐다"고 말했다.

스마트폰으로 비닐하우스 들여다봐

SK그룹과 세종창조경제혁신센터는 정보통신기술(ICT)을 활용한 지능형 비닐하우스 관리시스템인 스마트팜 솔루션을 내놓았다. 이미 창조마을을 포함해 전국적으로 100여 곳에서 이 솔루션이 가동되고 있다. 농림부가 스마트팜으로 딸기 농사를 지은 농민 10가구를 대상으로 시범사업 성과를 평가한 결과 생산성은 22.7% 높아졌다. 노동력과 생산비용은 각각 38.8%와 27.2% 감소했다.

창조경제혁신센터는 농축수산업 등 1차 산업 분야에서도 스마트화(化)의 첨병 역할을 하고 있다. 기존 농업에 ICT를 접목하고 지역 발전을 이끄는 창농(創農)의 선봉장으로 창조경제혁신센터가 나선 셈이다.

SK와 세종창조경제혁신센터는 향후 스마트팜을 업그레이드해 농작물 스스로 생육 환경을 조절할 수 있는 수준으로 개발할 방침이다.

또 수산업, 축산업, 임업 등으로 확대 적용할 계획이다. 올해 하반기(7~12월)에는 사물인터넷(IoT) 기능을 적용한 메기 양어장도 선보일 예정이다. 전국 천일염 생산량의 87%인 27만 t을 생산하는 전남 지역 염전에서도 스마트 혁신이 벌어지고 있다. GS그룹과 전남창조경제혁신센터는 ICT 기술을 적용한 '스마트 염전' 사업에 착수했다. 인구가 줄면서 인력 수급 문제를 겪고 있는 지역 현실을 극복하고 염전 생산 효율을 높이기 위해서다. 개발 내용에는 염전의 특수성에 맞춰 원격으로 수문을 열고 닫을 수 있는 시스템이나 비가 올 때 염수가 넘치지 않도록 관리하는 시스템 등이 포함됐다. 전남창조경제혁신센터는 스마트 염전 사업이 성공할 경우 천일염 생산량은 10% 늘고 인건비는 34% 절감할 수 있을 것으로 내다봤다.

∴ 스마트한 농촌, 건강한 창조농업

농축수산물 생산의 스마트화를 넘어서 창조경제혁신센터는 그동안 대기업 유통 채널과 브랜드에서 소외돼 온 지역 농가들을 발굴하는 데도 앞장서고 있다.

한화그룹과 충남창조경제혁신센터는 '명품 농수산품' 브랜드 개척을 지원하고 나섰다. 혁신센터에서 선별한 농수산물에 대해 충남연구원, 충남농업기술연구원 등과 연계해 품질인증을 해주고 갤러리아백화점 소속 디자인 전문가들이 패키지 제작을 돕는다. 완성된 상품은 충남 천안시에 있는 갤러리아백화점에 테스트 숍 형태로 입점 시키는 것을 시작으로 대기업 유통 채널을 활용토록 할 계획이다. LG그룹과 충북창조경제혁신센터도 최근 'K-뷰티(화장품 한류)' 흐름을 타고 지역의 특용작물을 활용한 화장품 원료 기업의 상품 개발을 지원하고 있다.

농축수산품 생산에 초점을 둔 기존 1차 산업을 넘어서 생명과학이나 관광업 등으로 확대 발전시키려는 시도도 있다. 효성그룹과 전북창조경제혁신센터는 농생명 분야 창업 기업을 발굴해 사업화와 판로 개척을 지원할 계획이다. 2017년까지 관련 분야 창업기업 70곳을 배출하는 것이 목표다. 삼성그룹과 경북창조경제혁신센터도 지역 농가와 과수원 밀집 지역 등을 관광마을로 개발하기 위한 컨설팅 프로그램을 운영하고 있다(동아일보, 2015.7.24.).

연습문제 I ※ 다음 문제의 정답을 표시하시오.

01. 스마트사회의 일하는 스마트워크 방식 중 거리가 먼 것은 ?
① 유연한 근무방식
② 글로벌 협업
③ 출퇴근 시간 증가
④ 사회 간접비용 절감

02. 스마트사회의 패러다임이 아닌 것은?
① 시공을 초월한 근무
② 삶과 일의 조화
③ 개인의 창의, 감성, 직관의 중시
④ 개방·유연한 근무 체계

03. 포스트포디즘 (Post Fordism), 다품종소량생산 및 네트워크 조직의 사회는 ?
① 산업사회
② 스마트사회
③ 정보사회
④ 모바일사회

04. 미래의 정보화 추진 패러다임 변화와 관계없는 것은?
① 확산과 촉진, 양적 성장
② 민관협력의 거버넌스 형성
③ 수요자 관점, 활용의 편의성 제고
④ 융·복합화, 소프트화

05. 스마트사회형 전자정부의 서비스가 아닌 것은?
① 그룹별 맞춤형 서비스
② 중단 없는 서비스
③ 서비스의 지능화
④ 실시간 정보공개

06. 스마트사회의 사회적 특징이 아닌 것은 ?
① 창의적, 개방적 인재
② 컨버전스, 이메일, 협력창업
③ 네트워크, 개방적 협력
④ 유연성, 인간중심

07. 스마트사회의 인재가 갖추어야 할 역량이 아닌 것은?
① 가상역량
② 창의역량
③ 미래역량
④ 글로벌 역량

08. 스마트워크의 관리자 입장에서 긍정적인 효과가 아닌 것은?
① 사무실 유지비용 감소
② 원격지 업무제공으로 직무만족
③ 고급 전문가 보유
④ 다른 지역의 업무시설 활용

연습문제 Ⅱ ※ 다음 문제를 설명하시오.

01. 스마트워크(smartwork)

02. 미래사회의 근무환경 변화

03. 미래사회의 근무환경의 특징

04. 모바일 근무의 개념과 장점

05. 국내 스마트워크센터 설치 운영 동향

06. 스마트오피스의 장점

07. 스마트워크의 긍정적·부정적 효과(관리자 입장, 근로자 입장)

08. 스마트워크 관련 기술은 크게 인프라 기술과 (   ) 기술, 운영 관리기술, 시스템 관리 기술로 구분할 수 있다. 이중 (   ) 기술 군에는 클라이언트의 HW/SW 자산관리 및 업데이트, 시스템 복구 및 백업 등이 포함된다.

09. 스마트워크 관련 기술 중 보안관리 기술 군에 포함될 내용은?

10. 스마트워크는 크게 재택근무, (   ), 스마트워크 센터를 통해 가능하다

11. (   )는 특정지역에 정보통신기술(IT) 인프라가 완비된 사무실을 개설, 인근 거주 근로자들이 해당 장소로 출근한다. 장점으로는 사무실 도심 집중을 분산시켜 임대료 절감 및 교통난이 해소된다.

12. 스마트한 농촌의 정보통신기술 (ICT) 사례 조사

13. 창조경제혁신센터의 사물인터넷 기반 스마트화의 사례 조사

Chapter 03
스마트비즈니스

＼ 스마트비즈니스란 무엇인지 알아본다.

＼ 스마트 헬스케어의 최근동향에 대하여 알아본다.

＼ 스마트 헬스케어 서비스의 분류와 사례에 대하여 논의한다.

＼ 헬스케어 분야의 혁신기술에 대하여 논의한다.

＼ 뉴 노멀 시대의 경제 환경 트랜드에 대하여 알아본다.

＼ 이동통신 산업의 패러다임의 변화에 대하여 이해한다.

＼ 미래 모빌리티 근무의 변화 양상에 대하여 알아본다.

＼ 모바일 오피스에 대하여 학습한다.

＼ UC&C 솔루션의 구성에 대하여 논의한다.

＼ All-IP 기반 유무선 인프라에 대하여 논의한다.

＼ FMC 기반 UC 서비스인 피카소(PICASSO)에 대하여 알아본다.

▲ 의사와 영상 통화를 하며 원격으로 진료를 받을 수 있는 애플리케이션 서비스.
증상을 사진으로 찍어 보내면 의사에게 소견을 받을 수 있다.

출처: 과학기술인공제회(sema)

Chapter 03

스마트비즈니스

가. 정보통신의 급격한 발전은 지식 · 정보를 처리하는 산업구조와 근무형태로 변화 → 산업자본주의 시대의 생활방식을 대체 – 산업구조의디지털화, 고용구조 및 근로자의 가치변화

1) 산업구조 – IT 산업이 경제성장과 고용창출의 핵심 원동력으로 작용
2) 고용구조 – 최저 출산율과 고령화
3) 근로자의 가치변화– GDP 대비 가정 지출규모 낮아 가정 관심도 매우 적다.

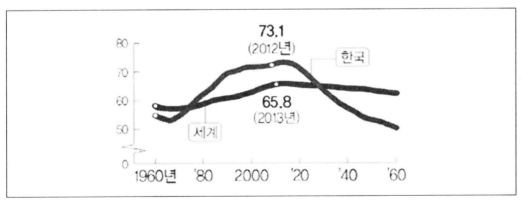

생산가능인구 비중(통계청, 2015.7.8.)
생산가능인구(15~64세) 73.1%에서 49.7%로 감소

나. 미래 노동 방식을 바라보는 견해는 최근의 하이브리드 코드 확산, 정보 산업의 급속한 발전 등 → 노동의 발전 양상이 다양하게 전개

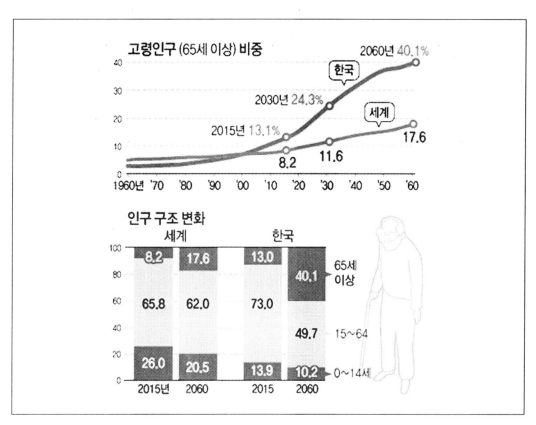

인구고령화 전망

(출처: 통계청.2015.7.8)

구 분	노동의 종말(제레미 리프킨)	새로운 노동질서(빌 게이츠)
현 상	• 소프트웨어에 의한 노동자 대체 • 컴퓨터 친화적 조직 리엔지니어링 • 노동자 없는 세계(20년 후 현 노동자의 5%만 필요)	• 정보 노동자 역할 증대 • 새로운 비즈니스기회 창출 • 전 산업으로의 비즈니스 확대
미래시각	부정적(디스토피아)	긍정적
대 안	제3부문을 통한 새로운 고용 창출	정보처리, 커뮤니케이션 채널 관리, 실시간 업무, 팀–조직간 협력

2. 스마트 헬스케어로의 새로운 패러다임

가. 고령화와 IT기술 발전이 스마트 헬스케어의 등장 배경
(POSCO, 이종태,산업연구센터, 2015.6.10.)

1) 라이프스타일의 변화가 건강 의료 서비스에 대한 관심으로 진화

① 스마트 헬스케어의 사전적 의미는 '똑똑해진 IT기술을 통해 쉽게 사용할 수 있는 다양한 건강관리 및 의료 서비스'

② 고령화와 수명 연장에 따라 고연령층의 문제였던 **난치병**, 만성질환의 해결이 전(全) 연령층으로 **확대되고**, 건강한 삶의 유지가 사회적 이슈로 부상

③ Well-Being & Dying에 대한 관심의 연장선으로, 인터넷, 종편, 지상파 등을 통해 일상에 적용할 수 있는 DIY형 건강관리 지식의 수요증가 추세

2) 보다 지능화된 IT기술과 스마트 기기가 기존의 건강 의료 서비스와 결합한 것이 스마트 헬스케어

① 스마트기기, 유무선 **통신시장**의 새로운 IT시장 발굴이 IT산업에 중요한 이슈로 부상하였으며, 애플·삼성 등의 Big Player가 차세대 스마트 융합 사업으로 스마트 헬스케어에 관심을 가지게 됨

② Gartner는 2020년까지 IoT기술이 가져올 경제적 가치를 총 1.9조 달러로 전망하고, 이 중 헬스케어의 비중은 15%(2,850억 달러)규모로 예상

③ 최근 수년간 MWC(Mobile World Congress)와 같은 글로벌 IT전시회에서도 스마트 헬스케어 비즈니스가 지속적으로 소개되고 있음

국내외 기관이 제시한 차세대 IT 융합비즈니스 키워드

KT경제경영연구소	GE	소프트웨어정책연구소
중저가폰(스마트폰 대중화)	헬스케어	보안 수요확대
스마트미디어	운송	웨어러블 시장 선점경쟁
모바일 메신저	보안	빅데이터 기반 헬스케어
클라우드 컴퓨팅	금융	플랫폼 비즈니스 확대

KT경제경영연구소	GE	소프트웨어정책연구소
중국 ICT 시장	에너지	개인정보 보호법 확대
사물인터넷	오락	핀테크 확산
스마트 홈	첨단소재	스마트홈 경쟁 심화
모바일 헬스케어	발전	글로벌 기업의 국내진출
O2O	항공	3D 프린팅 대중화
Next Smart Device	방위산업	O2O 확산

출처: 디지에코(2014), 신한 FSB리뷰(2014), 소프트웨어정책연구소(2014)

나. 스마트 헬스케어는 과거의 의료정보화를 초월한 새로운 패러다임

1) 진단에서 기초관리까지 개인의 일상생활 중에 영위할 수 있다는 점이 스마트 헬스케어만의 특징

① 과거 e-헬스, u-헬스로 지칭되어온 의료서비스 디지털화는 의료기관내 진단·치료 경과 및 의료설비의 디지털화가 핵심이며, 진단과 처방, 사후 관리가 병원 등의 의료기관을 중심으로 이루어짐을 전제

② 반면, 스마트 헬스케어는 빅데이터와 최신 기술을 통해 언제 어디서나 대상자를 관리, 분석하여 맞춤형 서비스를 제공하는 것(한국정보화진흥원)

③ 결론적으로 스마트 기기의 확산, IoT/빅데이터 기술을 통해 개인 및 주변 환경을 실시간 체크, 사전 관리/예방을 실현하는 것이 스마트헬스케어

3. 스마트 헬스케어의 최근 동향

가. 민간/정부 등 다양한 주체가 R&D와 산업 육성에 기여하고 있음
(POSCO, 이종태, 산업연구센터, 2015.6.10.)

1) 스마트 헬스케어 시장은 의약품, 의료기기 등의 전통적인 의료산업을 뛰어넘는 새로운 비즈니스 영역

① 전통적 의료시장인 의약품과 의료기기 등은 약 1.3조$ 수준으로 추산

② 반면, 스마트 기기와 의료 인프라를 **활용한** 헬스케어 서비스 시장은 이들 시장의 4배 규모로 더 높은 부가가치와 성장성 보유

③ 이러한 높은 성장성은 최근의 스마트 헬스케어 산업이 다른 스마트비즈니스와 마찬가지로 개별 기기의 성능 경쟁을 넘어 3rd-Party Player가 참여하는 통합 서비스 시장으로 진화하는 것에 근거하고 있음

2) 많은 민간기업이 스마트 헬스케어 관련 기술 R&D투자에 참여

① 파이낸셜타임스 등 주요 언론은 글로벌 IT기업들이 DB, 검색, 스마트기기 제조 역량을 기반으로 스마트 헬스케어 시장에서 유리하다고 진단

② 일례로, 애플이 주도하는 플랫폼인 Research Kit에는 암 진단 등 5개의 대형 연구프로젝트에 하버드·스탠퍼드 대학의 의학센터가 참여

③ 첨단 의료기기 시장의 선도자인 SIEMENS와 GE는 헬스케어의 중소기업 투자를 지원하는 협의체를 구성하는 등 B2B기기 판매를 넘어 최종 사용자의 사전 관리 서비스 시장 진출을 위한 투자 계획 수립, 시행

3) 한국을 포함한 IT 선진국에서 공공기관, 민간기업 협력 활성화 목적으로 관련 규제 완화와 관련 산업의 육성 방안을 논의 중

① 한국 의료서비스 시장은 의사, 약사, 한의사, 간호사 등의 전문인 외에는 제한된 시장으로 IT기업 등의 非의료산업 Player의 참여가 어려웠음

② 이와 관련하여 보건복지부 주도 하에 '의료법' 일부 개정을 포함한 모바일 의료 이슈를 논의 중이며, 헬스앱을 탑재한 웨어러블 기기 제조 등의 지원을 포함한 헬스케어 사업도 민간/정부 차원에서 논의 중

스마트 헬스케어 서비스의 분류와 사례

구 분	서비스 내용	사 례
행동 추적	이동거리, 수면 자세 등을 센서 부착기기로 추적/DB화	Fitbit, Nike+
신체 변화 관리	심장박동, 체온, 호흡, 혈압, 체중 등을 측정/DB화	Carrot Fit, Go-Meal and Fitness Fitbit
건강 정보 제공	금연, 금주 캠페인 또는 건강 관련 일반 상식 제공	심평원 앱, 금연정보, 응급처치 앱
의료서비스 예약	병원/검진센터 검사 예약 및 결과, 처방 정보 제공	각 병원제공 앱, 심평원 앱 등
의료 종사자 정보서비스	의료인 전용 치료/수술 정보	병원 근무자용 SW
토털 헬스 케어	바이오센서, 의료정보, EMR 연동 등 통합 서비스 제공	Apple Health, 삼성 SIMS

출처: 이선희, 유선실(2014)의 **자료 재 구성**

③ 일각에서는 지나친 규제완화와 산업 성장 지원이 공공 의료복지와 의료 안전보장, 의료비 과다 지출, 대기업의 의료시장 장악 등 파생 이슈 발생으로 이어질 가능성에 대한 우려도 제기되고 있음

나. 현재는 IT기반 사업자가 스마트 헬스케어의 급성장을 견인

1) 기술력 갖춘 벤처 기업과 글로벌/대기업 간의 유연한 협력이 가능한 개방형 통합 생태계가 핵심 키워드

① GE는 중소기업의 헬스케어 투자를 지원하는 협의체를 조직하여 자사생산 의료기기와 연동되는 최종 사용자 대상 서비스와 애플리케이션을 제공하는 개방형 생태계 구축에 집중하고 있음

② 삼성전자는 그룹의 IT제품, SW기술, 의료DB에 기반한 스마트 헬스케어를 5대 신수종 사업으로 선정, SAMI 플랫폼에 적극적 투자 중이며, 2014년 5월과 11월에 표준 웨어러블 기기인 심밴드 1, 2세대 연속 발표

③ Apple은 아이워치에 고성능 초소형 센서를 내장하고 스마트폰과 연동되는 3rd-Party 헬스케어 앱을 확충하고 있으며, 최근에는 IBM과의 B2B형 헬스케어 협력 계획도 발표(2015년)

④ Google은 자체 확보한 의료DB뿐 아니라 의학전문 3rd-party가 제공하는

DNA정보를 동시에 제공하는 Google Genomics 서비스 **상용화**

⑤ 또한 파킨슨병 환자용 기기 제조사(리프트랩스)와 혈당 측정용 콘택트렌즈 제조사(마운틴뷰)를 인수하고 안드로이드 앱과의 통합 추진중

4. 스마트 헬스케어의 향후 전망

가. 고비용 프리미엄 시장과 저비용 대안 기술서비스의 동시 성장 기대

1) 병원·요양원 등의 의료기관, 홈, 공공 인프라와 연결되어 지속적인 치료·관리 서비스가 제공되는 프리미엄 서비스에 대한 기대 확산

① 병원, 홈, 도시 인프라 등을 통해 사용자 행동과 신체변화 확인, 관련자 간의 정보교환, 실시간 관리를 통합 구현한 프리미엄 서비스 시대 도래

② 가천대와 GE, 삼성그룹이 각각 구축 중인 스마트 의료원은 다양한 곳에 설치된 Kiosk를 통해 환자 상태 확인에서 진단, 치료까지 통합 제공

③ IT기업이 주도해 왔던 스마트 헬스케어 시장은 빠른 시일 내 다양한 사업자가 협력하거나 새롭게 제안하는 방향으로 빠르게 진화할 것

※ 美 의료서비스 기업인 메이요 클리닉은 EHR(전자의료기록)업체인 Epic Systems와 함께 사용자 정보를 병원에 즉시 전송하는 서비스 추진 중

2) 이와 더불어 다양한 주체가 제공하는 스마트 기기, 아두이노와 오픈소스를 활용한 대안 기술 서비스의 성장도 기대

① 스마트폰, 스마트밴드 등의 개인용 기기는 고성능 센서, CPU, 메모리,메인보드가 고성능, 다기능 화되는 반면, 가격은 빠르게 하락 중

② 저가격-고기능의 스마트기기, 아두이노와 3D프린팅기술, 센서, 오픈소스 SW를 활용한 저렴한 신체보조기와 진단도구가 현실로 다가옴

③ 1인 창조기업의 만드로는 최근 뇌로부터 근육으로 전달되는 미세한 신체 신호를 감지해 손가락 관절을 움직일 수 있도록 한 '전자 의수'를 개발, 경기도와 경기콘텐츠

진흥원 지원을 받아 상용화를 추진한다고 밝혔다(전자신문, 2015. 4.21.).

　뇌에서 근육으로 전달되는 신체 신호를 감지하는 센서와 이를 제어하는 초소형 컴퓨터 '아두이노'및 구동을 담당하는 기계부분을 개발하고 손모양의 외골격은 3D 프린터로 출력했다.

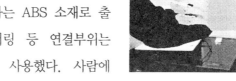

　초소형 컴퓨터는 오픈소스 하드웨어인 '아두이노'를 사용했다. 의수는 3D프린터에서 일반적으로 사용하는 ABS 소재로 출력했고, 조인트와 베어링 등 연결부위는 금속 소재의 기성품을 사용했다. 사람에 따라 맞춤형이 필요한 부분은 3D프린터로 제작했다.

나. 스마트 헬스케어 관련 정책과 발전 방향에 관심을 가질 필요

　첨단 의료보건 산업이 최근 ICT 기술의 뒤를 이을 새로운 먹거리 산업으로 태동하고 있다. 사물인터넷과 웨어러블 컴퓨팅, 그리고 빅데이터 등이 이를 뒷받침하면서 의료계는 지금 새로운 기회를 포착하기 위해 분주하게 움직이고 있다(The Science Times, 2015.7.30.).

1) 정부의 스마트헬스케어 육성을 위한 규제 완화가 성장의 견인차 될 것

① 다양한 산업분야의 융합과 민관협력형 기술R&D, 규제완화가 필수적인 분야로 정부의 정책적 지원이 시장 성장에 큰 영향을 미칠 수 밖에 없음

② 정부는 의료 공공성 논란을 최소화하고 의료 복지의 기본 틀을 유지하는 범위에서 관련 규제의 완화와 민간 R&D투자 지원을 지속할 전망

③ 로봇, 의료등의 첨단 클러스터 중심으로 추진될 국가 주도형 기술개발 프로젝트 참여와 시장기회 포착을 위한 지속적인 정책 모니터링 필요

2) 복지와 미래 사업 측면에서 제시될 다양한 아이디어에 대한 긍정적 견해와 관심을 가질 필요

① 공공장소/사업장에 설치 가능한 소형 원격진료소인 HealthSpot이 미국에서 등장하였으며(2013년), 현재 오하이오 등 美 전역으로 확산 중

② 센서 및 IT기술을 활용한 체온, **피부상태**, 혈압, 맥박, 산소 포화도 및 15개 질환 진단이 HealthSpot 안에서 **가능**

③ 한국에서도 관련 규제 완화 시점을 전후로 공공장소와 사업장 내 모듈화된 의료 시스템에 대한 본격적인 논의가 이루어질 것

3) 헬스케어 분야의 혁신기술(http://www.sciencetimes.co.kr)

① 원격 약물 진단(Telepharmacy) : 원거리에서도 약사가 처방을 검토할 수 있는 시스템이다. 약국과 원거리에 위치한 환자라도 공공 의료혜택의 하나로 약사와 상담할 수 있고, 적절한 처방전을 발급받을 수 있다. 원격 처방된 치료 및 예방약은 드론에 의해 환자가 있는 장소로 30분 이내에 배달되고 복약지도도 원격으로 받게 된다.

② 초미세 바늘 주사제(Micro Needle) : 일부 어른들도 꺼려하는 주사가 통증 없는 패치형태의 마이크로니들로 **바뀐다**. 따라서 주사를 맞기 위해 일부러 병원에 갈 필요 없이 개인이 사용하면 된다. 원격 주사약 처방도 마이크로니들로 가능해진다.

③ 가판대(Kiosk) 형태의 응급의료 센터(Healthspot Station) : 헬스스폿(healthspot)은 키오스크 형태의 무인 원격 응급센터다. 각종 센서와 화상 시스템이 장착된 무인 키오스크를 의료기기와 융합했다. 이 곳에서 응급환자들은 맥박, 체중, 산소포화도 등을 측정할 수 있고 의사와 화상통화로 상담과 처방을 받을 수 있다. 의료 사각지대를 위한 시스템으로 공공 보건 측면에서도 큰 의미를 갖는다.

가판대(Kiosk) 형태의 응급 의료 센터인 Healthspot Station

④ 응급 무인비행기(Ambulance Drone) : 네덜란드 델프트공대 연구진이 개발한 응급환자를 위한 무인기다. 응급 환자가 발생하여 구조 요청을 하면, 몇 분 내로 환자가 있는 장소로 드론이 날아온다. 제세동기가 장착된 드론은 카메라를 통해 응급전문가가 제세동기 사용법과 응급처치 방법을 알려주어 환자를 살려낸다.

⑤ 노화억제 약품 : 세포의 에너지 공장인 미토콘드리아에서 생성되는 활성산소를 소량 증가시켜 노화를 억제하고 수명을 연장시킨다는 원리로서 일명 장수 약으로도 불린다. 세계에서 널리 사용되고 있는 당뇨병 치료제인 메트포르민(metformin)이 노화를 지연시키는 효과가 있다는 연구결과가 최근 동물실험을 통해 입증되었다. 조만간 사람을 대상으로 한 임상테스트가 진행될 계획이다.

⑥ 재활지원 보조 장치 : 조만간 정상인이 장애인을 부러워하는 시대가 온다는 것이 전문가들의 생각이다. 탄소 섬유나 자이로 밸런스 등에 인공감각 기술이 더해져 신체장애는 쉽게 극복된다. 또한 시각 및 청각 장애를 극복하기 위한 인공감각기는 뇌로 이식돼 정상인보다 더 정밀하게 보고 들을 수 있으며 필요에 따라 적외선, 자외선, 초음파까지도 인지할 수 있게 된다.

⑦ 근육 유지 및 강화 약물(myostatin inhibitor) : 마이오스타틴은 근육 성장을 조절 제어하는 단백질이다. 장기간 침상에 누워있는 환자를 위해 근육의 유지시키는 약물이 개발 중이다. 또한 지방을 분해하고 근육을 성장시키는 약물도 조만간 등장할 예정이다.

⑧ 재생의학(Regenerative medicine) : 인간의 세포와 조직, 그리고 장기를 대체하거나 재생시켜서 원래의 기능을 할 수 있도록 복원시키는 의학 분야다. 현재 이 분야는 치과 분야에서 연구가 활발히 진행되고 있다. 상어의 무한 치아 재생 능력을 인간에게도 적용하여 영구치가 없어져도 다시 치아를 자라나게 하는 등의 연구에 활용하고 있다.

⑨ 나노 인공혈액 : 혈액의 산소전달 능력을 향상시켜 뇌경색이나 심근경색 시에 조직이 손상되는 것을 방지하는 데 사용된다. 나노 형태의 산소 전달 체를 개발하면 노인들도 숨차지 않고 계단을 쉽게 오르고 정상인도 누구나 마라톤을 완주할 수 있다. 이 외에도 산소 전달능력이 아니라 산소 함유능력을 증가시키면 고래처럼 한번 숨을 쉬고 물속에서 수십 분을 활동할 수 있는 장시간 잠수 인간이 될 수 있다.

⑩ 뇌기능 향상 약물 : 오바마 정부가 주도하고 있는 뇌기능지도(ObamaBrain Initiative)가 완성됨에 따라 뇌기능에 대한 이해가 증진될 것이다. 이에 따라 정신과 질환에서 사용되는 약물 개선뿐 만 아니라 뇌기능 향상 약물이 비타민

처럼 정상인이 이용하게 된다.

⑪ 유전자 기반 진단 시스템(Genetic Prophecy) : 유전자 분석은 물론 특정한 유전자를 제거하거나 집어넣는 기술이 개발되어 유전자 질환의 사전예방 및 태내 치료 등이 가능해진다. 또한 나노 약물전달 기술 특정 장기에서 선택적으로 유전자를 발현시키는 기술개발로 족집게 유전자 치료가 가능해져 성인들도 일부 유전자 관련 질환을 치료할 수 있게 된다.

5. 세계적 무한경쟁과 기업 환경의 변화

가. 뉴 노멀(New Normal)시대의 산업 생태계 급변

1) 2008년 세계 정제 위기 → 새로운 경제 패러다임으로의 전환 가속화

≡Q New Normal

* 시대변화에 따라 새롭게 떠오르는 표준을 뜻하는 말로 새로운 경제 질서를 일컫는 것.
* 세계 최대 채권운용회사 '펌코'의 최고 경영자 무하마드 앨 에리언은 2008년 저서 '새로운 부의 탄생'에서 위기 이후의 뉴 노멀 개념을 제시

2) 미국중심의 1국체제 → 주요20(G20)의 다극체제로 변화

3) 저성장과 소비위축, 규제강화 등 → 세계경제를 주도

4) 산업 생태계의 변화대응 → 기술혁신, 생산성 향상, 적극적인 글로벌화→ 기업의 경쟁력 확보

뉴 노멀 시대의 경제 환경 트랜트

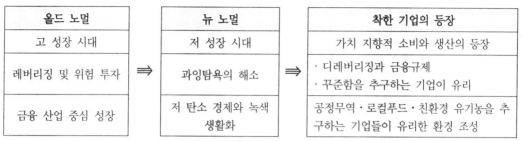

올드 노멀	뉴 노멀	착한 기업의 등장
고 성장 시대	저 성장 시대	가치 지향적 소비와 생산의 등장
레버리징 및 위험 투자	과잉탐욕의 해소	• 디레버리징과 금융규제 • 꾸준함을 추구하는 기업이 유리
금융 산업 중심 성장	저 탄소 경제와 녹색 생활화	공정무역·로컬푸드·친환경 유기농을 추구하는 기업들이 유리한 환경 조성

▶ 레버리징(leveraging) : 외부로부터 자본이나 자금 따위를 들여와서 이용하는 일.

출처 : 한겨레경제연구소 재 구성

5) 구글의 개방성을 추구하는 방식이 미래 경제를 지배한다는 구글노믹스(google-nomics)나 구글이 만들어 낸 획기적인 변화를 뜻하는 구글드(googled)가 업계의 화두로 대두되고 있음

≡🔍 googlenomics

• 구글식 사고가 기업경영 및 사회에 미치는 영향에 대해 기술하면서 소통, 연력, 개방, 신뢰, 협업 등의 구글 규칙이 새로운 기회를 창출할 것이라는 것

6) 모바일기기와 서비스 사용이 폭발적 증가 모바일화 급속 진행

7) 생태계의 변화는 애플의 디지털 음원분야 시작

   인터넷과 MP3를 통한 디지털 음원시장의 확산 음원 시장 추락 '아이팟'과 '아이튠스'을 제공

나. 모바일 빅뱅에 따른 기업 환경 변화

1) 이동통신 패러다임 → 음성통화에서 애플리케이션으로 전환

2) 중앙집중형 → 다양한 서비스 가능한 분산형으로 변화

3) 신 시장, 신 비즈니스 모델 출현 가속화, 모바일 광고, 아이템 판매, 유료서비스 등의 수익모델 하에 게임 및 소셜 네트워크 서비스, 모바일쇼핑 등 성장, 모바일

기술 전 산업에 접목

4) 미디어, 자동차, 교육, 소매, 의료 등 타 산업의 혁신 가속화, 새로운 융합형 비즈니스 기회 창출

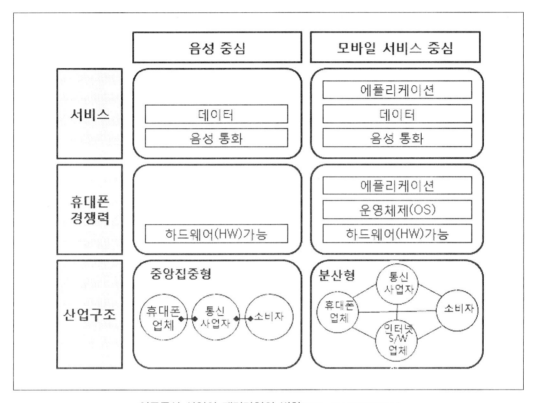

이동통신 산업의 패러다임의 변화(출처: 삼성경제연구소)

다. 온 · 오프라인 융합 비즈니스의 등장

1) 언제 어디서나 필요한 온라인 정보에 접근 가능

2) 온라인과 오프라인의 경계가 희미, 모바일 인터넷 즉시성 강화

3) 무형의 콘텐츠나 전자상거래 이용한 상품 구매 증가

4) 새로운 업무공간 및 사업영역으로 온라인 공간에 대한 중요성 부각

5) 증강현실, 위치 기반 등 온-오프라인 융합서비스 등장

6) 가상현실 기술을 활용한 디자인, 설계 등 시뮬레이션 업무 증가

라. 디지털 노동시장의 확산

1) 정보통신의 발전 지식정보를 처리하는 산업구조와 근무형태를 변화 새로운 디지털 노동방식 확산

2) 지식 집약적 환경으로 근무환경 변화, 지식근로자 총 노동시간의 30%를 정보검색에 사용

3) 2009년 미국의 경제활동 인구 1.6억 명 중 약 1.2억 명이 지식 노동자로 추정(IDC 컨설팅 사 발표)

4) 미래 근무공간 정보통신기술 접목과 네트워크화 되는 협업 환경으로 변화

5) 미래 근로공간 실제공간과 가상공간이 융합되는 하이브리드 공간으로 변화

6) 일하는 방식 변화 e-Work, 원격근무, u-Work, 스마트워크

☰🔍 e-Work

'컴퓨터-통신을 기반으로 한 상호 협력적 생산 활동' 으로 원격진료, 원격학습, 원격근무 (telework)등을 모두 포괄하는 의미이다

7) 스마트워크 : 장소, 시간, 이동성 등에 따라 SOHO, 재택근무, 스마트워크 센터, 모바일 근무 등으로 구분

미래 모빌리티 근무의 변화 양상

구 분	전통적 시각	미래 방향
모바일	개인(원격근무, 이동근무)	개인+협업 팀, 일, 근무 공간
요 인	기존 프로세스 영역 내에서 이동근무 지원	니즈에 따라 장소/시간을 달리하는 근무
가 치	개인주의, 조직 효율성 및 기여도	근무-삶의 조화, 지속가능한 발전, 사회적 기여도
근무환경	개인별 근무 장소(이동 시나 상이한 근무 장소 근무자 지원)	협업적 가상근무 공간(언제, 어디서나 근무가 가능)
업 무	커뮤니케이션 및 정보접근	협업 근무

▶ 모빌리티는 쉽게 움직일 수 있는 것, 가동성, 유동성」이란 의미

6. 스마트비즈니스는 기업 경쟁력의 원천

* '2010년 세계경제의 전망'에서 '스마트'가 변화의 키워드로 부상
* 인터넷 검색엔진, 스마트폰 등을 활용하는 모바일 소비, BT, IT, NT 등 다양한 혁신 기술 융합
* 필립 코틀러는 산업화, 대량생산 시대의 '1.0시장'이 정보화, 고객만족 시대 '2.0 시장' → '3.0 시장'
* 스마트 경제사회에서는 온·오프라인 공간이 융합되는 새로운 공간에서 다양한 비즈니스 창출
* 소셜미디어의 등장으로 저비용, 고효율 마케팅 가능
* 스마트기술은 일하는 방식 → 기존의 업무방식, 인력관리방식, 조직구조 등 다양한 변화 주도
* 스마트기술 적용방식 현장중심, 협업, 관리방식의 변화
  → 스마트기술을 활용한 원스톱 영업지원, 집단지성을 통한 조직 내의 정보 및 지식 교류, 칸막이식 업무관리의 탈피

스마트 비즈니스 구성도

경영 패러다임		스마트비즈니스
뉴 노멀시대 산업생태계 급변	⇒ 스마트 기술	모바일 오피스
모바일 빅뱅에 따른 기업 환경변화		글로벌차원의 기업 간 협력 커뮤니케이션
온/오프라인 융합비즈니스		혁신벤처와 1인 창조기업
디지털 노동방식의 확산		

가. 모바일 오피스

1) 시공간 제약 없는 실시간 의사소통 가능
2) Mobile Office는 기업 내 업무시스템이 데스크 탑, PC, 브라우저 등을 통한 인터넷 환경에만 제한되어 운영되는 단점을 보완하고, 언제 어디서나 기업 내부 업무시스템에 접속하여 일을 수행할 수 있도록 하는 서비스가 가능해지고 있다.
3) 협업 중심으로 한 창의성 중시되고 업무의 공간도 가상공간으로 확대

4) 모바일 오피스 시스템 → 한국 IBM, **현대중공업**, 포스코(와이브로 **조선소**, 스마트 팩토리 **구축 스마트폰 활용**)

5) 모바일 의사결정 시스템 실시간 정보 공유

전사적 자원관리(ERP), 고객관계관리(CRM), 공급망 관리(SCM)등 **업무시스템** 사외에서 **활용**. 신속 정확한 의사 결정 **가능**

6) 주문 및 재고정보 등 현장 수집 정보 실시간으로 시스템에 반영 **가능**

7) 구내기업 유무선 통합이나 그룹웨어 연동 등 모바일 오피스를 **활용한** 직원 간 소통 활성화

8) 해외출장 및 현장업무 잦은 기업 모바일 오피스 도입 적극 도입 확대

9) 모바일 오피스는 개인 업무 개선 및 **모바일 기술은** IT기술과 **결합하여** 실시간 커뮤니케이션 기반 확대 기업 내·기업 간 **협업** 촉진

10) 국내 모바일 커뮤니케이션 사례

S 전자해외법인: 실시간 유통정보 연동
  - 시장의 유통관리에 대한 실시간 데이터 확보
  - 오프라인 입력 및 일괄전송 기능, 자동 동기화 및 업그레이드, 다국어 지원

나. 글로벌 차원의 기업 간 협력 커뮤니케이션

1) 유무선 **통합** 서비스를 통하여 사무실 전화와 휴대전화와 하나로 **연결하여** 전 세계 시장에 사업장 어디서나 하나의 전화번호로 연락이 가능한 통합커뮤니케이션(UC, United Communication) 환경구축

2) UC&C 솔루션들의 구성을 보면 크게 커뮤니케이션, 메시징, 파일 공유, 모빌리티 그리고 비즈니스 프로세스와 협업 기능들로 구성된다.

Enterprise Mobility의 구성 요소중 핵심 솔루션이 바로 UC(Unified Communication)이다. 현재 UC는 음성(유선, 모바일, VoIP), 메시징(SMS, 전자우편, 메신저) 및 화상회의 서비스를 제공하는 통합 커뮤니케이션 솔루션으로 개발되었다. 그리고 UC는 통합 커뮤니케이션 기능과 함께 기업의 비즈니스 프로세스를 강화하는 협업 커뮤니케이션(Collaborative Communication) 기능이 결합되면서 UC&C(Unified Communication & Collaboration)으로 진화하고 있다.

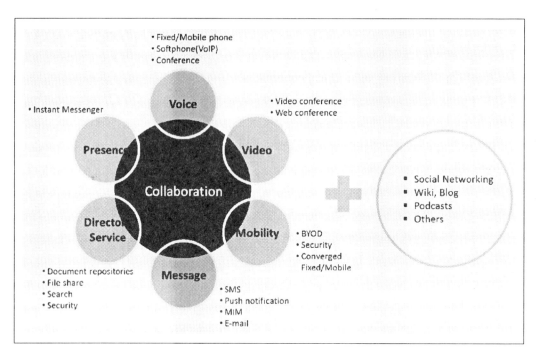

UC&C 솔루션의 구성

UC&C 솔루션을 도입하는 배경은 다음과 같다(유엔젤 ICT 동향 리포트 제9호 2014.4.28.).

* 비용 절감

* 커뮤니케이션 소요시간 절감

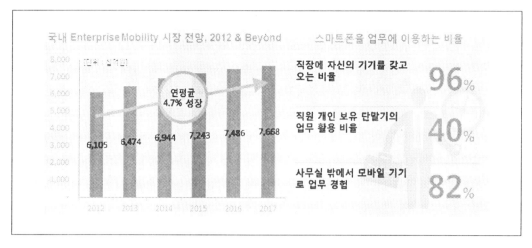

출처 : IDC 보고서(2013), 안랩 보고서(2013)

⁎ Mobility Office, Enterprise Mobility 환경 제공 → 언제, 어디서나 다양한 기기를 통해 업무를 가능하게 한다.

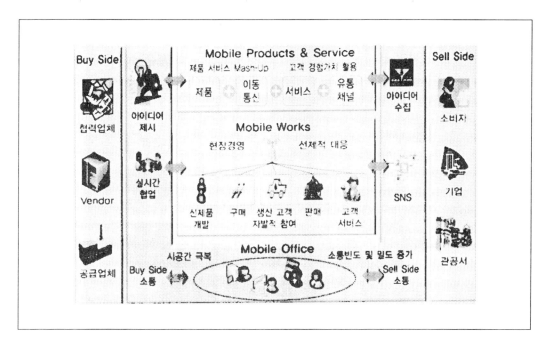

Enterprise Mobility 구현 개념도(SKT사례) 출처: SK텔레콤

⁎ 직원들 간 유대 및 생산성 강화
⁎ 고객응대 서비스 품질 향상

3) 모바일 근무환경을 지원하고 있는 기업·고객 간의 새로운 소통 수단으로서 소셜미디어도 새롭게 부각되고 있다. 포춘 100대 기업의 약 79% 소셜미디어를 이용할 정도로 성장하고 있는 추세에 있다. 영업, 고객관리, 지식경영, 임직원 관계와 외부 소통전략의 도구로 활용하고 있다.

4) 삼성 SDS UC 사업부의 '글로벌 통합 커뮤니케이션 서비스로 비즈니스 경쟁력을 제고한다' 에서 비즈니스 커뮤니케이션 환경의 변화, 커뮤니케이션의 진화 및 FMC와 UC에 대하여 살펴본다(삼성SDS UC사업부).

① 비즈니스 커뮤니케이션 환경의 변화

21세기 비즈니스 환경은 시대의 요구에 걸맞는 커뮤니케이션 환경을 요구하고 있다.

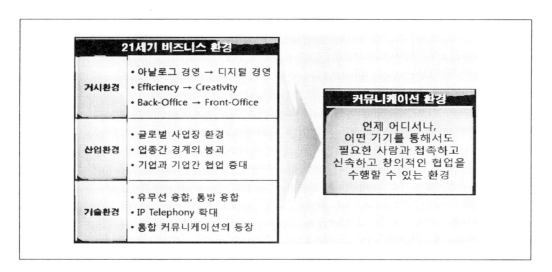

② 근로자의 커뮤니케이션 환경

반면 근로자의 커뮤니케이션 환경은 개인이 접하는 통신채널은 점점 더 많아지고 근로자의 이동성은 점점 더 증가함에 따라 한 번의 시도로 원하는 사람과 소통할 확률은 낮아지며 이로 인한 협업 지연으로 제때 업무를 못 마치는 회수가 많아진다.

③ 비즈니스 커뮤니케이션 서비스의 지향점

언제 어디서나 어떤 디바이스로 누구든지 사람들과 콘텐츠를 공유하며 시스템적으로 협업할 수 있는 환경이다.

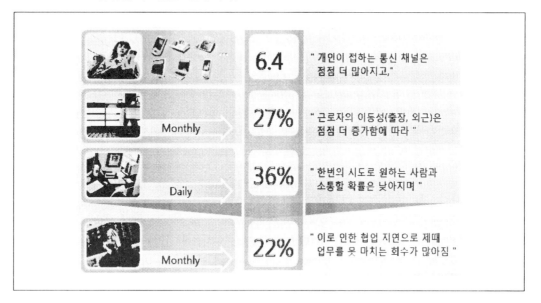

출처: Sage Research

All-IP 기반 유무선 인프라

④ FMC(Fixed Mobile Convergence)의 개념 및 기대효과

　유선전화와 이동전화를 하나의 폰으로 동시에 이용할 수 있는 서비스

유무선 통합

* 유선 영역으로 무선을 수용
* 외부에선 이동통신, 내부에선 인터넷 전화
* 듀얼 단말기 하나로 모든 통화가능

FMC에 대한 기대효과로는 비용과 서비스, 생산성 측면에서 모두 이익이다.

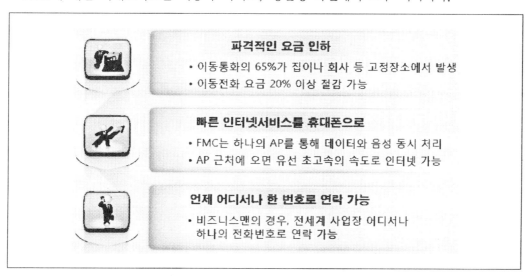

⑤ UC(Unified Communication)의 개념 및 기대효과

* 모든 커뮤니케이션 수단을 통합하여 언제 어디서든 협업할 수 있는 서비스

* UC는 기업의 TCO(total cost of ownership: 총 소유비용) 절감 뿐 아니라 생산성 향상에 큰 기여

* FMC와 UC 확산의 장애요인으로는 단기적인 ROI(return on investment: 투자수익)에 대한 불 확신과 높은 투자비용, 구축의 어려움이 원인이다.

* 서비스 구성요소로는 IPT(IP Telephony)와 무선랜, 글로벌 전화망을 기반으로 글로벌 유무선 통합 서비스를 제공한다.

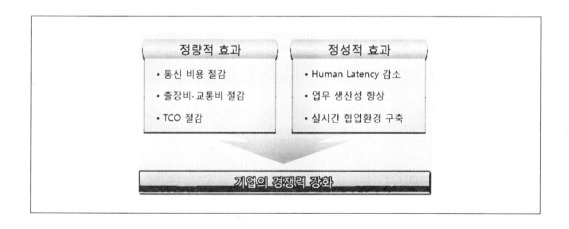

⑥ 삼성 新 커뮤니케이션 서비스 성공사례로는 삼성와이즈 070이 제공하는 FMC 기반 UC 서비스인 피카소(PICASSO)가 있다.

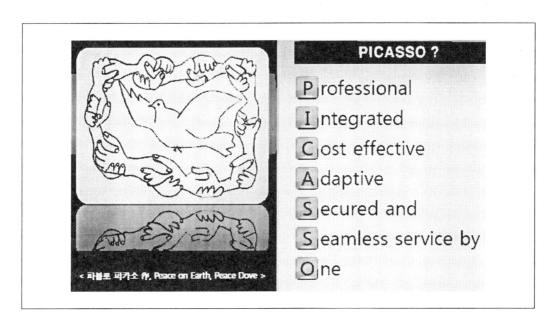

다. 모바일 오피스로 "트렌드를 앞서다"

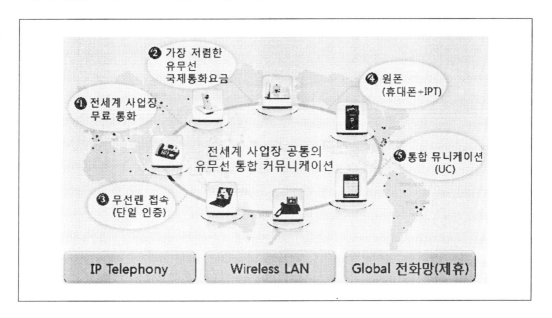

스포츠 캐주얼 의류 전문 기업 EXR코리아는 EXR, Converse, Dressed 2 Kill, Kappa 등의 브랜드를 보유한 4개의 계열사를 운영하고 있다. EXR코리아는 '현장 경영'

을 기조로, 빠른 의사 결정이 가능한 업무 환경을 구현하기 위해 모바일 오피스 환경을 구현했다

1) **도입 배경** : 빠른 의사 결정을 위한 모바일 오피스 환경 구현 필요

2) **선정 이유** : Lotus Domino 기반의 안정적인 성능과 사용 용이성 지원, 모바일로의 손쉬운 연동, 그룹웨어 외에 기간계 시스템도 모바일로 연계할 수 있는 플랫폼 환경 제공, 스마트폰 단말기나 OS에 독립적인 크로스 플랫폼 환경 지원

3) **도입 효과** : 모바일 오피스의 전자결재 기능을 이용해 언제 어디서든 결재의 확인 및 승인이 가능해져 결재 대기로 인한 업무 비효율성 사라짐, 향후 기간계 인프라의 모바일 오피스 환경 구현을 가능하게 하는 기반 마련

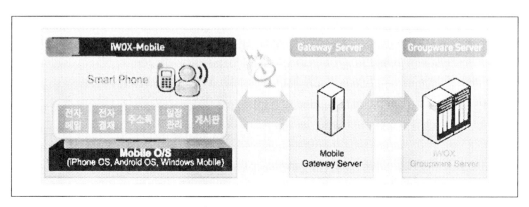

모바일 오피스 구성도(ftp://public.dhe.ibm.com/software/kr/.../EXR_magazine.pdf)

스마트워크 도입으로 인한 생산성 향상 및 비용 절감 효과(한국노동 연구원)

원 칙	스마트워크 도입효과
베스트 바이(Best Buy)	생산성 약 35% 향상
브리티시 텔레콤(BT)	생산성 약 20% 향상
다우케미칼(Dow Chemical)	생산성 약 32.5% 향상
아메리칸 익스프레스 (American Express)	26% 더 많은 업무 수행 및 생산성 43% 향상
썬마이크로시스템즈(Sun Microsystems)	• 통근시간 감소로 발생한 여유 시간의 60%를 업무 수행에 사용 • 연간 부동산 비용 6,800만 달러, 전력요금 300만 달러, IT비용 2,500만 달러를 절감

라. 스마트오피스 사례

1) 이티너스 디자인

이티너스 디자인은 스마트워크 환경 구현을 위해 사람과 소통이 중심이 되는 인테리어를 기본으로 각 업무공간마다 직원들 간 소통이 원활할 수 있는 각종 IT시스템을 접목시킨 바 있다. 이를테면, 화상회의가 가능한 원격회의실을 비롯하여 회의공간을 유동적으로 변화시킬 수 있는 가변형 회의실 등이 스마트워크 환경을 위한 공간이라 할 수 있다.

'스마트오피스 = 창의력이 발현되는 공간'으로 인식하고 있기 때문에 직원들의 아이디어가 톡톡 튀는 아이디어와 집단지성을 끄어낼 수 있도록 사무실 인테리어를 꾸민 것이 특징이다(http://blog.naver.com/no1_hanafax/,2014.7.4.).

2) 효성

'효성'은 불필요한 업무 프로세스를 모두 제거하여 실질적인 스마트워크를 실현시킨다는 것이다. 업무효율도를 떨어뜨리는 요소를 제거하여 효과적인 업무진행 및 생산성 향상을 위해 1)원 페이지 베스트 2)서면 결재 제로화 3) 3Q(Why/When/How 3가지 질문) 제도로 구성하고 있다. 원 페이지 베스트는 작성 및 보고시간을 줄이고 핵심내용을 효과적으로 전달하기 위한 제도이다. 3Q 제도는 상사에게 업무지시를 받은 직원은 상사에게 Why(왜) ,When(언제까지), How(어떤 방식으로)라는 질문을 물어보도록 하는 것이다.

3) 충북 도교육청

IT인프라와 사무환경이 지원되는 스마트워크 1인 창조기업 센터를 건립하여 임신, 출산으로 정상근무가 어려운 여성 및 육아문제로 출근시간을 맞추기 어려운 맞벌이 부부, 가족을 간병해야 하는 직원들은 스마트워크센터에서 업무를 보면서 가족을 챙길 수 있도록 배려했다.

미래의 업무환경은 스마트오피스 형태로 변화될 것이므로 근무의 다양성을 보여준 사례이다.

마. 혁신벤처와 1인 창조기업

요즘 정부의 '1인 창조기업' 육성 지원제도에 힘입어 1인 창업자가 많이 등장하고 있다. 1인 창조기업은 창의성과 전문성을 갖춘 1인이 상시근로자 없이 사업을 영위하는 기업을 의미하며 공동창업자, 공동대표, 공동사업자 등의 형태로 함께 사업을 영위하는 자가 5인 미만일 경우 인정된다.

모바일과 관련된 창업, 건강과 환경, 삶의 질을 향상하려는 '참살이(Well- being)' 관련 창업이 많아지고 있다.

1) 1인 창조기업의 발전과 활성화는 벤처업계에도 큰 변화의 촉매제가 될 전망이다.

2) 특정의 IT 기술 자체를 상품으로 하거나 인터넷 쇼핑몰, 포털 등과 같이 IT기술과 사업 아이디어를 접목한 새로운 비즈니스 모델을 기초로 하고 있다.

3) 모바일로 촉발된 스마트 비즈니스 패러다임에서는 '개인의 전문지식','기업 간 네트워크', '편재성'의 개념을 더한 '혁신형 벤처'가 출현하고 발전해 갈 것이다.

4) 개인은 노동자에서 고부가가치의 지식 근로자로 진화할 것이다.

5) 인터넷 중심의 1인 미디어 확산으로 개인 마케팅이 1인 기업 성공을 위한 핵심요소로 등장할 것이다.

6) 인터넷 등 다양한 플랫폼의 등장으로 상품기획, 개발, 마케팅을 1인이 전담 가능해져 창의적인 사업화가 쉬워지고 있다.

7) 1인 창조기업이 확대되는 가장 큰 이유는 IT기술의 발달, 개인주의 성향의 확산, 지식서비스 분야에 대한 중요성, 석박사 이상의 고학력층 증가. 그리고 기업의 아웃소싱 시장이 증대되고 있기 때문이다.

8) 노동의 유연화, 인터넷 기반의 창조성 강조되는 21세기에 고부가가치 일자리 창출의 새로운 대안으로 부상되고 있다.

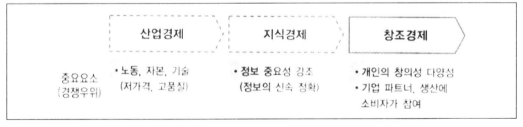

경제 패러다임의 변화(KT경제경영연구소)

가. 디자인 허브

디자인 허브의 이경수 대표는 '그린버킷'이라는 테이크아웃 커피 컵을 아이템으로 창업했다. 그린버킷은 한 번 쓰고 버려지는 일회용 컵과 달리, 커피를 마신 후 빈 컵이 식물을 키우는 화분으로 재탄생되는 아이템이다. 커피뚜껑 스티커에 배양토와 씨앗을 넣어 사람들이 커피를 마신 후 버리지 않고 컵 뚜껑과 컵을 화분으로 활용할 수 있다.

나. 스토리박스

'토크와 강연을 통한 최고의 소통문화를 보여줄 것' 법관을 꿈꾸며 사법시험을 준비하던 두 명의 젊은이가 창업한 '스토리박스' 는 강연과 토크를 통해 세상과 이야기하고자 하는 소통문화 기업, 청춘문화기업이다. 스토리박스의 목표는 뮤지컬, 콘서트, 영화보다 감동적인 강연을 만드는 것이다.

다. 시니어브라보

동영상 자서전과 족보 앨범을 만들어주는 1인 창조기업 '시니어브라보' 김명희 대표는 대한민국 모든 시니어들에게 인격적이며 품위 있는 노후를 만들어드리는 일을 하고 싶었고, 평소 그림을 잘 그리며 일상을 사진으로 남기는 취미가 있다는 점에 착안하여 '동영상 자서전'과 '족보앨범'을 사업 아이템으로 삼게 되었다 한다.

라. 에띠라

에띠라는 세계 최초의 애견 전용 드라이어로 기존 헤어 드라이어와 달리 강아지와 고양이 등 애완동물의 모발 건조에 최적화된 제품이다.

손으로 들고 사용하는 일반 드라이어 대비 4배 많은 풍량으로 피부까지 말려주어 신속한 드라이가 가능해서 동물 전문시설 및 애견층 소비자에게 각광을 받고 있다.

마. 여행 37.5

여행 37.5는 어렵고 따분한 것으로만 인식되던 역사를 좀 더 재미있고 친밀하게 체험할 수 있도록 한국사 전문가들이 설립한 어린이 체험학습이자 감성여행 전문 업체이다.

백제여행 전문 업체, 교과서 연계 체험학습 전문 업체라는 입소문이 널리 퍼지면서 여행 37.5는 현재 여러 초중고 및 기업과 연계한 프로그램을 운영하고 있다.

모바일 웹과 모바일 앱

모바일 웹이란, 일반적인 PC용 웹사이트와 비교하면 모바일 상에서 **볼 때** 보기 편한 사용자 경험(UX)으로 제작된 사이트를 말한다. 일반적인 PC용 사이트와 비교할 때 단순화하여 모바일 **특유의** 기능을 사용자가 전면에서 사용하기 쉽도록 콘텐츠를 재구성한 사이트를 말한다.

모바일 앱이란, 특정 모바일 운영체제(OS)에서 구동되는 어플리케이션을 의미하며, 모바일 **앱을 사용하기** 위해서는 모바일 기기에서 다운로드 받아야 사용이 가능하다.

모바일 웹은 브라우저를 구동한 후 해당 사이트에 접속해야 하지만, 모바일 앱은 단축아이콘만 **선택하면** 실행이 가능하기 때문에 접근성 면에서 우수함이 있고 이용 시 속도 면에서도 모바일 앱이 더 우수한 성능을 보이는 편이다.

모바일 웹의 경우에는 쇼핑, 사진, 소셜분야에 주요 비중을 차지하고 있으며 이는 다양한 채널을 통해 어느 단말기에서나 쉽게 접속하여 물품을 구매, 사진을 확인, 소셜 서비스를 이용한다는 것이다. 반면 모바일 앱의 경우엔 게임, 엔터테인먼트, 책, 교육 등 화려한 UI 구성과 더불어 오프라인에서도 사용이 가능한 것들이 주를 이루고 있다.

스마트한 모바일 앱(출처 : 구글)

스마트폰 날씨 앱을 통해 날씨를 미리 확인하고 출근길에 우산을 챙기고 스마트 시대에 우리의 일상을 바뀌어주고 있는 모바일 앱(Application)이 폭발적으로 성장하고 있다. 2012년 9월말 전 세계 모바일 앱 개수는 136만 개, 2020년에는 상상을 초월한 개수로 증가할 것이다.

앱 이용 목적은 업무, 여가·일상생활, 소통, 자기개발 및 일반상식 등이다.

모바일 웹과 모바일 앱의 주요 기능 비교

기 능	모바일 웹	모바일 앱
실행속도	느림	빠름
배포	브라우저 설치된 환경이면 가능	어려움
업데이트	즉시 반영	시간 소요
멀티플랫폼	브라우저 버전에 따라 CSS만 수정	플랫폼에 따라 포팅 필요
내부기기 연동	제한적	자유로움
사용자 접근성	어려움	쉬움

스마트한 소셜미디어 세상

66

연습문제 I ※ 다음 문제의 정답을 표시하시오.

01. 모바일 빅뱅에 따른 기업 환경의 변화와 거리가 먼 것은 ?
    ① 애플리케이션으로 전환
    ② 분산형으로 변화
    ③ 모바일 기술 전 산업에 접목
    ④ 새로운 독립형 비즈니스 창출

02. 세계적 무한경쟁과 기업 환경의 변화가 아닌 것은?
    ① 산업 생태계 급변
    ② 모바일 빅뱅에 따른 기업 환경 변화
    ③ 디지털 노동시장의 축소
    ④ 온오프라인 융합 비즈니스의 등장

03. 디지털 노동시장에서 미래 모빌리티 근무의 형태가 아닌 것은?
    ① 원격근무
    ② 협업적 가상공간
    ③ 사회적 기여도
    ④ 지속가능한 발전

04. UC&C 솔루션을 도입하는 배경이 아닌 것은?
    ① 비용 절감
    ② 커뮤니케이션 소요시간 절감
    ③ 근무환경 개선
    ④ 고객응대 서비스 품질 향상

05. 통합커뮤니케이션(UC) 솔루션 구성요소 중 거리가 먼 것은?
    ① Mobility
    ② Message
    ③ Video
    ④ Mobile

06. 삼성와이즈 070이 제공하는 피카소(PICASSO)의 설명이 아닌 것은?
    ① Professional
    ② Internet
    ③ Adaptive
    ④ Cost effective

07. All-IP 기반 유무선 인프라의 4-Any가 아닌 것은?
    ① Anywhere
    ② Anytime
    ③ Anydevice
    ④ Anyone

08. 21세기 비즈니스에서 거시환경의 변화가 아닌 것은?
    ① 아날로그 경영→ 디지털 경영
    ② Efficiency→ Creativity
    ③ 유선, 무선→ 유무선 통합
    ④ Back-Office→ Front-Office

09. 스마트워크의 장소, 시간, 이동성에 따른 분류가 아닌 것은?
    ① 모바일근무
    ② 협업근무
    ③ 스마트워크센터
    ④ 재택근무

Chapter 03. 스마트 비즈니스

연습문제 II ※ 다음 문제를 설명하시오.

01. 스마트헬스케어란?

02. 국내외 기관이 제시한 차세대 IT 융합비즈니스 키워드 **10개** 이상 작성

03. 스마트 헬스케어 서비스의 분류

04. 헬스케어 분야의 **혁신기술**(5가지 이상)

05. 뉴 노멀(New Normal)

06. 레버리징(leveraging)

07. 구글노믹스(googlenomics)

08. 모빌리티(Mobility)

09. UC&C 솔루션을 도입하는 배경

10. FMC(Fixed Mobile Convergence)의 개념 및 기대효과

11. UC(Unified Communication)의 개념 및 기대효과

12. All-IP 기반 유무선 인프라

13. FMC 기반 UC 서비스인 피카소(PICASSO)

14. 스마트오피스 사례

15. UC&C 솔루션들의 구성을 보면 크게 커뮤니케이션, (   ), (   ), (   ) 그리고 비즈니스 프로세스와 협업 기능들로 구성된다.

16. All-IP 기반 유무선 인프라의 4-Any로는 Anytime, (   ), (   ), Any device가 있다.

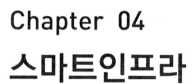

Chapter 04
스마트인프라

＼ 스마트 인프라란 무엇인지 알아본다.

＼ 정보화추진 패러다임의 변화에 대하여 알아본다.

＼ 스마트 인프라의 산업분야와의 융합에 대하여 알아본다.

＼ 스마트 인프라의 연계와 활동에 대하여 논의한다.

＼ IBM의 'building a Smarter Planet'을 이해한다.

＼ 향후 예상되는 네트워크 환경의 변화에 대하여 알아본다.

＼ 스마트 서비스 5대 요구사항에 대하여 이해한다.

＼ 미래네트워크 서비스에 대하여 논의한다.

＼ 거버넌스 인프라 모델에 대하여 논의한다.

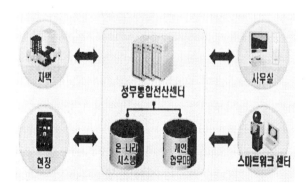

클라우드 기반 스마트워크 인프라 구축

출처 : 디지털데일리

Chapter 04

스마트 인프라

≡🔍 인프라(infrastructure)

◦ 사회[공공] 기반 시설

1. 스마트 인프라란 무엇인가?

가. 스마트 인프라 → 다이나믹 인프라

1) 기존 IT 인프라를 스마트화해서 '새로운 부가가치'를 창출해 내는 전략이 필요한 시점이다.

2) 기존 IT 인프라의 활용을 극대화, 최대화시켜 다양한 사회문제를 선제적으로 예측·극복함으로서 궁극적으로 사회적 비용을 줄이는데 활용할 수 있다면 매우 바람직하다고 할 것이다.

   ◦ 정보화 정책 방향의 재설정은 '확대와 촉진'위주의 IT 정책 패러다임은 '연계·활용'을 중시하는 단계로 전환되고 있으며, 지식 정보를 활용하여 새로운 가치를 창출하는 패러다임으로 변화하고 있음 → 정보시스템의 연계나 활용 등을 위한 촉매역할을 할 수 있는 공유 융합 지능형 기술이 새롭게 부상하는 것도 이러한 맥락과 연계됨 → 정부는 IT를 국가사회의 다양한 부문과 융합시키고, 융합을 통해 재난, 복지, 안전 문제 등 국가사회의 주요현안을 해결하는데 활용하고 있다.

   ◦ 새로운 가치를 창출하기 위하여 지식의 개방, 공유, 협업적 활용 방식이 중요한 것으로 간주하고 있다.

   ◦ 창의성과 다양성을 토대로 고부가가치를 창출해 낼 수 있는 지식의 활용과 또한 지식을 자유롭게 손쉽게 활용 가능하도록 지원하는 지식 활용 체계 마련의 중요성이 지속적으로 확대될 것이다.

정보화 추진 패러다임의 변화

현 재		미 래
단위 시스템별 구축과 확산		시스템·기술·서비스 간 융합과 지능화
확산과 촉진, 기술 중심, 양적성장	⇒	활용과 연계중심, 질적 성장
공급자 중심과 관점의 서비스		수요자 관점, 활용의 편의성 제고
정보화 영역 한정, IT 산업에 국한		융·복합화, 소프트화, 산업간 동반성장
선투자, 기관 주도		민관협력의 거버넌스 형성

출처 : http://k.daum.net/qna/view.html?qid=2eQKD

3) 지식기반 사회에서는 국가경쟁력 확보를 위해 실용과 창의에 기반을둔 새로운 스마트 인프라의 필요성이 지속적으로 확대될 것임.

4) 디지털기술을 사회 전체에 확산시켜서 새로운 부가가치를 창출시키고, 또한 지식 기반 사회의 모델을 실현시키는 스마트 인프라의 구현은 매우 중요함

5) 스마트 인프라는 국가사회 모든 활동에 IT를 연계시켜서 구조적인 혁신을 불러 일으키고, 국가사회 시스템을 효율화시킬 수 있는 미래국가 정보화의 새로운 프레임이다.

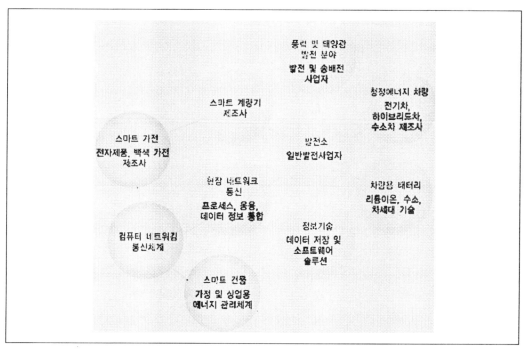

스마트인프라의 산업분야와의 융합

(출처 : 스마트사회를 향한 대한민국 미래전략)

Chapter 03. 스마트 비지니스

나. 스마트 인프라, 무엇을 변화시키고 있는가?

1) 검색엔진을 통한 온라인, 스마트 폰으로 상징되는 모바일 커뮤니케이션, 그리고 트위터나 페이스북과 같은 사회적인 소통과 연결에 집중하고 있음

witter	지구촌 깨우는 140자 지저귐
oogle	클릭, 클릭…인류지식 창고
Phone	터치, 터치 …내손안의 PC
acebook	글로벌 인터넷 인맥 네트워크

2) 2010년 세계적으로 가장 눈에 띄는 단어는 단연코 'TGiF'이다.

* 트위터(Twitter), 구글(Google), 아이폰(iPhone), 페이스북(Facebook)
* 이 신조어는 이제 전 세계 디지털 족에게는 필수적인 생태계 환경을 지원하는 코드로 자리 잡음.
* 정보기술은 환경이나 기후 등의 자연현상을 모니터링 하는 것부터 물, 전기, 음식 등 아주 기본적인 자원의 효율적인 생산과 관리에 영향을 미침
* 금융, 유통, 제조, 교육, 교통, 의료 등 거의 모든 사회 시스템들과 **융합**해서 사회 전 부문의 디지털 기반 지능화를 촉진하고 있음
* 현재 **사용하고 있는** 정보 기술 인프라를 얼마나 스마트하게 변화시키느냐가 향후 스마트 IT강국을 구현하는 성공의 열쇠가 되는 것임
* 스마트 인프라 구축을 위해서는 다양한 영역의 기술들이 상호협력하고 융합되는 것이 필수적이다.

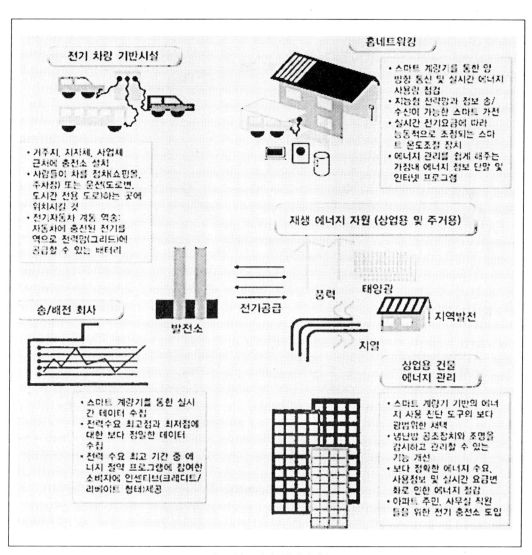

스마트 인프라의 연계와 활동

3) IBM이 제창하는 새로운 비전으로, 고도의 IT를 모든 공공과 민간영역(교통, 식품, 유통, 수자원보존, 의료시스템, 에너지 등)에 적용해 각 부문의 비효율적인 요소를 똑똑한 IT시스템으로 바꿈으로써 국가 사회의 새로운 가치를 창출하는 것이 목표이다.

IBM의 'building a Smarter Planet'

'Smarter Planet'이 의미를 가지기 위해 고려해야 할 4가지 질의사항			
데이터는 폭증하는 반면 자료는 저장소에만 존재	새로운 비즈니스와 프로세스 요구	유연성이 없고 가격이 비싼 기반시설	제한된 가용자원
데이터 분석을 통한 통찰력이 필요	스마트하게 일하는 방식 필요	시장에 대한 신속한 대응이 필요	효율성이 필요
다양한 곳에서 실시간으로 축적되는 방대한 정보를 어떻게 보다 지능적으로 선택하여 사용할 것인가?	사람들이 새로운 방법으로 구매하고, 생활하고, 일을 할 수 있도록 모델화된 유연하고 역동적인 업무모델들이 생겨나고 있음. 이러한 프로세스와 모델들을 활용하여 어떻게 보다 스마트하게 일을 할 수 있는가?	오늘날 비즈니스 환경에 적합하도록 저렴하고, 똑똑하고, 안전한 인프라 시설을 어떻게 만들어 나갈 것인가?	에너지, 환경 및 지속 가능 성장에 대한 어떠한 행동을 취함으로써 효율성과 효과성을 극대화할 수 있는가?
새로운 지능 시스템	스마트워크	다이나믹 기반시설	녹색성장

2. 스마트 서비스 인프라

가. 네트워크 환경의 미래 변화

1) 5G는 사물인터넷(IoT), 초고화질(UHD), 홀로그램, 모바일 입체영상 등 다양한 서비스가 등장할 전망이다. 사물과 사물이 무선인터넷으로 연결되어 스스로 상태를 확인하고 작동 시킬 수 있게 하는 사물인터넷은 5G 환경이 필수적이라고 할 수 있다. 사물인터넷이 가능 하려면 모든 사물이 네트워크망으로 연결돼야 하기 때문이다.

2) 5G로 실감형 콘텐츠 시대가 열릴 것으로 전문가들은 예상하고 있다. 5G를 통해 풀HD 보다 4~8배 선명한 UHD 영상을 모바일에서 시청할 수 있을 뿐 아니라, 3D 입체영상(홀로그램)도 실시간으로 감상할 수 있다. 앞으로 6년 뒤면 5G 통신기술로 인해 일상에 많은 변화가 생길 것 같다.

3) 5G시대에 앞서 해결해야 할 과제 '모바일 트래픽 대란', 해결 방법은?
5G의 상용화로 빠른 속도, 사물인터넷, 실감형 콘텐츠 등 긍정적인 일상의 변화가

예상되는 반면, 폭증할 모바일 트래픽에 대한 해결책을 마련해야 할 과제가 남아 있다 (출처:http://blog.sktworld.co.kr/4432).

이동통신 세대별 속도 비교(1G~5G)

구분	1세대	2세대	3세대	4세대	5세대
최고전송속도	14.4Kbps	144Kbps	14Mbps	75Mbps	1Gbps
가능서비스	음성	음성, 텍스트	음성, 멀티미디어, 문자, 화상통화	음성, 데이터, 실시간동영상	홀로그램, 사물인터넷, 입체영상 등
상용화시기	1984년	2000년	2006년	2011년	2020년
영화다운로드 시간(800M)	불가능	6시간 4분	7분 24초 LTE-A는 43초	5.6초	1초

출처: http://blog.sktworld.co.kr/4432 재구성

1) 향후 예상되는 네트워크 환경의 변화

① 지능형 네트워크 기반의 신 서비스 산업 출현

* 방송과 통신이 융합된 네트워크기반 신 융합서비스가 등장하고, 상황인지 및 네트워크 지능화 등 기술 발전
* 스마트 네트워크를 통한 가상공간상 제공되는 일터는 경제활동 인구를 증대시킬 것임.
* 유럽의 경우 전체 노동인구 중 원격근무자가 11.7%이며, 이 중 여성 비율이 6%를 차지하고 있음

② 저탄소 녹색성장 기반 마련을 위한 네트워크 인프라 역할 증대

* 전자정부, 재택근무, 영상회의 등으로 에너지 절감 및 CO_2 감축이 가능해짐
* 미래 네트워크 인프라의 활용으로 에너지 통합관리가 가능한 주택 용 에너지 관리시스템, 에너지 절약형 상점 시스템 등 U-센서 기반 의 에너지 고효율 서비스 모델은 국가 자원의 효율성 향상시킬 수 있음

③ 전 산업분야의 IT기술 확산에 따른 산업 간 융합 가속화

* 전 산업이 방송통신망을 활용하는 텔레매틱스, U-Health, U-Learning, U-City 등 신 비즈니스 및 산업 군을 창출하여 고용 및 부가가치 유발이 가능할 것으로 전망됨

④ 영상기반 고품격 맞춤형 서비스 확산으로 감성사회 진입 촉진

  • 개인 만족 중심의 가상문화공간 및 문화콘텐츠 확충으로 문화향유 기회가 확대되고 고품격 디지털 라이프가 구현될 것임

⑤ 노령화, 저출산 등 사회구조 변화에 따른 소외문제 해소

  • 스마트 네트워크 기반 응용서비스(U-Health, 스마트 워크 등)의 보급 확대로 노인들의 건강보장, 의료보장, 사회참여 기회 확대가 가능해질 전망임

⑥ 국가 사회 통합증진 및 사회적 양극화 해소

  • UCC 등 자신의 개성과 기호를 자유롭게 표현할 수 있는 네트워크 기반의 서비스 활용 증가로 양방향 멀티미디어 서비스를 통해 개인의 의사소통이 활성화될 것임

  • U-Learning, U-Health 등 방송통신 서비스의 이용 증대, 농어촌 광대역망 보급 확대 등을 통해 사회적 양극화 개선될 것임

⑦ 사회 안전망 고도화 및 정보보호 기반 강화

  • 스마트 인프라는 풍부하고 신속하게 정보를 제공할 수 있게 지원해 줌으로써 재난 및 미래 정보사회의 역기능에 대해 체계적인 대응을 할 수 있도록 해준다.

  • 시설물관리, 환경오염, 재난관리 등에 방송통신 인프라를 기반으로 한 사회 안전 인프라가 구축되면 개인정보의 신뢰성과 프라이버시를 보장하는 스마트사회가 구현되어 신뢰성 있는 사회적 의사소통이 활성화될 것임

2) 스마트 서비스 5대 요구사항

① 단절 없는 (Seamless)서비스 : 끊김 없는 이동형 서비스를 지원하는 4G및 유비쿼터스(Ubiquitous) 기술

② 실감형(Realistic)서비스 : 실감형 방송통신 서비스를 지원하는 고속(High speed)·고품질(High Quality)기술

③ 상황인지(Context awareness)서비스 : 서비스 이용자 및 단말장비의 위치정보(LBS)등을 분석하여 요구사항에 알맞은 정보를 제공하는 상황인지 기술

④ 그린(Green)서비스 : 서버 및 네트워크 등 IT 자원을 가상화(Virtualization)하

여 에너지 절감 및 자원 **효율화**를 시킬 수 있는 기술

⑤ 안전한(Trusty)서비스 : 주요 데이터의 무결성 및 가용성 보장을 통해 서비스 이용자에게 신뢰성을 주는 보안(Security)기술

3) 지능형 SOC 서비스 사례

① **지능형 빌딩 시스템**
② **지능형 교통·물류체계**
③ **스마트 그리드**
④ **지능형 환경관리**

4) 생활 밀착형 서비스 사례

① **개인 맞춤형 초정밀 건강관리**
② **지능형 재해·재난·범죄방지**
③ **3D 기반의 원격 실감 서비스**
④ **하이 터치 오감 체험 교육**

5) 실감 멀티미디어 서비스 사례

① **증강 가상 프레젠테이션**
② **하이터치 오감 통신**
③ **가상현실 기반 실감형 박물관**
④ **8K UHD TV**

Chapter 03. 스마트 비즈니스

6) 미래 네트워크 발전방향

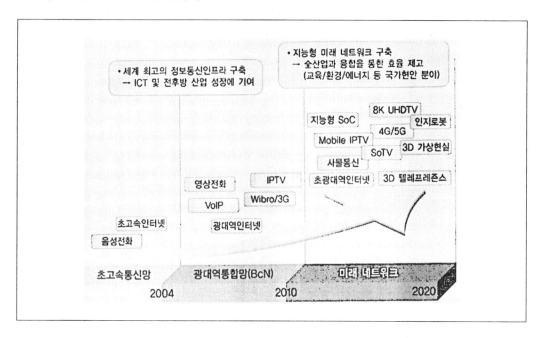

① **광대역화** : 고속 고품질의 실감형 인터넷 서비스 제공을 위해 방송통신망의 대역폭은 지속적으로 확대될 전망

② **무선화** : 다양한 유무선 이종망 환경에서 언제 어디서나 서비스의 이동성과 연속성을 보장받을 수 있는 광대역 무선 환경으로 발전

③ **융합화** : 단말기, 서비스, 네트워크간 융합과 함께 인터넷을 근간으로 전 사회·산업분야와 IT가 융합되어 새로운 부가가치를 창출

④ **내재화** : 교통, 물류, 기상, 건설, 에너지 등 산업 각 분야에서 사물에 컴퓨팅이 임베디드 되어 사물의 인터넷 구현

⑤ **지능화** : 사용자의 취향, 상황 등을 인식하고 축적된 정보를 토대로 다양한 지능형 인터넷 서비스 창출

⑥ **개방화** : 모든 망과 단말기 등이 수용되는 통합 인프라를 기반으로 다양한 서비스가 결합 되는 형태로 발전

7) 미래 네트워크 서비스

미래 네트워크는 다양한 이용자의 융합형 미래서비스 수요와 모든 사회, 산업분야

의 폭발적인 네트워크 사용량을 수용(scalability)하며, 다양하고 상이한 노드를 수용하여 언제 어디서나(ubiquity) 이동중(mobility)에도 접속이 가능하며, 상황인지(context awareness)와 효율적인 관리가 가능하고 보안성이(security) 내재된 유연한 스마트 네트워크로 구축되어야 할 것이다.

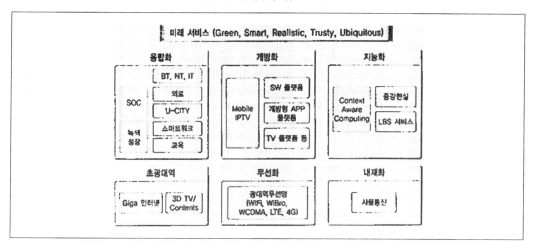

나. 스마트 네트워크 구축

1) 스마트 네트워크 구축을 위해서는 현재의 IT 인프라를 바탕으로 취약한 무선 인프라를 중점적으로 확충해야 한다.

2) 네트워크 고도화 비용은 고비용 구조에서 저비용구조로 개선해야 하고, 유선망 또는 실시간·대용량의 영상정보를 보편적으로 이용할 수 있는 광대역화를 지속적으로 추진해야 한다.

3) 스마트 네트워크 인프라는 초광대역 네트워크, 지능형 네트워크, 이동형 네트워크의 3가지로 구분해 볼 수 있다.

초광대역 네트워크

3DTV, UHDTV, 홀로그램 등 초고화질, 대용량의 실감형 미래 서비스 구현이 가능하도록 유선은 10Gbps, 무선은 Gbps급 초광대역 네트워크를 구축하여 Giga 시대를 선도하고 미래 수요에 대응할 수 있는 네트워크 기반 마련이 필요하다.

전달망은 대용량의 유무선, 방송통신 융합서비스를 전달하는 광스위칭 중심의 전광 통신망(All Optical Network)으로 구축하여 디지털 정보의 폭발적 생산, 유통을 소용하도록 백본 전송망을 수백 Gbps에서 수십 Tbps 이상의 전광 전송망으로 광대역화해 나가야 할 것이다.

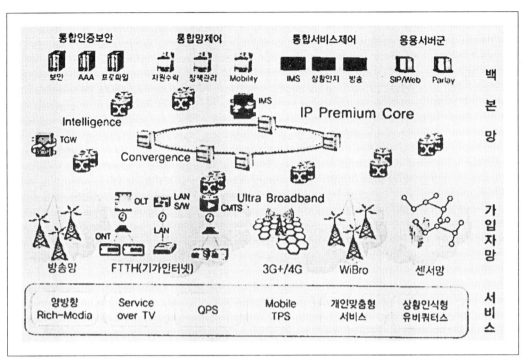

기가(Giga)인터넷 서비스 모형도

무선망은 단기적으로 고정·이동 환경에서도 대용량 미래 인터넷 서비스를 언제 어디서나 편리하게 사용할 수 있도록 무선망 광대역화 및 커버리지를 확대해야 한다.

중장기적 관점에서 무선망은 증가하는 무선데이터 수요에 대비하여, 원천기술 개발 및 국제표준화를 통해 Giga급 이상의 미래 무선망 구축에 대비해야 할 것이다.

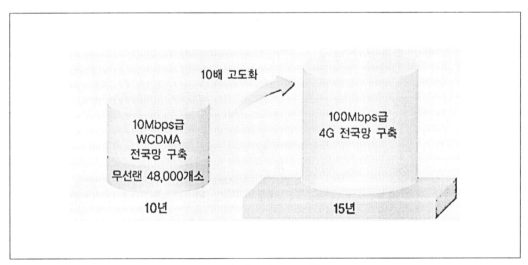

무선 네트워크 고도화

지능형 네트워크

지능형 스마트 네트워크는 IT 기술이 내재된 모든 사물들이 정보를 수집, 가공, 재생산하여 상호 전달하는 네트워크이다. 사람을 중심으로 상황인지, 위치정보 파악, 원격제어/모니터링 등을 가능하게 하는 지능형 네트워크는 단기적으로는 네트워크 상황정보 기반의 지능공간을 이용하고, 중장기적으로는 사용자 주변의 단말, 센서로 부터 수집한 사용자 상황정보를 부가한 맞춤형 지능공간을 구성할 수 있도록 한다.

융합·이동형 네트워크

융합·이동형 네트워크는 N-Screen 서비스 등 다양한 유·무선 이동 망간·기기간 서비스 이동성과 품질을 보장하는 유무선 융합 네트워크 이다. IT 기술이 내재된 모든 사물들이 정보를 수집, 가공, 재생산하여 상호 전달하는 네트워크이다. 사람을 중심으로 상황인지, 위치정보 파악, 원격제어/모니터링 등을 가능하게 하는 **지능형** 네트워크는 단기적으로는 네트워크 상황정보 기반의 지능공간을 이용하고, 중장기적으로는 사용자 주변의 단말, 센서로 부터 수집한 사용자 상황정보를 부가한 맞춤형 지능공간을 구성할 수 있도록 한다.

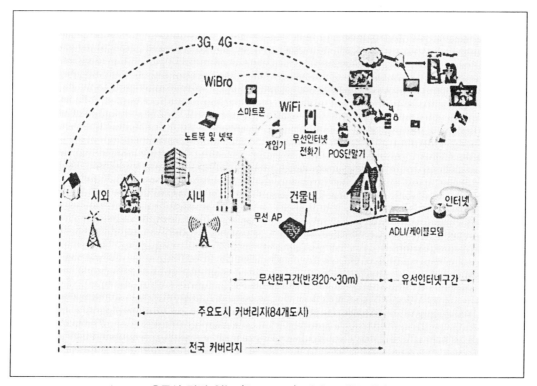

유무선 단절 없는 (Seamless) 서비스 제공 개념

다. 개방형 플랫폼과 시스템

개방형 아키텍처, 공통플랫폼 등 개방형의 협업 인프라를 구축하여 국가 간·조직간 경계를 초월한 협업을 강화하고, 공유서비스를 확대해야 한다. 우선 민간 부문의 수요가 많고, 활용의 시급성이 높은 공공분야 지식정보의 활용을 촉진하기 위한 공유서비스인 데이터·업무·시스템·S/W·H/W 등의 국가정보자원을 조직 간에 활용이 용이하도록 표준화된 형태로 개방한 서비스 인프라를 개발하여 서비스를 확충하고 수요자가 원하는 서비스를 등록·관리하고 찾아주는 '국가공유서비스 등록저장소'를 구축해서 공유인프라로 활용해야 한다.

국가 고유서비스 등록 저장소

〈국외 융합 서비스 사례〉

업 체	결합 유형	사업 추진 방향
매트로 (독일)	유통 + IT	퓨처스토어에서 무인정산 시스템 구현하여 IT를 통한 쇼핑 편의성 제공
ANZ (호주)	금융 + IT	일부 점포에 스마트 브랜치 시범. 서비스를 통한 티켓 예매와 원격 재무 상담 가능
카이저병원 (미국)	의료 + IT	병원 고객의 의료 데이터 분석을 통해 사전에 질병을 예측하고 고지
BMW (독일)	자동차 + IT	차량도난·파손 시 차 주인에게 무선 알람, 최단시간 목적지 도착 안내

3. 스마트 소셜 인프라

가. 미래 예측 인프라: 스마트하고 과학적인 지식공유

나. 법 제도 인프라: 스마트 시대 무한 경쟁을 위한 지원

다. 거버넌스 인프라: 스마트 사회 상호작용과 협력•조정

≡🔍 뉴 거버넌스(New Governance)

시민사회를 정부의 활동 영역에 포함시켜 새로운 파트너로 인정함으로써 정부조직, 기업, 시민사회, 세계체제 등 이들 모두가 공공서비스와 관련하여 신뢰를 통한 네트워크(연계, 상호작용)를 구축하는 것을 강조하면서 시장논리보다는 협력 체제를 강조하는 것을 말한다.

정부부문과 민간부문 및 비영리부문 간 협력적 네트워크를 통한 공공서비스 전달과정에 있어서의 효율성과 효과성을 제고하는 것을 목표로 한다(위키백과).

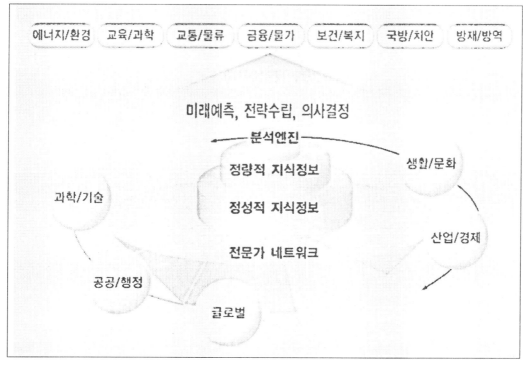

국가 미래예측 공통시스템 개념도

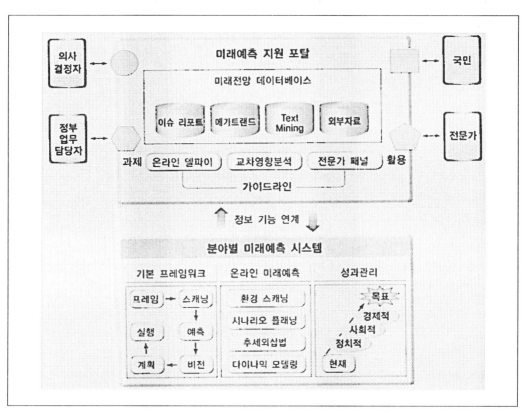

분야별 미래예측시스템과 미래예측지원포털 연계방안

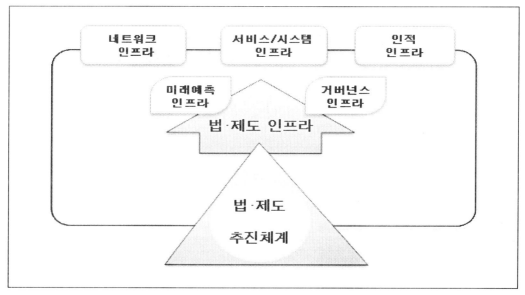

법·제도 인프라 구현 모델

연습문제 Ⅰ ※ 다음 문제의 정답을 표시하시오.

01. 향후 예상되는 네트워크 환경의 변화가 아닌 것은?
① 국가 사회 통합증진 및 사회적 양극화 해소
② 노령화, 저 출산 등 사회구조 변화에 따른 소외문제 발생
③ 지능형 네트워크 기반의 신 서비스 산업 출현
④ 저탄소 녹색성장 기반 마련을 위한 네트워크 인프라 역할 증대

02. 스마트 서비스 5대 요구사항 중 거리가 먼 것은 ?
① 단절 없는 (Seamless)서비스
② 그린(Green)서비스
③ 실감형(Realistic)서비스
④ 네트워크(Network)서비스

03. 실감 멀티미디어 서비스 사례가 아닌 것은?
① 8K UHDTV
② 3D 기반의 원격실감 서비스
③ 하이터치 오감 통신
④ 증강 가상 프레젠테이션

04. 생활 밀착형 서비스 사례가 아닌 것은?
① 개인 맞춤형 초정밀 건강관리
② 지능형 재해·재난·범죄방지
③ 하이터치 오감 통신
④ 3D 기반의 원격 실감 서비스

05. 지능형 SOC 서비스 사례가 아닌 것은
① 스마트 그리드
② 지능형 빌딩 시스템
③ 지능형 환경관리
④ 지능형 재해·재난·범죄방지

06. 미래 네트워크 발전방향 중 다른 것은?
① 개방화
② 지능화
③ 광대역화
④ 안정화

07. 국가사회 모든 활동에 정보통신기술을 연계시켜 구조적인 혁신을 불러일으키고, 국가사회 시스템을 효율화시킬 수 있는 미래국가 정보화의 새로운 프레임을 무엇이라 하는가?
① 스마트 인프라
② 거버넌스 인프라
③ 융합 인프라
④ 네트워크 인프라

08. IBM의 'Smarter Planet'이 의미를 갖기 위해 고려해야 할 4가지 필요사항이 아닌 것은?
① 스마트하게 일하는 방식 필요
② 시장에 대한 차분한 대응이 필요
③ 효율성이 필요
④ 데이터 분석을 통한 통찰력 필요

연습문제 Ⅱ ※ 다음 문제를 설명하시오.

01. 스마트인프라(Smart Infrastructure)

02. TGiF 시대의 도래에서 'F'가 뜻하는 것은?

03. 향후 예상되는 네트워크 환경의 변화

04. 스마트 서비스 5대 요구사항

05. 지능형 SOC 서비스 사례

06. 생활 밀착형 서비스 사례

07. 실감 멀티미디어 서비스 사례

08. 미래 네트워크 발전방향

09. 융합·이동형 네트워크

10. 국외 융합서비스 사례

11. 뉴 거버넌스(New Governance)

12. 스마트 네트워크 인프라는 초광대역 네트워크, (   )네트워크, 이동형 네트워크의 3가지로 구분해 볼 수 있다.

13. 서버 및 네트워크 등 IT 자원을 가상화(Virtualization)하여 에너지 절감 및 자원 효율화를 시킬 수 있는 기술의 서비스? (   )

14. 서비스 이용자 및 단말장비의 위치정보(LBS)등을 분석하여 요구사항에 알맞은 정보를 제공하는 상황인지 기술의 서비스? (   )

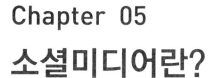

Chapter 05
소셜미디어란?

＼ 소셜미디어란 무엇이며, 역할 및 활용 분야를 알아본다.

＼ 소셜네트워크 서비스의 분류에 따른 기능과 서비스에 대하여 알아본다.

＼ 소셜미디어 콘텐츠 구성에 대하여 알아본다.

＼ 기존 매체와 소셜미디어가 다른 점은 무엇인지 학습한다.

＼ 소셜미디어의 5가지 주요 특성에 대하여 학습한다.

＼ 소셜미디어 종류와 서비스 사례에 대하여 논의한다.

＼ SNS의 7가지 특성에 대하여 이해한다.

＼ 마이크로 블로그들을 비교하여 그 차이점을 알아본다.

＼ 소셜미디어의 성공적 활용 방안을 논의한다.

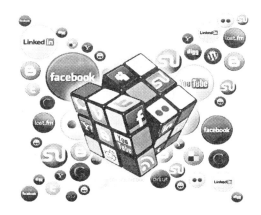

출처:Iwiss Electric Co.,Ltd

Chapter 05

소셜미디어란?

1. 소셜미디어란 무엇인가?

* 소셜미디어(Social media)는 사람들이 자신의 생각과 의견, 경험, 관점 등을 서로 공유하고 참여하기 위해 사용하는 개방화된 온라인 툴과 미디어 플랫폼이다.
* 가이드와이어 그룹의 창업자인 크리스 쉬플리가 처음 이 용어를 사용
* 양방향성을 활용하여 사람들이 참여하고 정보를 공유하며 사용자들이 만들어 나가는 미디어
* 접근이 매우 용이하고 확장 가능한 출판기법을 사용하여, 사회적 상호작용을 통하여 배포될 수 있도록 설계된 미디어
* 사회적 미디어(Social Media)는 방송 미디어의 일방적 독백을 사회적 미디어의 대화로 변환시키는 웹 기반의 기술을 이용한다. 소셜미디어는 지식과 정보의 민주화를 지원하며 사람들을 콘텐츠 소비자에서 콘텐츠 생산자로 변화시킨다.
* 블로그(Blog), 소셜 네트워킹서비스(Social Networking Service, SNS), 위키(Wiki), 손수제작물(UCC), 마이크로 블로그(Micro Blog) 5가지로 구분하며, 사람과 정보를 연결하고 상호 작용할 수 있는 서비스하는 웹 기반의 애플리케이션은 소셜미디어로 보고 그 범주에 포함시킬 수 있다.

소셜미디어란 다수의 의견, 경험, 관점 등의 집단지능(Collective Know -ledge)으로 부터 정제되어 송출되는 매체이다. 소셜미디어는 그 자체가 일종의 유기체처럼 성장하기 때문에 소비와 생산의 일반적인 메커니즘이 동작하지 않는다. 소셜미디어의 대표적인 예로는 블로그, 소셜 네트워크, 인스턴트 메시지 보드, UCC 등이 있으며, 이를 통해 공유되는 대상은 텍스트, 이미지, 오디오, 비디오 등의 다양한 형태를 가진다.

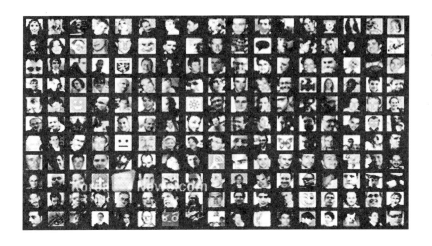

2. 국내·외 소셜네트워크 서비스(SNS)현황

인터넷과 스마트기기를 활용해 자신을 표현하고 소통하는 스마트폰 대중화와 SNS 이용의 일상화는 우리 사회에 많은 변화를 가져왔다. 소통과 참여의 확대와 무한 정보 공유의 대가는 프라이버시 침해, 사이버폭력, 소통의 양극화, 허위정보의 확산, 정보 과부하라는 부작용을 초래했다. SNS가 빠르게 확산되고 사회적으로 주목 받으면서, SNS의 확산이 가져올 긍정적 기대감과 함께 사회적 역기능에 대한 우려도 높아지고 있다.

가. SNS 개념과 발달

1) SNS의 개념

웹2.0 시대의 시작은 그간 포털 중심의 독점적 소통 생태계에서 탈피하고 개방·공유·자율의 패러다임을 강조하며, 블로그와 같은 개인미디어의 급속한 확산을 가져왔다. 이를 기반으로 한 SNS(Social Network Service, 이하 SNS)의 등장은 소셜미디어의 확산 및 소셜커뮤니케이션의 폭발적인 증가를 낳았다. SNS는 소셜미디어, 소셜네트워크사이트, 소셜네트워킹 등 다양한 용어와 혼용되어 사용되고 있으며, 그 종류도 다양하고 여러 가지 방식을 통해 유기적으로 만들어지기 때문에 기관이나 학계에서도 통일된 정의를 내리지 못하고 있다.

❖ 소셜미디어란 자신의 취향과 활동을 공유하거나, 타인의 취향과 활동을 관찰하고자 하는 사람들의 공동체를 위한 온라인 사회관계의 형성에 중점을 둔 미디어 기능이 부각된 서비스(IWGDPT, 2008).

❖ 제한된 시스템 내에서 개인이 자신을 대중에게 혹은 일부 대중에게 소개하고, 정보를 제공해 주고, 받을 수 있고, 관계를 형성하고 유지하며 시스템 내에서 다른 이용자들의 관계망을 보거나 연결할 수 있는 세 가지 측면의 특성을 가진 웹기반 서비스(Boyd & Ellison, 2007).

❖ SNS는 인터넷상에서 친구, 동료 등 지인과의 인간관계를 강화하거나 새로운 인맥을 형성함으로써 폭넓은 인적네트워크를 형성할 수 있게 해주는 서비스로 미니홈피, 블로그, 마이크로블로그, 프로필 기반 서비스 등을 포함하고 있음(한국인터넷진흥원, 2009).

이렇듯 SNS에 대한 다양한 정의들을 살펴보면 공통적으로 ⅰ) 인터넷을 매개로 하며, ⅱ) 특정 목적을 위해 타인과 정보를 공유하거나 사회적 관계 형성을 돕는, ⅲ) 쌍방향 소통 서비스라는 특징을 포함하고 있다. 이러한 SNS는 어떤 기준으로 구분하는가에 따라 다양

SNS의 기능별 유형화

SNS분류	기 능	서 비 스
프로필 기반	특정사용자나 분야에 제한 없이 누구나 참여 가능한 서비스	싸이월드, 페이스북, 마이스페이스, 카카오스토리
비즈니스 기반	업무나 사업관계를 목적으로 하는 전문적인 비즈니스 중심의 서비스	링크나우, 링크드인, 비즈스페이스
블로그 기반	개인 아이디어인 블로그를 중심으로 소셜 네트워크 기능이 결합된 서비스	네이트통, 윈도우라이브스페이스
버티컬	사진, 비즈니스, 게임, 음악, 레스토랑 등 특정 관심분야만 공유하는 서비스	유튜브, 핀터레스트, 인스타그램, 패스, 포스퀘어, 링크드인
협업 기반	공동창작, 협업 기반의 서비스	위키피디아
커뮤니케이션 중심	채팅, 메일, 동영상, 컨퍼런싱 등 사용자간 연결 커뮤니케이션 중심의 서비스	세이클럽, 네이트온, 이베디, 미보
관심주제 기반	분야별 관심 주제에 따라 특화된 네트워크 서비스	도그스터, 와인로그, 트렌드밀
마이크로블로킹	짧은 단문형 서비스로 대형 소셜네트워킹 서비스 시장의 틈새를 공략하는 서비스	트위터, 텀블러, 미투데이

출처 : 한국방송통신전파진흥원(2012)

하게 유형화 될 수 있다. 한국방송통신전파진흥원(2012)은 서비스 기능에 따라 8가지로 유형화 하고 있는데, 프로필 기반, 비즈니스 기반, 블로그 기반, 버티컬, 협업 기반, 커뮤니케이션 중심, 관심주제 기반, 마이크로블로깅으로 SNS를 구분하였다(국내 SNS의 이용 현황과 주요 이슈 분석. 한국인터넷진흥원, 이윤희).

2) SNS의 진화

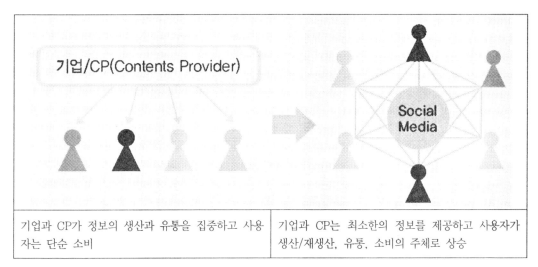

기업과 CP가 정보의 생산과 유통을 집중하고 사용자는 단순 소비 / 기업과 CP는 최소한의 정보를 제공하고 사용자가 생산/재생산, 유통, 소비의 주체로 상승

SNS로 인한 정보 경제 구조의 변화

SNS는 오프라인 관계를 온라인으로 연결하고, 문서를 디지털로 저장하는 소극적 미디어의 역할에서 이용자의 생각과 감정을 전파하는 적극적 미디어로 발전하고 있다. 이는 SNS가 단순히 사용자에게 인터넷상에서의 관계형성뿐만 아니라, 정보(Contents) 경제의 과정인 생산 → 유통 → 소비의 핵심주체로 자리매김할 수 있는 기회를 제공하였음을 의미한다. 즉 과거 대부분의 정보가 기업이나 CP(Content Provider) 중심으로 생산·유통되는 구조에서 사용자 스스로 정보를 재생산하고, 자신의 관계 네트워크를 통해 유통하고, 소비하는 구조로 바뀌었다. 이는 중앙 집중적이고 일방적이던 이전의 정보 경제 구조를 사용자 중심의 수평적 구조로 변화시켰으며, 이런 변화에 큰 역할을 한 것이 SNS이다. 특히 포털 집중적 패러다임에서 탈피해 사용자가 직접 콘텐츠 생산과 유통의 주체로 참여함에 따라, 사용자는 본인이 가지고 있는 관계 기반 네트워크를 통해 더 빠르고 정확하게 정보를 전파시킬 수 있게 되었다(강학주, 2011). 불특정다수와의

관계 속에서 사용자들은 자신이 선호하는 콘텐츠를 중심으로 네트워크를 강화하였으며, 대용량 콘텐츠를 주고받는 환경을 기반으로 콘텐츠 중심의 SNS 이용도 급증하였다.

한편 정보의 생산주체와 유통 채널의 급증은 사람들이 이해하고 접근할 수 있는 정보의 과잉과 유사서비스의 범람을 초래하였다. 이에 최근의 SNS는 정보 필터링의 역할과 함께 콘텐츠 생산과 소비의 용이성을 돕기 위한 큐레이션(Cutration) 서비스를 함께 제공하고 있다.

이를 통해 비슷한 취향과 선호를 가진 사용자들이 폐쇄된 네트워킹에서 콘텐츠를 공동으로 생산하고 유통하는 구조로 진화하고 있다(한국정보화진흥원, 2012).

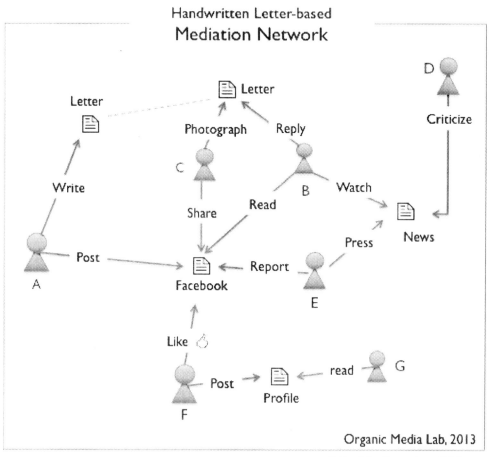

출처 : http://organicmedialab.com

🔍 큐레이션(Curation)

* 주제를 선정해 박물관의 전시와 기획, 작품을 선별 전시하듯 SNS 에서 유통되는 콘텐츠를 수집하고 편집하여 전시하는 **역할**을 칭함

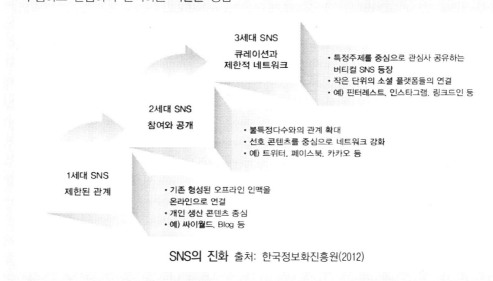

3세대 SNS

큐레이션과 제한적 네트워크
* 특정주제를 중심으로 관심사 공유하는 버티컬 SNS 등장
* 작은 단위의 소셜 플랫폼들의 연결
* 예) 핀터레스트, 인스타그램, 링크드인 등

2세대 SNS

참여와 공개
* 불특정다수와의 관계 확대
* 선호 콘텐츠를 중심으로 네트워크 강화
* 예) 트위터, 페이스북, 카카오 등

1세대 SNS

제한된 관계
* 기존 형성된 오프라인 인맥을 온라인으로 연결
* 개인 생산 콘텐츠 중심
* 예) 싸이월드, Blog 등

SNS의 진화 출처: 한국정보화진흥원(2012)

3) 국내 SNS 시장 규모 및 성장 추이

2015년 전체인구 대비 국내 SNS 보급률은 59.0%를 기록하며 전년에 이어 아시아 1위를 기록할 것으로 예상(2015 소셜미디어의 현재와 미래, 2015.4. DMC MEDIA).

* 전 세계 SNS 이용자수는 2015년 약19억 6,000만 명에 달할 것으로 추정되며 2016 년에는 20억 명을 넘어설 것으로 전망.

* 시장 성숙기 도래로 이용자수 증가세 둔화가 포착되고 있는 가운데, 2015년 SNS 시장은 인도, 인도네시아 등 신흥국이 성장을 주도할 전망.

* 2015년 전체 인구대비 국내 SNS 보급률은 59.0%를 기록하며 전년에 이어 아시아 1위를 기록할 것으로 예상.

* 그러나 국내 SNS 이용자 규모가 3,000만 명 수준에 근접하면서 시장 성장세는 다소 둔화될 것으로 예상.

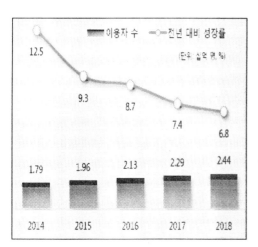
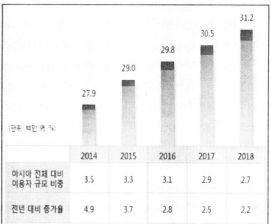

전 세계 SNS이용자 규모 및 성장추이 국내 SNS이용자 규모 및 성장추이

출처: eMarketer, STRABASE(2015)

* 서비스사별 이용률 순위는 2013년 카카오스토리-페이스북-트위터-싸이월드 미니 홈피의 순에서 카카오스토리-페이스북-트위터-네이버밴드 순으로 순위 변화가 나타남.

* 점유율이 가장 높은 카카오스토리 이용률은 2013년 대비 9%p로 큰 폭으로 감소하였고, 2014년 새롭게 선택항목에 포함된 네이버밴드의 이용률이 5.4%로 4위를 차지함.

* 전년도에는 전 연령대에서 1위사 이용률이 매우 크고 동일한 순위가 나타난 반면, 2014년에는 10, 20대의 페이스북 활용률 증가, 40, 50대의 카카오스토리, 네이버밴드 이용활성화 등 연령대 별 선호도가 갈리는 특징을 보임.

* 특히, 40, 50대의경우, 전년도에는 1위 서비스사인 카카오스토리 이용률이 70%에 육박하며 이용 쏠림현상이 나타났으나, 2014년 조사 결과 페이스북, 네이버밴드등의 이용이 커지면서 쏠림현상이 누그러지는 양상이 보임.

(단위: %, 1순위 응답 기준)

순위	SNS 서비스사	2013년	2014년	증감률
1	카카오스토리	55.4	46.4	-9.0p
2	페이스북	23.4	28.4	5.0p
3	트위터	13.1	12.4	-0.7p
4	네이버 밴드	-	5.4	-
5	싸이월드 미니홈피	5.5	4.0	-1.5p
6	카카오 그룹	-	2.1%	-

2013-2014 SNS 서비스사별 이용률 추이

출처 : KISDI(2015.3)

(단위: %, 1순위 응답 기준)

순위	서비스사	10대		20대		30대		40대		50대	
		2013	2014	2013	2014	2013	2014	2013	2014	2013	2014
1	카카오스토리	60.7	43.8	38.8	29.2	59.7	54.4	69.7	56.7	69.2	54.8
2	페이스북	21.6	33.5	34.5	45.3	20.4	20.5	13.6	17	10	16.5
3	트위터	8.4	9.9	18.3	17.2	11.8	14.5	10.3	8.0	13.6	7.7
4	네이버 밴드	-	1.9	-	2.1	-	4.0	-	11.7	-	12.7
5	싸이월드 미니홈피	7.5	7.2	5.9	3.8	5.3	3.0	3.6	2.9	3.8	4.6

주 : 10대 미만과 60대 이상의 연령대는 SNS를 이용하는 수가 적어 제외함

2013-2014 연령대별 SNS 서비스사 이용 점유율

(출처: KISDI(2015.3)

4) 소셜미디어 콘텐츠 구성

플랫폼 중심에서 콘텐츠 중심으로 경쟁구도가 변화함에 따라 콘텐츠 마케팅 트렌드가 지속 강화되고 있는 추세

- Facebook의 시장독주 체제 속에서 Me-Too 서비스들의 등장과 퇴진이 반복되는 가운데, 기능적 차별화보다는 콘텐츠 경쟁력의 확보가 새로운 생존 및 성공 요소로 부각 되고 있음.

◆ 소셜미디어 이용자들이 온라인에서 보는 콘텐츠를 선택할때 점점 스마트해지기 때문에, 정보에 있어 가치가 있고 흥미 있는 콘텐츠를 제작해야 경쟁력을 가져갈 수 있을 것으로 판단됨.

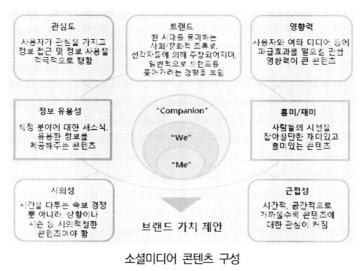

소셜미디어 콘텐츠 구성

출처: 오픈타이드(2013)

5) 소셜미디어 뉴스 시대

뉴스 소비에 있어 **전통매체를 압도하는 소셜미디어 뉴스 시대**의 본격 개막

◆ 미국 언론연구소가 실시한 여론조사에 따르면, 미국 젊은이의 82%가 SNS를 통해 뉴스와 정보를 소비하는 것으로 나타남. 또한, 뉴스 소비에 있어서 SNS가 전통적 매체인 신문을 압도 하는 것으로 나타남.

◆ 미국 퓨리서치 집계에 따르면 미국성인 64%가 페이스북을 이용하며, 이 가운데 절반 즉, 미국 성인 10명중 3명이 페이스북을 통해 뉴스를 접하는 것으로 나타남.

◆ 최근에는 페이스북에서 뉴스를 직접 유통하겠다고 밝혔는데, 이는 최대수익 인원광고와 밀접한 관계가 있기 때문인 것으로 뉴스 유통을 통해 광고수익원을 늘리려는 전략으로 볼 수 있음.

◆ 관심사 중심의 정보제공과 SNS 파급력이 시너지효과를 발휘하여 대량의 트래픽유입을 가능하게 한다는 점에서, 국내 소셜 뉴스시장을 둘러 싼 사업자 경쟁이 치열하게 전개될 것으로 예상됨.

6) 소셜미디어의 동영상 광고 영향력

페이스북의 즉시 재생 동영상광고(Autoplay Video Ads)가 전체 동영상 광고시장에 많은 영향을 미칠 것으로 예상됨

* 페이스북의 동영상 시장에 대한 움직임은 광고시장에도 **영향**을 미칠 것으로 예상됨. 페이스북이 즉시 재생되는 동영상 광고쪽에 많은 공을 들이고 있기 때문.

* RBC Capital 자료에 따르면, 6개월 이내에 즉시 재생 동영상 광고를 구입할 의향이 있다고 응답한 비율이 54%, 이미 구입해 본 경험이 있다는 비율은 9%로 나타나, 거의 60% 이상이 페이스북의 즉시 재생 동영상 광고에 많은 관심을 갖고 있다는 것을 알 수 있음.

* 광고 유형별 클릭률 비교에서도 동영상 쪽이 우세한 것으로 나타났는데, Kinetic Social이 조사한 자료에 따르면, 즉시 재생 동영상 광고는 클릭률이 2.13%로 다른 광고에 비해 크게 높은 것으로 나타남.

7) 소셜미디어의 광고 사업 확장

모바일 디바이스의 보편화에 따라 SNS 업체들의 경쟁적으로 새로운 광고 사업 확장에 나서고 있음

* 이미지 기반 SNS 업체 인스타그램은 신규광고 플랫폼 '캐러셀(carousel)'을 선보임. 이는 광고주가 상품에 관련된 여러 이미지를 한 번에 보여주고, 관련 웹사이트 등을 링크로 연결해 홍보할 수 있게 함.

* 구글은 타 웹사이트에 광고를 올리고 홍보효과를 측정하는 웹기반 '더블 클릭(Double Click)' 플랫폼과 이를 활용해 자사 서비스 유튜브 등에 맞춤형 광고를 선보이고 있음.

* 관심사 기반 SNS 업체 핀터레스트(Pinterest)는 최근광고에 대한 집중도를 높이는 방향으로 광고 타깃팅 툴을 재정비 하겠다고 밝힘. 예를 들면, 축구공과 연관된 광고일 때 '스포츠'를 좋아하는 사용자보다 '축구'를 좋아하는 사용자에게 노출되게 하는 식임.

* 페이스북 경쟁사인 트위터의 모바일 광고 중개서비스 '모펍(MoPub)'과 유사한 광고 상품을 출시할 예정.

8) 소셜미디어와 IoT 와의 결합

스마트 디바이스와의 결합을 통한 서비스 변화 시도

- 언론매체 TIME은 2015년 새로운 트렌드로 떠오르고 있는 웨어러블, IoT 등과 SNS와의 융합이 본격적으로 시도될 것으로 전망함.
- 운동량 등을 SNS상에서 친구들과 자동으로 공유해주는 피트니스밴드 등이 출현하고 있는 가운데, 각종 센싱 데이터를 이용한 다양한 SNS가 출현할 것으로 예상됨.
- 웨어러블 디바이스와 헬스케어에 대한 소비자들의 관심이 높아진 가운데 홈피트니스가 가정 내 소비자의 생활을 스마트하게 한 단계 업그레이드될 것, 앞으로는 소셜네트워크서비스(SNS)의 게임 등 흥미 요소를 접목시킨 헬스코칭 영역으로 홈 IoT 헬스케어 라인업이 확장될 것으로 전망.

3. 소셜미디어 마케팅

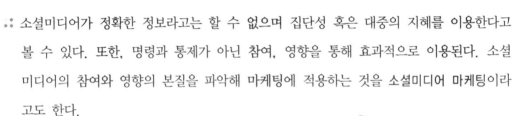

.: 소셜미디어가 정확한 정보라고는 할 수 없으며 집단성 혹은 대중의 지혜를 이용한다고 볼 수 있다. 또한, 명령과 통제가 아닌 참여, 영향을 통해 효과적으로 이용된다. 소셜미디어의 참여와 영향의 본질을 파악해 마케팅에 적용하는 것을 소셜미디어 마케팅이라고도 한다.

.: 전통적인 매체와 어떻게 다른가?

- 소셜 미디어는 신문, TV, 책, 라디오 등 전통적인 매체와 근본적으로 속성이 다르다. 그렇다고 소셜 미디어가 이 매체들을 대체할 수 있다는 의미는 아니며 오히려 현재 매체가 하는 일을 보완하기 위해 사용된다고 할 수 있겠다. 위키백과에서 댓글을 추가하거나 기사를 편집함으로써 소셜미디어에 참여할 수 있다.

마케팅에서의 소셜미디어

* 전통적인 매체와 대부분의 온라인 매체에서 일어나는 상호작용은 보통 한 가지 방식이다. 즉 통제할 수 있는 위치의 누군가가 제시하는 뭔가를 최종 사용자가 보거나 써본다. 기껏해야 그 정도다. 반면 소셜미디어는 정말 참여적이다. 즉 최종 사용자가 콘텐츠의 윤곽을 그리고 콘텐츠를 만들며 공유한다. 참여와 반응을 통해 사회적인 평판이 형성된다.

* 소셜 웹에서는 소비자와 마케터가 말할 권한에 관한 한 모두 동등한 목소리를 지닌다. 대중이 말하는 바가 유효하고, 대중이 말하는 바에 대한 통제가 제한적이라고 가정해보라.

* 두려워 보이지만 효과적으로 대중에게 영향을 주는 방법을 배운다면 실제로 탄탄한 사회적 수용에 기반을 둔 중요하고도 방어할 수 있는 시장지위를 얻을 수 있다. 소셜 미디어의 생각하는 바를 대중에게 말할 수 없다는 점을 감안하면 대중의 말을 경청해야 할 것이다. 소셜미디어의 속성 중 하나는 의견을 듣고 측정한 뒤, 변화 양상을 시간을 두고 추적할 수 있다는 점이다(출처:한국취업신문(http://www.koreajobnews.com)

소셜미디어에서의 마케터

* 소셜 웹 전반에 걸쳐 일어나는 모든 일을 어떻게 추적하는가? 더 중요하게, 마케터로서 어디를 보고 무엇을 따라갈지 어떻게 아는가? 결국, 두 질문의 답은 같다. 소셜 인터랙션으로 구성된 피드를 추적하는 방법이다. 겪었던 일을 평가해달라고 요청하는 일보다 더 기본적인 일이 있을까? 그 일이 좋았다고 하던가? 효과

  적이었다고 하는가? 그래서 다른 사람의 의견을 물어봤더니 좋아지던가? 특히 소비자 관점에서 볼 때 소셜 웹은 그런 질문을 기반으로 한다.

* 확실히 소셜 웹에 나타나는 상당수가 마케터의 관점에서는 대략 가족사진, 커뮤니티 행사 동영상 등의 소재다. 그러나 소셜 웹의 상당 부분은 뉴스, 정치, 상거래 중에서도 특히 '제품 구매나 서비스 이용, 브랜드와의 상호작용에 뒤따르는 사람들의 경험'에 대한 논평에 집중된다. 이런 논평은 분명히 인지, 설득, 궁극적으로 전환 관련 마

케팅 노력에 영향을 준다.

4. 기존 매체와 소셜미디어가 다른 점은 무엇인가?

가. 다수의 의견, 경험, 관점 등의 집단 지능으로 부터 정제되어 송출되는 매체

* 웹2.0의 시대에는 정보의 생산자가 개인화되어 정보의 바다를 이루었다면 소셜미디어 시대에 는 정보를 갖고 있는 사람들이 인맥의 바다를 이루었다.
* 웹2.0에서는 개인들이 정보를 생산 공급하고, 소셜미디어에서는 이런 개인 간의 정보생산을 인맥으로 연결해 내는 과정이 특징적이다.
* 위키백과사전이나 위키트리뉴스는 한사람의 지식이나 뉴스를 올리면 다른 사람들이 그 글을 수정 보완하면서 점점 더 좋은 지식과 뉴스가 된다.
* 개개인의 지식이나 정보가 모여 더 크고 강력한 집단지능이 되는 것이다.

나. 소셜미디어는 그 자체가 일종의 유기체처럼 성장

.∴ 소비와 생산의 일반적인 메커니즘이 동작하지 않는다.

* '유기체 처럼 성장한다'는 점이 가장 차별화된 소셜미디어 시대의 힘이다. 그 특징적인 단어 '좋아요' 는 '공감'으로 뜻한다.
* '싸이의 강남 스타일'도 '좋아요'라는 패턴을 통해서 확산된 결과.
* '솔로대첩' '이슈' → 수천 명의 사람들을 특정장소로 이동

다. 소셜미디어의 대표적인 예

블로그, 소셜네트워크, 인스턴트 메시지 보드, UCC 등 이를 통해 공유되는 대상은 텍스트, 이미지, 오디오, 비디오 등의 다양한 형태가 있다.

* 소셜미디어는 기존의 온라인매체와 분리되어지지 않는다.
* 기존의 매체 좀 더 빠르고 좀 더 다중방향으로 의견을 소통하며, 확산

라. 소셜미디어를 세일즈와 마케팅 관점에서 접근한다면 어떻게 해야 될까?

* 내가 1인 미디어이며, 특정분야의 전문 잡지사가 되는 것이다.
* 나의 정체성을 확고히 세우고, 각종 커뮤니티에 가입하여 활동하며, 그 인맥들을 다시 내 인맥도구로 재창조하기도 하며, 나의 정체성을 주제로 한 모임이 활발히 생성

(출처 : http://financedoctor.org).

5. 소셜미디어의 특징과 마케팅 활용 사례

삼성경제연구소가 선정한 2010년도 올해의 히트상품에 1위는 스마트폰, 4위는 소셜미디어가 차지하였다. 이 둘은 일본이나 미국에서도 올해의 히트상품 최상위에 위치하고 있다.

더구나 2010년 타임지는 마크 주커버그를 올해의 인물로 선정하였다. 그는 전 세계 5억 2,000만 명이 사용하는 소셜미디어인 페이스북의 창업자다.

20대 후반의 나이에 전 세계에 가장 영향력을 끼친 올해의 인물에 주커버그가 선정된 것은 새천년의 첫 10년을 마감하는 시점에 디지털혁명의 중심이 소셜미디어로 옮겨지고 있음을 상징한다(안종배 한세대 미디어영상학부 교수).

'TGIF'(Thank God It's Friday)가 트위터, 구글, 아이폰, 페이스북의 영어 머릿글자를 가리키는 것으로 의미가 달라질 정도로, 디지털 권력은 소셜미디어로 빠르게 넘어가고 있는 것이다.

국내 사용자 수도 2010년 말 트위터 230만(아이코랩 제공), 페이스북 250만(페이스베이커 제공). 스마트폰 600만으로 올해 초 사용자수(트위터 80만, 페이스북 20만, 스마트폰 100만)에 비하면 1년 새 200% 이상 증가하였고 이는 내년에도 지속될 전망이다.

가. 소셜미디어의 정의와 특징

소셜미디어는 사람들이 자신의 생각과 의견, 경험, 관점 등을 서로 공유하고 참여하기 위해 사용하는 개방화된 온라인 툴과 미디어 플랫폼으로, 가이드와이어 그룹의 창업자인 크리스 쉬플리가 처음 이 용어를 사용하였다. 소셜미디어는 양방향성을 활용하여 사람들이 참여하고 정보를 공유하며 사용자들이 만들어 나가기 때문에 외부의 영향을 받기보단 자체 적으로 성장하며 소비와 생산의 일반적인 메커니즘이 작동하지 않는 특징을 가지고 있다.

웹2.0시대의 대표적 서비스로 나타난 소셜미디어의 특징을 다음과 같이 종합할 수 있다.

* 소셜미디어 사용자는 소비자인 동시에 생산자가 될 수 있으며, 네트워크를 통해 참여하고 공유한다.

* 소셜미디어는 다양한 형태로 서비스가 발전하고 있는데 대표적인 종류로는 블로그, 콘텐츠 커뮤니티, 팟캐스팅, 마이크로 블로그, SNS 등이 있으며, 이를 통해 공유되는 대상은 텍스트, 이미지, 오디오, 비디오, 실방송 등의 다양한 형태를 가진다.

① 공유(Sharing) : 누구나 쉽게 콘텐츠를 제작할 수 있고, 서비스를 제공할 수 있는 툴이 다양하기 때문에 자신이 만들어낸 콘텐츠를 자신이 속한 소셜그룹에 공유가 가능하다.

② 상호작용(Interactive) : 양방향성을 활용하여 정보나 의견을 교환하고, 이를 통해서 콘텐츠의 제작, 수정 등 발전적인 활동을 가능하도록 한다.

③ 실시간성(Real Time) : 정보제공자와 소비자를 실시간으로 연결이 가능하며, 이는 전통적인 매스미디어보다 빠르게 확산이 가능하다.

④ 집단지성(Collective Intelligence) : 관계를 형성하고 정보를 공유하기 위해 소셜미디어 그룹이 조직되고, 이는 집단지성으로 발전한다. 개인들이 서로 협력하거나 경쟁을 통하여 얻게 되는 정보를 커뮤니티를 통해 개방적인 분위기에서 지속적으로 축적하고 발전시킴으로써 거대한 지성을 이룬다.

소셜미디어의 5가지 주요 특성은 참여, 개방, 대화, 커뮤니티 및 연결이다.

소셜미디어의 5가지 주요 특성

참여(participation)	특정 주제에 관심 있는 사람들이 자발적으로 지식과 의견, 피드백을 공유하도록 촉진
개방(openness)	피드백과 참여에 매우 개방되어 있어 정보 공유, 댓글, 투표 등을 촉진
대화(conversation)	쌍방향 대화와 커뮤니케이션 지향
커뮤니티(community	온라인상에서 사진, 취미, 드라마, 정치적 이슈 등 동일 관심사를 갖고 있는 소셜미디어와 스마트폰 사용자들이 관련 주제를 중심으로 모이게 하고 효율적으로 커뮤니케이션하게 함
연결(connectness)	대부분의 소셜미디어와 스마트폰은 하나의 공간에서의 링크와 여러 종류의 미디어를 결합하는 과정을 통해 상호관계 구축

나. 소셜미디어 종류와 서비스 사례

소셜미디어 종류와 서비스 사례

블로그	SNS	콘텐츠 커뮤니티	팟캐스팅	위키 위젯	마이크로 블로그
• 개인블로그 • 기업블로그	• 페이스북 • 마이스페이스 • 싸이월드	• 유튜브 • 판도라 • 플리커 • 딜리셔스	• 아이튠즈 • 아프리카	• 위키피디아 • 위젯	• 트위터 • 미투데이

1) 블로그(Blog)

웹2.0시대의 대표적인 서비스로서 자신이 관심 있는 분야에 대한 글 및 사진 등의 자료를 올려 유사한 관심을 가진 사람들과 공유할 수 있는 1인 미디어이다. 홈페이지나 커뮤니티와 다른 점은 복잡한 구성이 필요하지 않고, 일부사람에게만 공개하는 폐쇄성이 없다는 점이 특징이다. 또한 트랙백(혹은 링블로그) 기능을 통해 관심분야가 같은 블로거들끼리 서로를 등록함으로써 네트워크 기능을 강화한다. 이를 통해 1인 미디어인 블로그가 타인들의 참여와 네트워킹을 통해 소셜미디어로서 발전이 가능하게 된 것이다. 최근까지 소셜미디어 중 가장 활발하게 사용되고 있다. 대표적으로 티스토리, 네이버블로그 등이 있다.

2) SNS(Social Network Service)

대표적인 소셜미디어 서비스로서 블로그보다 상대적으로 개인적인 정보 중심이며, 이를 통해 형성되는 네트워크 또한 운영자의 지인으로 한정된다. SNS는 일종의 온라인 인맥구축 서비스다. 1인 미디어, 1인 커뮤니티, 정보 공유 등을 포괄해 참가자들이 서로에게 친구를 소개하거나 조건에 맞는 친구를 검색해 네트워크를 확장할 수 있는 커뮤니티형 웹서비스를 이른다. 국내의 대표적인 SNS 서비스로는 '싸이월드'가 있으며 해외 서비스의 예로는 마이스페이스와 페이스북 등이 있다.

3)콘텐츠커뮤니티(Contents Community)

사용자의 콘텐츠를 쉽게 공유할 수 있게 하는 서비스로 주로 이미지, 영상, 소리 등의 콘텐츠가 주를 이루어 활용되는 형태를 나타내며, 사용자가 제작한 콘텐츠나 수집된 북마크 페이지 등을 자유롭게 업로드 하여 공유할 수 있다. 대표적으로 유튜브, 판도라, 플리커, 딜리셔스 등이 있다.

Presence 존재감		
Sharing 공유성		Relationships 관계형성
	Identity 정체성	
Conversations 의사소통		Reputation 평판
	Groups 집단성	

SNS의 7가지 특성
(Social Software Bilding
Blocks Gene Smith, 2007)

4) 팟캐스팅(Pod Casting)

인터넷 뉴스 제공업체, 대학 등의 기관이 아이튠스(iTunes)를 통해 제공하는 동영상 형태로 제공하는 서비스. 미국 MP3플레이어 업체인 애플의 '아이팟(ipod)'과 방송의 '브로드캐스팅(broad casting)'을 결합한 용어다. 방송 시간에 맞춰 듣는 기존 라디오 방송과는 달리 컴퓨터와 아이팟이 연결될 때마다 항상 새 파일이 자동으로 다운로드 된다. 대표적인 예로 유스트림, 아프리카, 아이튠즈(아이팟케스트) 등이 있다.

Identity	'나'의 주체성을 확고히 함
Presence	내 현황을 알리기 위함
Sharing	콘텐츠와 정보를 공유하기 위함
Conversation	커뮤니케이션을 위해
Relationships	관계의 친밀도를 관리함
Reputation	'나'를 셀프 브랜딩
Groups	커뮤니티

여름이야기

[HIT] 불후의 명곡2-문명진(Mo
게시자: KBSKpop
9개월 전 • 조회수 62,951회
문명진 - 여름이야기.
HD

DJ DOC- 가요톱텐 여름이야기
게시자: Donna Tennant
4년 전 • 조회수 31,937회
Live 1996.

5) 위키(Wiki)

인터넷을 통해 누구나 참여하여 글을 올리고 고칠 수 있는 소셜 집단지성 체계인 위키는 소셜미디어의 또 다른 형태이다. 위키는 인터넷 접속이 가능한 기기의 웹브라우저를 이용, 간단한 마크업 언어를 통해 쉽게 내용을 추가하고, 수정 삭제할 수 있는 웹사이트를 말한다. 위키 소프트웨어를 이용하며, 협업을 통해 운영된다. 위키는 지식경영이나 기록 등 다양한 용도로 이용된다. 공동체용 웹사이트나 조직 내 인트라넷에 쓰이기도 한다.

첫 위키 소프트웨어인 위키위키웹(WikiWikiWeb)을 만든 워드 커닝엄은 위키를 "동작하는 가장 단순한 온라인 데이터베이스"라고 설명했다. "위키"는 "빠른"을 뜻하는 하와이어 "wiki"(발음은 위티['witi]나 비티['viti])에서 왔다.

6) 위젯(Widget)

컴퓨터 프로그래밍에서 위젯(widget) 또는 컨트롤(control)은 컴퓨터 사용자가 상호 작용하는 인터페이스 요소이다. 이를테면, 창, 텍스트 상자가 있다. 위젯(widget)은 홈 화면 구성에 있어 핵심적인 관점을 제공합니다. 위젯은 홈 화면에서 바로 쓸 수 있도록 앱에서 가장 중요한 자료와 기능을 한 곳에 모아주는 역할로 생각할 수 있다. 사용자는 홈 화면 여기저기 위젯을 이동하여 배치하거나, 위젯이 지원하는 경우 크기를 조절하여 위젯의 정보량을 조절할 수 있다.

위젯에는 게임과 퀴즈, 날씨, 사진 보정 툴 및 뉴스 단신 자막들이 포함된다. 작지만 콘텐츠와 기능을 효과적으로 전달할 수 있으며, 호환성이 높아 다양하게 사용된다.

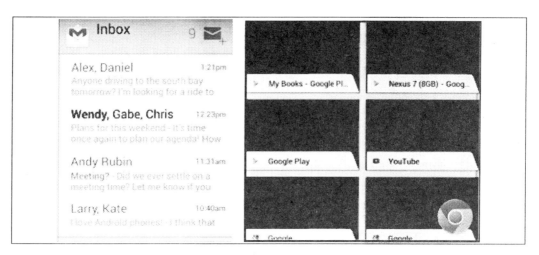

ListView 위젯 GridView 위젯

7) 마이크로블로그(Micro Blog)

140~150자 정도의 짧은 글이나 정보를
인터넷 공간서 실시간으로 의사소통해요
트위터 · 미투데이 · 커넥팅 등이 대표적이다

마이크로블로그(microblog) 또는 미니블로그(miniblog)는 블로그 서비스의 일종
이다.

인터넷에 블로거가 올린 한 두 문장 정도 분량의 단편적 정보를 해당 블로그에 관
심이 있는 개인들에게 실시간으로 전달하는 새로운 통신 방식을 사용한다. 미니블로
그 내의 이용자 사이에 서로 메시지를 주고받는 형태도 있다. 짧은 텍스트 형태이므
로, 실시간으로 정보가 업데이트가 된다. 따라서 사용자는 채팅을 하는 것과 비슷한
체험을 얻을 수 있다. 결과적으로 블로그 + 메신저의 형태라고 할 수 있다. 사진이나
동영상, 웹사이트 URL 등을 올릴 수 있는 경우도 있다. 컴퓨터 뿐 아니라 휴대전화
등을 써서 이용하기도 한다.

∷ **팔로(Follow):** 관심 있는 이의 트위터를 따르는 행위. 그 사람이 자신의 트위터 페이지
에 올리는 내용을 받아 보는 것을 뜻한다. 일종의 친구 등록에 해당한다.

:: **팔로어(Follower)**: 팔로 하는 이를 지칭한다. A가 B를 팔로 하면 A는 B의 팔로어가
된다.

마이크로블로그 비교

구분	트위터	네이트 커넥팅	NHN 미투데이	다음 요즘
관계	팔로(Follow)	피플	미투친구(미친)	요즘친구
관계 맺기	팔로잉하기(방문자가 일방적으로 신청)	기존 싸이월드 일촌이나 네이트온 버디 기반(추가, 삭제 가능)	친구맺기(방문자기 신청하고 상대방 수락해야)	검색과 추천을 통한 친구 추가하기(방문자가 일방 신청)
주 이용층	오피니언 리더/IT 서비스다량 이용자	대중	대중	10~20대
커뮤니케이션 소재	정보 중심	일상 및 생활 중심	순간 순간의 감정(공감) 중심	관심 있는 주제에 대한 잡다한 이야기
특장점	응용 프로그램 프로그래밍 인터페이스(API)를 개방해 다양한 연계 서비스이용 기능	지인 기반의 높은 신뢰도/네이트온 연동으로 실시간 알림 기능	실시간 검색/스마트폰이나 휴대전화 문자기능 활용/네이버와 연계	자신을 표현할 수 있는 강력한 프로필 기능/멀티미디어 기능/친구끼리 즐기는 게임

출처: 중앙일보(2010.6.18.)

마이크로블로그 용어

· **트윗(Tweet)**: 트위터에서 글을 작성하는 행위.
· **트위테이너(twitter+entertainer)**: 합성어로 자신의 트위터를 통해 소식을 전하고 사회 이슈에 대한 의견을 피력하는 등 의사소통 활동을 적극 펼치는 연예인을 일컫는 신조어.
· **다이렉트 메시지(DM)**: 자신의 이야기가 팔로어나 피플에게 모두 전달되고 싶지 않을 때 개인에게 보내는 일대일 메시지. 싸이월드의 쪽지와 유사한 개념이다.
· **찰나족**: 디지털 기기를 제대로 활용하는 세대. 검색과 인터넷 활용 능력이 뛰어나며 모바일 기기를 통해 언제 어디서든 SNS를 이용하는 유비쿼터스 '신인류'를 뜻한다.
· **트위텁(Tweetup)**: 트위터에서 알게 된 사람들과 오프라인 만남을 이루는 것. 온라인이 오프라인으로 확장된 경우이다.
· **포스퀘어(Foursquare · 사진)**: SNS에 게임의 요소를 가미한 땅 따먹기 개념의 위치 정보 공유 서비스. 위성위치확인시스템(GPS)이 있는 휴대전화에 포스퀘어 앱을 내려 받은 뒤 자신이 방문한 장소에서 '체크인' 버튼을 누르면 지도에 자신의 위치가 표시된다.

포스퀘어 서비스는 GPS 등의 위치정보를 이용하여 자신이 있는 위치를 공개하고 친구들에게 공개, 혹은 트위터, 페이스북과 같은 SNS에 공개하는 서비스이다. 하지만 단순한 위치를 공개하는 것에 그치지 않고 포스퀘어는 체크-인(Check-In) 기능을 활용하여 게임의 기능을

추가했다. 해당 지역에 이른바 주인(이라고 하기는 애매하지만)
이 되는 메이어(Mayor) 달성 기능을 추가한 것이다. 등록된 지
역에 많이 체크-인을 하는 사용자가 메이어가 되며 그에 따라
점수도 향상되는 원리인데 이른바 LBS(위치 기반 서비스)에 땅
따먹기 게임을 접목한 것이 포스퀘어이며 현재 엄청난 수의 사
용자가 각국에서 자신의 영역을 열심히 넓히고 있는 중이다.

다. 소셜미디어를 활용한 마케팅 성공사례

  소셜미디어의 사용자가 급증하면서 이를 기업의 마케팅 수단으로 활용하여 성공적인
결과를 보이는 사례가 점차 늘어나고 있다. 특히 대표적인 소셜미디어인 트위터와 페이
스북은 국내외 기업들이 마케팅 차원에서 적극적으로 활용하고 있다. 이외에도 국내 서
비스인 미투데이와 플리커, 유튜브 등 다른 소셜미디어도 다양한 방식으로 마케팅 활용
도가 늘어나고 있다.

1) 델(Dell) 컴퓨터의 트위터(Twitter) 활용

  델(Dell) 컴퓨터는 미국의 컴퓨터, 사
무기기 제조 판매회사이다. 최초의 트위
터 마케팅 성공사례로 꼽히는 델의 전략
은 트위터를 통한 고객관리 서비스와 쿠
폰 및 특별판매 전략이었다.

  델 컴퓨터는 2009년 "트위터를 통한 프로모션으로 650만 달러 이상의 매출"을 이
루었다. 델 컴퓨터는 모두 33개의 트위터 계정을 운영하고 있다. 이 트위터들은 고객
만족을 위한 CS 차원에서의 활용을 하여 소비자가 갖고 있는 여러 가지 불평불만과
궁금증, A/S 문의 등을 비롯해 여러 내용의 질문들을 CoTweet 이라는 별도의 사이
트에서 제공하는 기능을 통해 빠른 시간 내에 답변 할 수 있는 효율적인 프로세스를
구축했다. 소비자 입장에서는 빠른 피드백과 함께, 친절하고 자세한 정보 습득으로
인해 호감도가 상승했다. 또한 새로운 상품이나 서비스에 대한 홍보활동에 활용하고
제목과 단축 URL을 제공하고, 홈페이지나 카탈로그 페이지로 이동하게 되어있다. 실
질적인 세일즈 포인트로서 활용하여 미국과 영국, 그리고 아일랜드에 별도로 아웃렛

(Outlet) 계정을 만들어 자신의 '팔로워'들에게만 추가 할인 혜택을 줌으로서 고객에게 만족감을 주면서, 판촉 활동을 강화하고 있다. 이를 통해 재고제품과 리퍼제품 그리고 판매가 부진한 제품들을 효과적으로 판매할 수 있었다.

2) 이케아(IKEA)의 페이스북(Facebook) 활용

이케아(IKEA)는 가구, 액세서리, 주방용품 등을 파는 스웨덴의 다국적 기업이다. 좋은 디자인과 싼 가격, 그리고 손수 조립할 수 있는 가구(DIY : Do It Yourself)로 유명하다.

이케아(IKEA)는 스웨덴 말모(Malmo) 지역에 새로 매장을 오픈하면서 페이스북 계정을 개설하였는데, 매니저가 2주 동안 12장의 매장 사진을 페이스북 포토 앨범에 올려 이벤트를 시작하였다. 고객들에게 재미를 주는 실제로 자신이 필요한 것을 찾아내도록 하는 서비스 방식이었다. 새로 오픈 한 매장을 프로모션 하기 위해 전형적인 마케팅 방법을 사용하지 않고 사람들이 직접 찾아와 둘러볼 수 있는 쇼룸을 만들었다. 매장 관리자는 약 2주의 시간동안 포토앨범에 여러 쇼룸의 모습들을 업로드

하였고, 이 사진을 보고 태깅 기능(사진의 특정 영역을 선택해 소감이나 의견을 추가하는 태그를 달아놓는 기능)을 활용하여 제품에 처음으로 태그(Tag)를 달아놓는 사람에게 해당 상품을 무료로 보내주는 이벤트를 하였다. 이 이벤트는 순식간에 페이스북을 통해 퍼져나가게 되고, 많은 소비자들이 링크와 사진을 퍼가면서 수십만 명에게 폭발적인 관심을 불러 일으켰다.

또한 온라인에서 그치는 것이 아니라 오프라인 매장으로까지 찾아올 수 있도록 유도한 효과 역시 컸다. 이케아 이벤트는 참여자들이 상업적인 느낌보다 엔터테인먼트적인 느낌이 강하게 느껴 보다 적극적인 반응을 보이게 되었다.

이케아의 페이스북 마케팅은 SNS를 어떻게 하면 사람들이 즐거워하며 특별한 기술이나 막대한 비용을 지불하지 않더라도 SNS를 이용하여 양방향 커뮤니케이션에 의해 효과적인 마케팅을 할 수 있다는 것을 보여주는 좋은 사례라고 할 수 있다.

3) 포드의 소셜미디어

포드는 '고객에게 귀 기울여라'라는 모토 하에 트위터(Twitter), 페이스북(Facebook), 플리커(Flickr), 유튜브(Youtube) 등 소셜미디어를 활용한 적극적인 마케팅 활동으로 자동차업계에서 가장 성공적인 사례로 꼽히고 있다.

포드자동차의 Fiesta Movement 마이크로사이트

지난 2009년, 미국 포드자동차는 유럽시장에서 주로 판매 해왔던 피에스타(Fiesta)를 미국 시장에 출시하기 전, 프로모션 활동을 위해' 피에스타브먼트(Fiesta Movement)'라는 마이크로사이트를 론칭했는데, 자동차 분야 소셜미디어 활동이 활발한 100명을 모집해 이들을 통해 매달 1개씩 총 6개월 간 미션을 수행토록 하는 소셜미디어 연계 프로모션 활동을 전개 했다. 이들 100명은 자신들이 보유하고 있는 소셜미디어 채널들(페이스북, 트위터, 블로그, 마이스페이스, 유튜브, 플리커

등)에 미션 수행활동과 리뷰 등을 공유했고, 이는 '피에스타무브먼트' 사이트에 연동돼 게시됨은 물론, 미션에 참여한 100명의 소셜 네트워크를 통해 피에스타에 대한 언급과 리뷰 등이 수도 없이 공유되고 확산됐다.

그 결과 '포드 피에스타' 관련 영상의 유튜브 조회 수가 700만 건을 넘었고, 트위터에서 400만 회 언급됐다. 이러한 경로로 13만 명의 소비자가 포드 인터넷 사이트를 방문했는데 그 가운데 83%는 이전에 포드 자동차를 구매한 적이 없는 사람들이었다. 이른바 '온라인 입소문 대박'이 터진 것이다. 이러한 활동을 통해 실제 북미에서는 피에스타 차량이 출시되기 전인데도 브랜드 인지도가 40% 상승하는 성과(보통 출시 2~3년 후에나 얻을 수 있는 수치)를 올릴 수 있었다.

포드는 2010년 7월 '온라인 오토쇼'를 개최하고 이를 트위터와 페이스북을 통해 홍보함으로써 구글검색 순위 2위에 오를 만큼 효과를 거두었고, 페이스북과 트위터에 고객 토론공간을 개설하여 고객의 질문과 제안을 경청하는 장으로 활용하는 등 지속적으로 소셜미디어를 활용한 마케팅을 전개하여 매출 증대와 함께 브랜드 가치가 3%나 상승하는 효과를 얻었다(http://blog.socialmkt.co.kr).

라. 소셜미디어의 성공적 활용 방안

소셜미디어가 최근 강력한 영향력을 발휘하면서 자동차업계를 포함한 많은 기업들이 소셜미디어를 마케팅에 적극 활용하고자 하고 있다. 특히 글로벌 자동차업계인 렉서스, 도요타를 비롯해 혼다, BMW, 랜드로버, 포드 등 세계적인 자동차업체들은 소셜미디어를 활용한 마케팅에 열을 올리고 있다.

그러나 소셜미디어를 통한 마케팅에는 위험도 따른다. 철저한 준비 없이 진행되나 사소한 실수가 기업에 큰 피해를 입히게 될 수도 있고 비판적인 품평을 즐기는 이들이 이를 포스팅하여 나쁜 평가가 급속도로 퍼짐으로써 기업을 위기상황에 빠트릴 수도 있다. 따라서 파급력이 큰 소셜미디어를 활용한 마케팅을 위해서는 소셜미디어 종류별 특성을 충분히 반영하여 전략을 세우고 충분한 준비를 거쳐 실행하여야 한다.

소셜미디어를 활용한 성공적인 마케팅을 전개하기 위해서는 다음과 같은 전략을 유의해야 할 것이다.

첫째, 고객이 직접 참여하도록 할 것

소셜미디어란 사람들이 자신의 생각과 의견, 경험, 관점 등을 서로 참여하여 공유하는 개방된 온라인 툴과 미디어 플랫폼이다. 소셜미디어는 참여를 통해 일종의 유기체처럼 성장하는 것이다. 특히 최근의 스마트폰의 확산으로 고객의 소셜미디어 참여가 훨씬 용이해졌으므로 고객의 참여를 유도하고 고객과 함께하는 마케팅 방안을 모색하여야 할 것이다.

둘째, 고객의 반응에 양방향으로 소통할 것

기업은 소셜미디어를 통해 초기에는 팔로어나 친구 맺기를 확장하기 위해 고객의 반응을 유도하고 반응에 대응하는 양방향적인 노력을 하게 된다. 그러나 계속 사용자가 늘어나면 어느 순간부터 점차 관리자가 전달하고자 하는 메시지를 일방으로 전하는 형식으로 변모하게 된다. 이는 소셜미디어의 핵심 특성인 양방향성을 무시하게 되는 것으로, 고객의 소통 니즈를 충족시키지 못하게 된다.

소셜미디어 마케팅에서는 한 번에 메시지를 전달하는 것에 그치는 것이 아닌 고객과의 지속적인 양방향 소통을 필요로 한다. 실시간 대화하는 듯 한 정보 교류가 소셜 미디어에 가장 큰 특징이다. 소셜미디어 마케팅을 전개하는 데 있어 시종일관 고객과의 소통에 대한 일관성을 유지하면서 양방향 소통을 강화시키는 것이 매우 중요하다.

셋째, 상업성 메시지보다는 재미와 감동을 전달할 것

소셜미디어는 개개인이 자발적으로 참여하여 사회적 관계를 형성하는 소통의 공간이다. 여기에 노골적인 상업적인 메시지가 노출되면 고객은 고개를 돌리고 더 이상 참여하지 않게 될 것이다. 따라서 고객의 관심을 끌고 지속적인 사회적 관계를 형성하고 유지할 수 있는 아이디어의 개발이 중요하다. 즉 고객에게 재미와 감동을 줄 수 있는 혁신적인 이벤트나 스토리의 개발이 중요하다.

미국의 여론조사 기관 퓨리서치센터는 2010년 한국의 SNS 이용률(40%)이 세계 4위라고 발표했다.

이는 미국(46%), 폴란드(43%), 영국(43%)에 이은 기록이다. 2011년에는 국내 소셜미디어 이용자들이 더욱 늘어날 것이고 더욱 다양한 서비스가 등장할 것이다. 또한 소셜미디어의 영향력이 더욱 강화됨으로써 기업은 고객과의 소통과 마케팅의 장으로 이를 적극 활용해야 할 것이다. 우리는 어느덧 소셜미디어 마케팅이 대세인 시대로 접어들고 있는 것이다.

6. 스마트폰의 경험을 컴퓨터에서도

퍼스널컴퓨터(PC)의 시대가 저물고 있다. 대신 스마트폰과 태블릿PC가 그 자리를 잠식해가고 있다. 편리한 응용프로그램(앱)과 터치 화면에 익숙해진 사용자들도 이제 컴퓨터에서 스마트폰과 같은 경험을 요구하고 있다. 최근 전 세계 IT 업체들이 앞 다퉈 스마트폰과 컴퓨터의 운영체제(OS)를 통합하려고 하는 것도 바로 이 때문이다.

지금까지 스마트폰과 컴퓨터는 각각 별도의 OS와 응용프로그램을 사용하여 컴퓨터 프로그램을 스마트폰에서 쓰려면 일일이 변환작업을 하였다. 최근 정보통신업계는 개발비용과 시간을 단축하고 사용자 편의를 위해 각 기기의 운영체제를 통합하려고 시도하고 있다.

* 애플은 최근 스마트폰과 태블릿PC의 기능을 대거 적용한 컴퓨터용 OS '마운틴 라이언(Mountain Lion)'을 공개했다. 아이폰과 아이패드는 iOS라는 운영체제를 함께 써왔기 때문에 맥 컴퓨터에서도 아이폰·아이패드와 메시지·사진·동영상·메모·일정 등을 자유롭게 주고받을 수 있게 됐다.

〈맥 컴퓨터와 아이폰〉

* 구글도 우선 스마트폰과 태블릿PC에서 공통으로 쓸 수 있는 최신 안드로이드 OS '아이스크림 샌드위치'를 내놓았다. IT 전문가들은 곧 출시될 안드로이드 '젤리빈(Jelly Bean)' 버전에서 크롬과 안드로이드 OS의 본격적인 통합이 이루어질 것으로 보고 있다.

- 마이크로소프트(MS)가 **발표한** '윈도8'도 컴퓨터와 **모바일** 기기의 경계를 허무는 **통합** OS다. 모바일 **기기** 시장에서 애플과 구글에 **참패한** MS는 윈도8을 통해 새로운 도약의 발판을 마련할 **계획이다**(http://biz.chosun.com/, 2012.2.23.). OS 통합이 진행되면서 컴퓨터에도 스마트폰과 태블릿 PC에서 쓰던 **앱스토어**(응용프로그램 장터)가 등장했다.

- 구글은 PC에서 사용할 수 있는 온라인 응용프로그램 장터인 '웹스토어'를 운영한다. 이곳에서 '앵그리버드'와 같은 게임 프로그램 등 다양한 앱을 컴퓨터에 내려 받아 사용할 수 있다. 웹스토어에 들어가면 마치 스마트폰의 첫 화면처럼 컴퓨터에 설치돼 있는 프로그램 목록이 차례로 뜬다.

- 스마트폰과 태블릿PC에서 쓰는 터치 조작방식도 컴퓨터에 구현된다. MS의 윈도8이 탑재된 컴퓨터는 키보드 입력과 터치 기능 모두 사용이 가능하다. 화면만 보면 무의식중에 손가락으로 넘겨보고 확대해보는 사용자들의 습관이 이젠 컴퓨터 모니터에서도 가능해지는 것이다.

태블릿 PC에 그림그리기·글씨 메모

- 디지털 수업 늘어나는 교실 환경

☰🔍 노트 필기법도 달라진다?

- 학창 시절 시험 기간이 되면 공부 잘 하는 친구들의 공책을 빌리기 위한 쟁탈전이 벌어졌다. 한눈에 쏙 들어오는 노트 필기는 성적과 직결되는 필수 아이템. 시대가 달라져 학교에서 PDP TV, 파워포인트, 프로젝터에 이어 디지털 교과서 등 다양한 미디어가 수업에 활용되면서 종이에 연필로 쓰던 노트 필기법도 달라지고 있다.

- 복잡한 그림이나 도표 등은 스마트폰으로 사진을 찍기도 한다.

연습문제 I ※ 다음 문제의 정답을 표시하시오.

01. 소셜미디어의 주요 특성이 아닌 것은?
① 공유(Sharing)   ② 실시간성(Real Time)
③ 상호작용(Interactive)   ④ 집단미디어(Collective Media)

02. SNS의 7가지 특성이 아닌 것은?
① 존재감(Presence)   ② 가상성(Virtuality)
③ 공유성(Sharing)   ④ 정체성(Identity)

03. ( )는 게임과 퀴즈, 날씨, 사진 보정 툴 및 뉴스 단신 자막들이 포함된다. 작지만 콘텐츠와 기능을 효과적으로 전달할 수 있으며, 호환성이 높다.
① 블로그   ② 위키   ③ 위젯   ④ SNS

04. 140~150자 정도의 짧은 글이나 정보를 인터넷 공간서 실시간으로 의사소통하며, 트위터·커넥팅 등이 대표적인 소셜미디어는?
① 마이크로블로그   ② 블로그   ③ 위젯   ④ SNS

05. ( )서비스는 GPS 등의 위치정보를 이용하여 자신이 있는 위치를 공개하고 친구들에게 공개, 혹은 트위터, 페이스북과 같은 SNS에 공개하는 서비스이다.
① 트위텁(Tweetup)   ② 팔로어(Follower)
③ 포스퀘어(Foursquare)   ④ 마이크로블로그(microblog)

06. 소셜미디어에 대한 사회적 관심이 집중되면서 새로운 서비스와 연관된 다양한 문제 중 법적 고려 사항이 아닌 것은?
① 명예훼손   ② 보안위협
③ 저작권과 사이버스토킹   ④ 소셜미디어의 과대 활용

07. 세계 최대 동영상 공유커뮤니티로 다양한 비즈니스 기회 활용, 사용자들의 지역, 접속시간대, 연령대, 성별 등 분석해 주는 통계서비스를 무료로 제공해주는 SNS 기업?
① Twitter   ② YouTube
③ My Space   ④ Facebook

08. 소셜미디어로 인한 기업 환경 변화의 설명 중 틀리는 것은?
① 고비용과 단순성   ② 다수성과 다양성
③ 신속성과 지속성   ④ 친근성과 신뢰성

연습문제 Ⅱ ※ 다음 문제를 설명하시오.

01. 소셜미디어 마케팅이란?

02. 기존 매체와 소셜미디어가 다른 점은?

03. 소셜미디어의 5가지 주요 특성

04. 소셜미디어 종류

05. 소셜미디어를 활용한 마케팅 성공사례

06. 소셜미디어의 대표적인 예로는 (   ), 소셜네트워크, 인스턴트 메시지 보드, (   ) 등 이를 통해 공유되는 대상은 텍스트, 이미지, 오디오, 비디오 등의 다양한 형태가 있다.

07. (   )는 사람들이 자신의 생각과 의견, 경험, 관점 등을 서로 공유하고 참여하기 위해 사용하는 개방화된 온라인 툴과 미디어 플랫폼이다.

08. (   )는 대표적인 소셜미디어 서비스로서 블로그보다 상대적으로 개인적인 정보 중심이며, 이를 통해 형성되는 네트워크 또한 운영자의 지인으로 한정된다. **SNS**는 일종의 온라인 인맥구축 서비스다.

09. (   )는 자신이 관심 있는 분야에 대한 글 및 사진 등의 자료를 올려 유사한 관심을 가진 사람들과 공유할 수 있는 1인 미디어이다. 홈페이지나 커뮤니티와 다른 점은 복잡한 구성이 필요하지 않고, 일부 사람에게만 공개하는 폐쇄성이 없다는 점이 특징이다.

10. (   )는 인터넷 접속이 가능한 기기의 웹브라우저를 이용, 간단한 마크업 언어를 통해 쉽게 내용을 추가하고, 수정 삭제할 수 있는 웹사이트를 말한다.

11. **SNS**에 게임의 요소를 가미한 땅 따먹기 개념의 위치 정보 공유 서비스. 위성위치확인 시스템(GPS)이 있는 휴대전화에 (   ) 앱을 내려 받은 뒤 자신이 방문한 장소에서 '체크인' 버튼을 누르면 지도에 자신의 위치가 표시된다.

Chapter 06
소셜미디어의 진화

＼ 사회패러다임의 변화 중 제4의 물결에 대하여 논의한다.

＼ 정보화 사회의 특징에 대하여 알아본다.

＼ 스마트폰 바코드 결제에 대하여 학습한다.

＼ 미래학자들이 전망하는 미래사회에 대하여 논의한다.

＼ 웹10년 뒤 한국사회에 큰 영향을 끼칠 10대 뉴스에 대하여 알아본다.

＼ 웹1.0 웹2.0 웹3.0 으로의 진화에 대하여 알아본다.

＼ Blog의 사회적 영향에 대하여 알아본다.

＼ Facebook의 특징과 영향에 대하여 알아본다.

＼ 위키, 위키피디아, 위키노믹스의 차이점을 알아본다.

＼ 유튜브의 특성과 현황에 대하여 알아본다.

＼ 트위터와 기존 소셜네트워크 서비스에 대하여 알아본다.

＼ 마이크로블로그의 성장 요인과 특성에 대하여 알아본다.

소셜미디어의 진화(출처: http://oneceo.co.kr/129)

Chapter 06
소셜미디어의 진화

1. 사회 패러다임의 변화

정보화 사회란 정보통신 기술의 혁신에 따라 새롭게 등장한 사회를 말한다. 앨빈 토플러는 그의 유명한 저서 '제3의 물결'에서 정보화 사회를 정보나 지식 등에 기초하여 움직이는 사회라 하였다. 그는 인간 역사의 변천을 다음과 같이 설명하고 있다.

1) 제1의 물결(농경시대) : 1만 년 전 농업 혁명과 함께 나타난 사회, 먹을 것을 정복
2) 제2의 물결(산업화시대) : 18세기경 시작된 산업혁명과 함께 출현한 산업문명의 사회, 공간을 정복
3) 제3의 물결(지식정보시대) : 정보와 지식 등에 기초하여 범세계적으로 일어나고 있는 정보화 사회, 시간을 정복했으며 화학과 물리학 이것을 토대로 한 응용 학문인 전자공학이었다.
4) 제4의 물결(바이오시대) : **시간, 지식, 공간이 어우르는 새로운 혁명의 시대**, 생명공학과 우주공학이 중심이 되어 물질을 정복하기 시작하였다(앨빈토플러). 정보화 사회 이후의 미래사회를 '초현실사회'(surreal society) 라고 부르고자 한다, 초현실사회 의 모습을 좀 더 구체적으로 살펴보면 첫째, 초(超)연결(사물인터넷)이다. 둘째, 초인간(인간의 수명과 육체적, 지적한계 극복)이다. 셋째, 초개인(인터넷과 휴대 전화, SNS)이다. 넷째, 초산업(프로슈머, 산업간 통합), 다섯째, 초경제(양극화 심화, 여가, 즐거움 및 행복 증진)이다 (이영탁 세계미래포럼이사장. 서울신문 . 2014. 10. 6.).

가. 정보화 사회의 특징

• '정보의 폭발(information explosion)'이라 할 수 있다.
• 산업 구조의 변화 : 산업 활동 중 정보와 관련된 활동이 가장 큰 비중을 차지할 것이다.

- 국가 권력을 시민사회에 분산시켜 민주주의 발달을 가져올 것이라는 견해가 있다.
- 개인의 기호에 따라 문화를 선택적으로 향유하는 문화향유 양식이 변화할 것이다.
  - 빅데이터(big data)는 기존 데이터베이스 소프트웨어로는 수집, 저장, 관리, 분석하기 어려운 방대한 규모의 데이터로, 최근 민간은 물론 정부 및 공공부문에서도 관심이 확대되고 있다. 빅데이터는 인터넷상의 소셜미디어, 멀티미디어 등을 통해 생성되고 제공되는 데이터 뿐 아니라 사무실이나 소매점 및 각종 센서 등을 통해서도 생성되고 축적된 데이터를 포함한다.
  - 이처럼 데이터량이 급증하면서 만들어진 빅데이터는 민간 부문 뿐 아니라 정부공공부문에서의 활용을 통해 새로운 부가가치를 창출할 것으로 기대된다.
  - 전 세계에서 생산되는 디지털 데이터는 얼마나 될까? 발표하는 기관이나 기업마다 그 예측이 다소 차이가 나는 이유는 그만큼 디지털 기술이 빠르게 발전하는 것은 물론, 그 발전 방향이 예측하기 어려울 정도로 범위가 넓기 때문일 것이다.
  - 이러한 가운데 글로벌 IT 기업인 EMC는 IDC와 함께 수행한 "Digital Universe of Opportunities" 보고서에 따르면 2013년 생산된 전 세계 총 데이터량은 4.4조 기가바이트며, 2020년에는 약 10배가 증가한 44조 기가바이트에 달할 것이라고 전망했다(BDT Insights,2014. 4.11).
  - 2014년 한국EMC는 조사업체 IDC와 함께 'EMC 디지털유니버스 보고서에서 한국에서 생성된 디지털데이터가 1천360억 기가바이트(GB) 용량이며 오는 2020년에

세계 데이터를 아이패드에 저장해 쌓으면 달까지 거리의 2/3
(출처: BDT Insights,2014. 4.11)

는 연간 약 8천470억 GB가 만들어질 것이란 조사 결과가 나왔다.

- 한국의 경우, 전체 디지털 데이터 중 인터넷에 연결된 임베디드 디지털 기기가 생성하는 양이 지난해 2%에서 오는 2020년 10%수준으로 대폭 증가할 거라 예측했다. 기업들에게 빠른 데이터량 증가만큼 내재된 고부가가치를 효율적으로 선별, 분석, 저장, 관리, 보호하는 데 주력해야 할 것이라 조언했다.

- 방대하고 다양한 종류의 데이터 중 접근이 용이하고 실시간 활용이 가능하며 분석 결과가 개인, 기업, 부서, 기업이 변화하는 데 영향을 미칠 수 있는지 등 다각적 검토를 통해 도움이 될 수 있는 고부가가치 데이터를 선별해 활용해야 한다.

- 한국에서 생성된 전체 디지털 데이터 중 상당수가 데이터 암호화 등 높은 수준의 보안을 필요로 하고 있으나, 실제 보호를 받는 디지털 데이터는 그의 50%에 불과한 적절한 수준의 보안이 이루어지고 있지 않다.

- 이밖에도 한국 기업들이 디지털 데이터를 제대로 활용하기 위해 전사적 데이터 관리 정책 수립과 실행, 차세대 빅데이터 솔루션 도입, 최신 데이터 분석 및 관리 기술과 우수 인력을 확보할 수 있는 체계적 계획을 수립해야 한다(ZDNet Korea, 2014.6.13.).

나. 산업사회와 정보화 사회의 비교

산업사회와 정보화 사회의 비교

구 분	산업사회	정보화 사회
발생요인	기계, 전기, 화학기술 혁신	전자, 정보 기술 혁신
생산	양 증시, 규격화된 대량생산, 대량소비	질 중시, 다품종 소량 생산
노동	장시간, 노동, 숙련 노동, 육체노동자 중심	과학적 지식, 지식 노동자 중심
경제활동	실제공간(토지, 건물, 공간)	가상공간(통신네트워크), 재택근무, 원격교육·의료·금융
생활문화	규격화된 생활, 획일화된 문화, 물리적 생활수준 향상 추구	탈 규격화, 탈 획일화, 다양화, 정신적 욕구의 충족 추구
주도산업	철강, 자동차, 석유화학 등 하드산업	소프트웨어, 유통, 미디어, 레저 등, 소프트산업

정보화 사회라는 용어는 1960년대 중반에 일본의 사회학자들에 의해 처음 사용되었고, 비슷한 시기에 미국에서는 후기 산업사회라는 개념이 등장하였다.

그 후 1970년대 초부터 컴퓨터 및 정보통신기술의 **대중화**에 따른 사회적 변화가 가시화되면서 정보화 사회라는 말은 친숙한 용어가 되었다.

정보화 사회에서 정보기술과 인터넷이 사회를 움직이는 원동력이 되고 있으며, 변화의 속도도 매우 빨라지고 있다. 산업사화가 고도화되는 데는 200년이 걸렸으며 정보화 사회는 30~40년의 시간동안 급격한 변화를 이루어내고 있다.

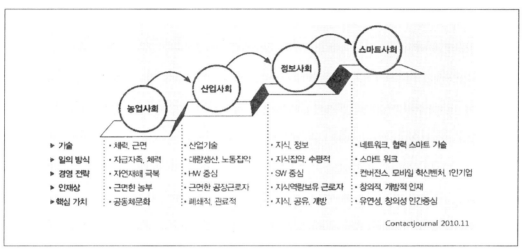

사회 패러다임의 변화

다. 가트너(Garter) 선정 10대 전략기술

가트너는 2014년 10월 13일 보도 자료를 통해 '2015년도 10대 전략기술동향'을 발표했다. 가트너는 매년 IT업계를 이끌 중요한 기술을 발표한다. 올해와 작년을 비교해보면 웨어러블이나 사물인터넷에 잠재력을 높게 평가했고, 3D 프린팅 산업에 대한 기대도 컸다. 특히 과거엔 주로 모바일 기술을 강조했다면, 이번엔 모바일뿐만 아니라 사물인터넷과 웨어러블 기기 등 다양한 기기와 이를 연결하는 기술을 강조했다. 3D 프린팅도 태동 단계를 넘어 성장하는 단계로 보며 출하량도 증가할 것으로 예상했다.

또한 과거에 빅데이터가 유행했다면, 내년부터는 좀 더 똑똑한 데이터 활용이 많아질 것으로 보았다. 스마트머신, 클라우드, 소프트웨어정의인프라, 웹스케일에 대한 기술은 작년과 비슷한 수준으로 중요하다고 보았다. 몇 년 만에 처음으로 보안 기술에 대한 중요성도 언급했다(www.bloter.net/archives/,2014.10.13).

기업의 경우 IoT 기술을 광범위하게 활용할 전망이라고 가트너는 밝혔다. 첨단 의료 기기, 공장 자동화 센서와 산업 로봇 애플리케이션, 농작물 수확량 재고용 센서 모트, 자동차 센서와 도로 및 철도 교통, 수자원 공급, 송전 등의 분야에 적용할 수 있는 인프라 모니터링 시스템까지 폭넓은 장을 대상으로한 다양한 제품이 판매될 것이다(http://www.itworld.co.kr/,2013.12.16).

Garter 선정 10대 전략 기술 동향

(출처 : bloter.net 재구성)

No	2013년	2014년	2015년
1	모바일 대전	다양한 모바일 기기 관리	(언제 어디서나 컴퓨팅 사용이 가능한) 컴퓨팅 에브리웨어
2	모바일 앱&HTML5	모바일 앱과 애플리케이션	사물인터넷
3	퍼스널 클라우드	만물인터넷	3D 프린팅
4	사물인터넷	하이브리드 클라우드와 서비스 브로커로서의 IT	보편화된 첨단 분석
5	하이브리드IT&클라우드 컴퓨팅	클라우드/클라이언트 아키텍처	(다양한 정황 정보를 제공하는) 콘텍스트 리치 시스템
6	전략적 빅데이터	퍼스널 클라우드의 시대	스마트 머신
7	실용분석	소프트웨어 정의	클라우드/클라이언트 컴퓨팅
8	인 메모리 컴퓨팅	웹스케일 IT	소프트웨어 정의 애플리케이션과 인프라
9	통합 생태계	스마트 머신	웹-스케일 IT
10	엔터프라이즈 앱스토어	3D 프린팅	위험 기반 보안과 자가 방어

▶ "IoT는 여타의 연결 기기의 성장을 곧 앞지를 것"이라며, "2020년이 되면 사용 중인 스마트폰, 태블릿, PC의 대수는 73억 대에 이를 것으로 예상되지만, IoT는 대략 260억 대에 이르게 될 것"이다(가트너 책임연구원, 2013.12.16.).

라. 실제 세계와 가상세계를 통합하라

1) 컴퓨팅 에브리웨어

언제 어디서나 컴퓨팅 사용이 가능하단 이야기다. 즉, 사용자가 어떤 장소에 있든, 어떤 기기를 사용하든 컴퓨팅 환경을 제공받을 수 있는 기술이 주목받고 있다. 이러한 기술은 이동성을 가지며, 다양한 스크린과 센서를 활용한다. 데이비드 설리 가트너 부사장은 "사용자 경험 디자인에 더욱 관심을 가져야 할 것"이라고 밝혔다. 또한 "이러한 컴퓨팅 환경이 조성되면서 IT 조직이 사용자 기기에 대한 통제권을 잃게 되고, 이로 인한 심각한 관리 문제에 봉착할 것"이라고 덧붙였다.

2) 사물인터넷

사물인터넷은 이제 업계에서 널리 쓰이는 용어다. 모든 사물에 인터넷을 연결해 사물끼리 정보를 공유하는 환경을 뜻한다. 가트너는 이로 인해 사용한 만큼 지불하는 모델(Pay as you Use)이 퍼져나갈 것으로 내다봤다. 예를 들어 산업용 장비에 센서를 달아 사용한 시간에 따라 이용료를 다르게 측정하고, 자동차보험 역시 운전 거리와 시간을 측정해 요금을 다르게 내는 식이다.

3) 3D 프린팅

가트너는 2014년 처음으로 3D 프린팅을 IT업계 핵심 기술로 뽑았다. 2015년엔 그 잠재력을 더 높게 평가했다. 2015년 전 세계 3D 프린터 출하량이 98% 성장할 것이며, 2016년에는 2배가 될 것으로 가트너는 전망했다. 상대적으로 저렴한 가격대의 3D 프린팅 기기 시장이 급성장하고 있고, 산업용 도입도 확연히 늘 것으로 봤기 때문이다.

가트너는 "3D 프린팅 시장은 향후 3년 내 티핑 포인트에 이를 것"이라고 설명했다. 티핑 포인트란 어떤 상황이 미미하게 진행되다가 어느 순간 균형을 깨고 극적으로 변화하는 순간을 말한다. 앞으로 3D 프린터의 디자인이 개선되고 제조 공정도 짧아지면서 산업, 생물의학, 소비자 제품 분야에서의 활용이 두드러질 것으로 가트너는 보았다. 이런 활용 사례가 많아지면서 3D 프린팅의 효용성을 따져보는 기회도 생기게 된다.

마. 모든 곳이 똑똑한 세상

1) 보편화된 첨단 분석

최근 5년간 데이터라는 주제는 항상 가트너 10대 전략기술에 등장했다. 시간이 흐른 만큼 이제 데이터에 대한 가치는 어느 정도 인정되고, 활용사례도 많아지고 있다. 또한 임베디드 시스템(embedded system)이 생성하는 데이터의 양이 증가하고, 기업 내외 정형·비정형 데이터 분석이 가능해졌다. 가트너는 이러한 환경을 기반으로 데이터 분석기술이 보편화될 것으로 보았다.

설리 가트너 부사장은 "모든 애플리케이션은 분석 앱이 돼야 한다"라며 "기업은 사물인터넷, 소셜 미디어, 웨어러블 기기에서 생성된 엄청난 양의 데이터를 적절히 분류해야 하며 알맞은 **정보**를 제 때에 필요한 **사람**에게 정확히 전달해야 한다"라고 설명했다. 또한 "분석 기술은 모든 곳에 보이지 **않게** 내장될 것"이라고 설리 부사장은 덧붙였다.

2) 다양한 정황 정보를 제공하는 콘텍스트 리치 시스템

콘텍스트라는 단어는 '문맥', '상황'이란 뜻을 지녔다. 콘텍스트 리치 시스템은 사용자 환경을 정확히 이해하며 원하는 요구를 들어주는 시스템을 일컫는다. 이를테면 주변 환경에 대한 알림을 주고 그에 따른 적절한 반응을 유도하는 시스템을 만들 수 있다. 가트너는 보안과 결합할 수 있는 '상황 인식 보안(Context-aware security)'을 언급했다. 이는 콘텍스트 리치 시스템을 적용한 초기 형태이며, 이 외에 다른 기술 또한 곧 등장할 것으로 보았다. 가트너는 "이러한 시스템은 애플리케이션이 사용자 요청의 정황을 이해함으로써 보안 대응을 결정하거나 사용자에게 정보가 전달되는 방법을 결정할 수 있다"라고 설명했다.

3) 스마트 머신

자율 주행 차량, 첨단 로봇, 가상 비서, 스마트 어드바이저. 가트너가 스마트 머신으로 언급한 기기들이다. 기존 기계에 자동화 및 데이터 분석 기술을 활용해 인간에게 도움을 주는 기술들이 늘어날 것으로 보았다. 가트너는 "스마트 머신 시대는 IT의 역사에 있어 가장 **파괴적인** 시대가 될 것"이라고 설명했다.

사. 새로운 IT현실이 떠오르다

1) 클라우드/클라이언트 컴퓨팅

클라우드/클라이언트 컴퓨팅이란 사용자 애플리케이션에 집중한 클라우드 기술이다. 이 기술 덕분에 사용자는 여러 가지 모바일 기기로 하나의 애플리케이션을 동시에 이용할 수 있다. 핵심은 동기화 기능이다. 가트너는 "미래에는 게임과 기업 애플리케이션 등도 스크린 여러 개를 사용할 수 있게 지원할 것이며, 웨어러블 및 타 기기들을 활용해 사용자 경험을 강화할 것"이라고 설명했다.

2) 소프트웨어 정의 애플리케이션과 인프라

기업이 빠르고 유연하게 사용자 요구에 대응하려면 프로그래밍을 신속히 해야 한다. 많은 인프라 기업들이 이미 소프트웨어로 하드웨어 기능을 보완하고 있다. 네트워킹, 스토리지, 데이터센터, 보안 등을 소프트웨어와 결합하는 것이다. 가트너는 기술 향상 요인으로 API에 주목하고 있다. 가트너는 "클라우드 서비스는 API 호출을 통해 소프트웨어를 통한 설정변경이 가능하며, 애플리케이션 또한 프로그래밍을 통해 기능과 콘텐츠에 접근할 수 있는 API를 점차 보유하고 있다"라며 "빠르게 변화하는 디지털 비즈니스 요구사항과 시스템의 신속한 확장, 축소 필요에 대응하기 위해, 컴퓨팅은 고정적인 모델이 아닌 유동적인 모델로 옮겨가야만 한다"라고 설명했다.

3) 웹스케일 IT

웹스케일 IT는 거대 클라우드 서비스 제공업체들의 역량을 기업 내 IT 환경에서 제공하는 것을 일컫는다. 이미 아마존, 구글, 페이스북 등의 거대 기업이 웹스케일 방식을 사용하고 있으며, 많은 업체들도 이를 따라갈 것으로 가트너는 내다봤다. 가트너는 "웹스케일 IT는 즉각적으로 실현되진 않겠지만 상업적 하드웨어 플랫폼이 새로운 모델을 수용하고 '클라우드 최적화', '소프트웨어 정의'에 대한 접근들이 주류 화되면서 점차 발전할 것"이라고 평가했다. 또한 웹스케일 IT가 주목받으면 '데브옵스'에 대한 관심도 높아질 것으로 보았다. 데브옵스는 운영자와 개발자가 애플리케이션과 서비스를 빠르고 지속적으로 개발할 수 있도록 지원한다.

4) 위험 기반 보안과 자가 방어

최근 웹에 많은 정보를 저장하면서 이를 보호하기 위한 보안 기술에 관심이 쏠리는 추세다. 가트너는 "현실에서 100% 안전한 환경은 존재하지 않는다"라며 "기업이 이를 인정하면, 더욱 정교한 위험 평가와 완화 도구를 적용할 수 있다"라고 설명했다. 가트너는 애플리케이션 단에 보안 요소를 많이 넣어야 한다고 설명한다. 예를 들어 보안 인식 애플리케이션 디자인, 애플리케이션 보안 테스트, 상황 인식, 적응적 접근 통제와 결합한 런타임 애플리케이션 자가 방어 도구들이 필요하다. 가트너는 "향후에는 애플리케이션이 직접 보안을 구현하게 될 것"이라며 "방화벽으론 부족하며, 개별 앱이 위험 자각과 자가 방어를 제공해야 한다"라고 설명했다.

이제 세상은 '넷세대' 중심으로 돈다.

디지털 환경서 성장한 N세대

정보공유-변혁의 시대 이끌어

기성세대는 포용-외면 기로에

집에 돌아오자마자 TV와 컴퓨터를 함께 켠다. 굳이 보지 않더라도 TV를 켜놓은 채 컴퓨터로는 음악파일을 재생하고 온라인 메신저 프로그램에 접속한다. 인터넷 창을 띄우고 이웃 블로거들의 소식을 확인한다. 휴대전화는 늘 곁에 두고 수시로 문자 메시지를 보낸다. 만약 이 행동을 한꺼번에 다루는데 익숙하다면 당신은 '넷세대'일 가능성이 높다. 이런 행동을 바꿔 말하면 바로 '멀티태스킹', 디지털 기술을 한꺼번에 다루는 데 익숙한 넷세대의 특성을 보여준다.

이제 세상은 '넷세대'중심으로 돈다.

저자(돈 탭스콧)는 '위키노믹스' 'N세대의 무서운 아이들' 등의 저서를 낸 미디어 전문가다. 넷세대를 베이비 붐 세대의 자녀 세대, 즉 1977년 1월~1997년 12월에 태어난 세대로 규정하고 전 세계 12개국 1만여 명을 조사해 이들의 일상과 특성, 미래를 책 속에 담았다. 책 제목 '디지털 네이티브'는 넷세대가 바로 디지털 세계에서 나고 자란 디지털 '원주민'이라는 뜻을 담고 있다. "컴퓨터만 하느라 사교성이 없다", "부모에게만 의지하는 응석받이다", "이기적이다"… 모두 넷세대에 대한 비판이다. 저자는 이런 비판을 '넷세대 공포증'이라고 표현한다. 새로운 것에 대한 불안과 두려움 때문에 넷세대의 특성을 직시하지 않고 무조건적으로 비판한다는 뜻이다. 2004년 1월 미국 하버드대에 다니는 마크 주커버그는 로마예술사 수업에 제대로 참석하지도 못한 채 중간고사 기간을 맞았다. 고민하던 그는 수업자료를 올린 웹 사이트를 만들고 다른 학생들의 도움을 청했다. 학생들은 각자 보충설명을 올렸고, 결과적으로 모든 학생이 좋은 점수로 시험을 통과했다. 주커버그는 바로 온라인 소셜 네트워킹 서비스 '페이스북'의 공동 창업자이다. 저자는 이 사례를 통해 정보 공유와 협업에 익숙한 넷세대의 특성을 발견한다. 넷세대는 흔히 생각하는 것과 달리 이기적이거나 폐쇄적이지 않다는 것이다. 겉으로 볼 때는 혼자 방에서 컴퓨터를 하는 것처럼 보이지만 실제로는 휴대전화와 블로그 등을 통해 누군가와 늘 연결돼있다. 그럼 인터넷에 의존하는 넷세대의 지식수준은 어떠할까.

저자는 1978년 이후 이들의 지능지수 평균이 꾸준히 상승했다는 조사 결과를 제시한다. 그런데도 넷세대가 집중력이 부족해 보이는 이유로는 이들이 기존세대와는 완전히 다른 디지털 환경에서 자랐다는 점을 든다. 베이비붐 세대는 정보를 최대한 많이 모으는 일이 우선이었다. 하지만 넷세대는 넘치는 정보 중 필요한 정보만 골라내야 한다.

순차적으로 일을 처리하기보다는 다양한 정보를 한꺼번에 훑는 능력이 필요하다는 것이다. 어떤 이들은 넷세대가 부모에게서 빨리 독립하지 않는다는 점을 들어 이들이 자립심이 부족하다고 비판한다. 하지만 저자는 어린 시절부터 넷세대가 온라인에서 부모의 영향권 밖에 있었다는 점을 들어 이를 반박한다.

집 안에서 인터넷을 가장 잘 다루는 건 부모가 아니라 자녀들이었다. 부모와 함께 있어도 넷세대는 언제나 친구를 만나고 대화할 수 있다. 온라인상의 자유가 있는 한 이들이 굳이 집을 떠날 필요를 느끼지 않는다는 뜻이다.

넷세대에도 그늘은 있다. 특히 온라인을 통한 사교에 익숙한 이들은 개인정보를 공개하는 일에 아무 거리낌이 없다. 이런 태도는 개방성을 뜻하기도 하지만 사생활 정보를 쉽게 유출한다는 뜻이기도 하다. 저자는 기업의 채용 담당자나 마케팅 담당자들이 이런 사생활 정보를 이용하고 있으며 이것이 넷세대 개개인에게 부메랑으로 돌아올 수 있다고 경고한다. 넷세대가 중요한 또 다른 이유는 베이비붐 세대가 그랬던 것처럼 그 인구 규모가 기존 세대를 압도하고 있다는 데 있다. 이들의 존재가 단순히 현상이 아니라 현실이라는 뜻이다. 사례가 미국 등 서구국가에 집중된 탓에 내용 중 일부는 한국의 현실에 맞지 않는 부분도 있다. 하지만 책 말미에서 저자가 기성세대에 던지는 질문은 한국에서도 유효하다. "넷세대는 우리가 사는 세상을 바꿔놓을 것이다. 이제 나이든 세대에 남겨진 커다란 문제는 그 힘을 기꺼이 나눌 것인지 아니면 새로운 세대가 우리에게서 그 힘을 빼앗아갈 때까지 교묘히 시간이나 벌 것인지 하는 것이다".

2. 스마트 시대의 패러다임의 변화

가. 디지털에서 스마트로

네그레폰테는 1995년 발간된 그의 저서에서 디지털 삶을 개인화된 삶으로 정의했다. 그는 '아톰이 지배하던 산업 시대에는 대량생산이 일어나지만, 비트가 주도하는 정보시대에는 작은 인구 집단을 대상으로 한 생산이 일어날 것이며, 그 이후에 오는 탈 정보화 시대의 생산은 단 한 사람을 향한다'고 했다.

스마트 시대는 한마디로 말하면 개인화의 시대이다. 개인화된 맞춤 애플리케이션들을 모아 스마트폰을 장식하여 쓰고 있지 않은가, 기술이 인간을 자유롭게 만들기 시작한 시대가 디지털 시대였다면, 자유로워진 인간이 저마다의 방식으로 기술을 쓰는 시대가 바로 스마트 시대다.

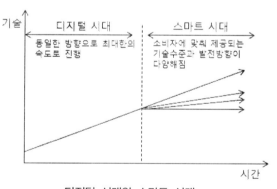

디지털 시대와 스마트 시대

스마트는 똑똑하다는 의미이지만, 똑똑한지의 여부를 판단하는 것은 소비자 개개인이다. 기능이 많고 성능이 좋아서 똑똑한 것이 아니라 사용자 각자가 쓰기에 안성맞춤 이어야 똑똑하다.

스마트를 이야기 하면서 나오는 미래사회의 이미지는 대단히 기술적이다. 증강현실 서비스를 통해 가는 곳마다 정보가 제공되고, 눈 돌리는 곳마다 소비자 개개인에 맞춤화된 광고가 뜬다. 그러나 혹시라도 이러한 것들을 불편하다고 느끼는 소비자가 있다면 그 소비자에게 이 서비스는 스마트한 것이 아니다.

진정한 스마트함은 이 기술에 소비자가 편안함을 느끼는지, 그렇지 않은 지까지 아는 것이다(2020 새로운 미래가 온다. LG경제 연구원, 2011).

나. 스마트기기의 진화

최근 모바일 환경이 발전하고 휴대폰뿐 아니라 스마트폰과 MID(Mobile Internet Device)라 불리는 다양한 인터넷 디바이스들이 출현하고 성장하는 상황에서 점점 중요해지는 모바일 사용자 인터페이스(UI: User Interface) 분야가 생겼다. UI는 사용자가 편하게 사용할 수 있도록 인터페이스를 제공하는 것이 더 중요하다. 보통 모바일 UX(User experience) 안에 UI가 포함되기도 한다.

∴ 스마트폰은 내가 직접 디자인한다(선 없는 사회, 박현길, 청년정신, 2010).

'인터페이스'에서 '경험'이라는 좀 더 확장된 개념으로 옮겨가면서 나온 용어로 심리학적 관점에서 2가지로 나눌 수 있다.

인지적 사용자 경험(cognitive UX)은 인간의 인지적 특성이 고려되고 반영된 UX로 인간의 사고, 이해, 기억, 지각, 추론, 문제해결 능력을 고려하고 그것을 제품의 기능과 디자인에 최대한 반영함으로써 사용자가 최적의 인지적 경험을 하도록 디자인하는 것이라 할 수 있다.

감성적 사용자 경험(emotional UX)은 심리적 측면뿐만 아니라 즐거움과 재미를 느끼고 이전과는 다른 새로운 경험을 하는 것, 그리고 그러한 경험을 할 수 있도록 제품을 만들고 서비스를 제공하는 것이다.

스마트폰은 최근에는 컴퓨터보다 더 뛰어난 기능도 일부 갖춘 '만능 기계'로 진화했다. 가장 큰 특징이 바로 휴대성과 카메라, 마이크, 스피커 등의 존재다. 어디든 들고 다니는 이동성 있는 컴퓨터라는 스마트폰은 소리를 녹음하고 영상을 녹화하며 실시간으로 현장 데이터를 수집할 수 있기 때문이다. 스마트폰의 카메라로 QR코드 같은 전자코드를 촬영해 사물의 정보를 바로 검색해 보는 기능 등이 스마트폰이 컴퓨터보다 더 우월한 대표적인 기능이다. 이 외에도 켜고 끄는 데 오랜 시간이 걸리는 노트북 컴퓨터와는 달리 어디에서도 쉽게 켜고 끌 수 있는 스마트폰은 휴대용 녹음기 기능은 물론이고 간이 화상회의까지 언제 어디서도 가능하게 도와준다. 특히 전문가가 촬영한 영상 못지않은 동영상 촬영 기능을 갖춘 스마트폰이 나오면서 영화감독이 스마트폰으로만 영화를 찍을 수도 있게 됐다. 최근 등장한 스마트폰은 3차원(3D) 입체영화를 "5000만 원 장비 수준으로 찍어준다"는 극찬을 영화감독으로부터 받을 정도로 기술이 발전하고 있다.

최근에는 스마트폰을 넘어 태블릿PC도 관심을 모은다. 특히 전자책을 읽는다거나 영화를 감상하는 등 다양한 디지털 콘텐츠를 즐기기에 태블릿PC는 최상의 기기로 손꼽힌다.

이 같은 기기들이 발전하면서 콘텐츠산업도 새로운 발전의 계기를 맞았다. 미국 아마존닷컴의 성공에 힘입어 세계적인 출판사들이 기존 종이책을 전자책으로 발간하기 시작했다. 영화사들도 아이패드, 갤럭시탭 등 태블릿PC를 위한 전용 콘텐츠 또는 대여 시스템을 구축하고 있다.

게임 산업도 새로운 가능성을 보기 시작했다. 인터넷으로 연결돼 있을 때 어디서나 접속할 수 있는 스마트 기기들이 등장하면서 컴퓨터 앞에서 오랜 시간을 투자해야 하는 기존의 온라인게임 외에도 잠깐 때마다 스마트폰이나 태블릿PC로 접속해 즐길 수 있는 게임이 인기를 모으는 것이다(dongA.com, 2011.9.20.).

다. 스마트폰 바코드 결재

점심식사를 마친 뒤 스마트폰에 '바통'이란 앱(응용프로그램)을 내려 받았다. 사용하는 통신사와 휴대전화 번호, 비밀번호를 입력하고 '인증번호 요청' 버튼을 눌렀다. 그러자 6자리 숫자로 된 인증번호가 문자메시지로 전달됐다. 이 번호를 누르자 화면에 바코드가 나타났다. 계산대 앞에서 바코드를 보여주며 "이걸로 계산할게요"라고 말했다. 지갑도, 현금도, 신용카드도 필요 없었다. 처음 써보는 결제방식에 직원들이 다소 낯설어 했지만 편리했다.

휴대폰결제 전문기업 다날은 스마트폰에서 바코드를 만들어 간편히 결제하는 '바통' 서비스와 관련한 특허를 취득했다(파이낸셜 뉴스, 2012.1.30.).

이 앱이 사용되는 곳은 패밀리 레스토랑 베니건스에서 사용 가능하다. 이번 특허로 등록한 기술은 '통합 바코드를 이용해 결제정보를 처리하는 시스템 및 모바일기기의 제어방법'에 대한 것이다.

반면 바코드 결제에는 별도의 단말기가 필요 없다. 대부분의 매장에서 갖고 있는 바코드 스캐너를 이용해 스마트폰 화면에 나타나는 바코드만 읽으면 되기 때문이다. 바코드 스캐너는 동네 소매점도 갖추고 있다. 소비자는 스마트폰에 앱을 내려 받아 결제할 일이 생길 때마다 바코드만 보여주면 된다. 그러면 각 매장은 이 바코드를 읽어 사용자를 확인한다. 이후 과정은 다날이나 모빌리언스 같은 결제 대행업체와 통신사의 몫이다. 이들은 약간의 수수료를 받고 소비자의 통신요금에서 이런 이용요금을 받아 가맹점에 나눠준다.

스타벅스가 파는 선불카드를 스마트폰으로 옮긴 것이다. 사용자가 바코드를 보여주면 선불카드에 충전된 금액에서 돈이 빠져나간다. 스타벅스가 바코드 방식을 택한 것은 비용 부담 없이 쉽게 쓸 수 있었기 때문이다. 올해 들어 구글과 마스터카드, 씨티은행이 손잡고 근거리무선통신

스마트폰 바코드 결재

(NFC)이라는 새로운 기술을 적용한 모바일 지갑 '구글 월릿'을 선보였지만 스타벅스 측은 "구글이 만든 NFC 기술이 바코드 결제보다 최신 기술이지만 NFC 기능이 있는 스마트폰이 보급되려면 3년은 걸릴 것"이라며 바코드 결제를 택했다.

바코드 결제에도 한계는 있다. 휴대전화 소액결제는 한도가 정해져 있기 때문이다. 휴대전화 소액결제 수수료는 품목에 따라 신용카드보다 쌀 때가 많고 신용카드가 없는 고객도 확보할 수 있다는 게 장점이다.

라. 스마트시대의 패러다임 변화 전망

우리가 살고 있는 세상은 진화와 퇴보, 성장과 노쇠를 거듭하면서 쉼 없이 발전해간다.

• 현대사회는 인터넷과 글로벌화 등으로 상호의존성과 복잡성이 커짐에 따라 불확실성이 매우 높고 기술변화도 과거 어느 때보다 빠른 상황이다. 사회적 변화를 빠르고 적절하게 예측하여 범국가적인 차원에서 준비하는 것이 지속 성장의 필요충분조건이 되고 있다.

• 선진국을 중심으로 미래 연구가 활발하게 이뤄지고 있으며, 사회적 요구와 필요에 따라 지향점 및 방법이 계속 변화하고 있다.

• 미래에는 정보사회의 본격화(connected)로 시간·공간·지식·관계가 확장(enhanced)되면서, 새로운 가능성이 형성되고 핵심가치가 **변화할** 것이다.

· 정보통신기술(ICT: Information Communication Technology)은 바이오 · 나노기술 등과 융합 · 지속 진화하여 미래에 당면할 이슈의 해결수단 및 새로운 미래의 변화를 주도하는 사회 인프라가 될 것이다.

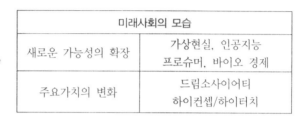

ICT의 발달
시간의 확장
공간의 확장
지식의 확장
관계의 확장

미래사회의 모습	
새로운 가능성의 확장	가상현실, 인공지능 프로슈머, 바이오 경제
주요가치의 변화	드림소사이어티 하이컨셉/하이터치

· ICT는 미래 사회 진화의 동력이자 근간이므로, ICT의 발전과 연계한 미래 전략 마련이 필요하다(스마트시대의 패러다임 변화전망과 ICT전략, 한국정보화진흥원).

'고령화 · 불평등' 성장 발목…'인공지능 · 빅데이터' 핵심기술로

'고령화 · 불평등' 성장 발목…

'인공지능 · 빅데이터' 핵심기술로

∴ 미래부 '10년 뒤 이슈' 살펴보니

미래 한국사회에서는 어떤 것들이 사회적 이슈가 될까. 미래창조과학부 미래준비위원회가 10년 뒤 한국사회를 내다봤다.

'저 출산 · 고령화 사회', '불평등 문제', '미래 세대 삶의 불안정성' 등이 미래 한국 사회에 큰 영향을 끼칠 이슈로 꼽혔다.

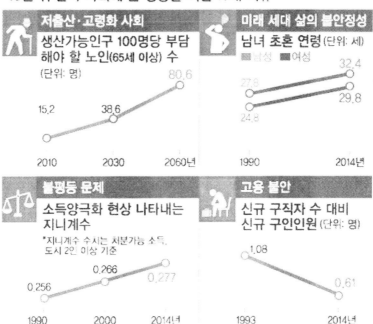

10년 뒤 한국 사회에 큰 영향을 끼칠 10대 이슈

저출산·고령화 사회
생산가능인구 100명당 부담
해야 할 노인(65세 이상) 수
(단위: 명)
15.2 38.6 80.6
2010 2030 2060년

미래 세대 삶의 불안정성
남녀 초혼 연령 (단위: 세)
■ 남성 ■ 여성
27.8 32.4
24.8 29.8
1990 2014년

불평등 문제
소득양극화 현상 나타내는
지니계수
*지니계수 수치는 처분가능 소득,
도시 2인 이상 기준
0.256 0.266 0.277
1990 2000 2014년

고용 불안
신규 구직자 수 대비
신규 구인인원 (단위: 명)
1.08 0.61
1993 2014년

　미래준비위원회는 2015년 7월23일 이 같은 내용이 담긴 '미래 이슈 분석 보고서'를 발표했다. 위원회는 경제·사회·환경·정치 분야에서 총 28개 이슈와 미래사회 영향력이 큰 미래기술(핵심기술) 15개를 선정하고, 전문가와 미래 세대 대학생 등 1477명을 대상으로 중요 이슈와 발생 가능성, 영향력, 이슈 간 상관관계 등을 묻는 인식 조사를 벌였다.

　조사결과 10년 후 관점에서 가장 중요한 10대 이슈로는 ▲ 저출산·초고령화 사회 ▲ 불평등 문제 ▲ 미래 세대 삶의 불안정성 ▲ 고용 불안 ▲ 저성장과 성장전략 전환 ▲ 국가 간 환경 영향 증대 ▲ 기후변화와 자연재해 ▲ 북한과 안보·통일문제 ▲ 사이버 범죄 ▲ 에너지 및 자원고갈이 선정됐다.

　10대 이슈는 대부분 발생 가능성과 사회에 미칠 영향력도 큰 것으로 조사됐다. '디지털 경제'와 '초연결사회'(사물인터넷 등을 통해 사람끼리 또는 사람과 기기가 유무선 망으로 연결된 사회)의 경우 10대 이슈에는 들어가지 않았지만 상대적으로 발생 가능성과 영향력이 큰 이슈로 전망됐다.

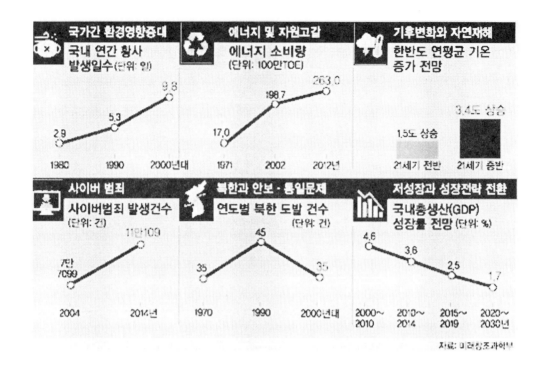

전문가들을 대상으로 조사한 결과 다른 이슈와 연관관계가 높은 이슈는 ▲삶의 질을 중시하는 라이프스타일 ▲고용 불안 ▲불평등 문제 ▲산업구조의 양극화 ▲저출산·초고령화 사회 ▲초연결사회 ▲저성장과 성장전력 전환 ▲재난 위험 ▲글로벌 거버넌스 순으로 나타났다. 특히 '삶의 질을 중시하는 라이프스타일'은 그 자체로는 중요성과 영향력이 상대적으로 낮지만 다른 이슈들과의 연관관계는 가장 높은 것으로 분석됐다.

과학기술과 긴밀하게 연결된 이슈로는 ▲제조업의 혁명 ▲재난 위험 ▲삶의 질을 중시하는 라이프스타일 ▲생물 다양성의 위기 ▲에너지 및 자원 고갈 ▲난치병 극복 ▲저출산·초고령화 사회 ▲산업구조의 양극화 ▲저성장과 성장전략 전환 등이 꼽혔으며, '인공지능', '빅데이터', '사물인터넷 기술' 등은 다양한 이슈와 높은 연관관계를 갖는 핵심기술로 나타났다(세계일보, 2015.7.24.).

3. 웹 서비스의 진화

가. 웹1.0 웹2.0 웹3.0

우리는 현재 웹2.0의 시대에 살고 있다. 웹2.0이란 특정한 정의가 있는 것이 아니며 웹2.0의 특성을 설명함으로써 그것의 의미를 이해해야 하는 개념이다. 웹 2.0은 사용자의 참여, 협업, 정보의 공유, 프로슈머, 오픈, sharing 등의 키워드를 특성으로 갖는 웹 서비스 및 비즈니스를 총칭하는 것이라 볼 수 있다.

웹2.0의 대표적인 산물은 우리가 익히 알고 있는 위키피디아(http://www.wikipedia org/)이다. 웹백과사전이라 불리는 이것은 표제어의 수와 질에 있어서 브리태니커 백과사전을 능가하는 사전으로 웹상의 많은 사람들이 만들어낸 집단 지성의 산물이라 할 수 있다. 웹2.0은 웹1.0에 비해서 사용자들의 활발한 참여로 인한 집단지성(collective intelligence) 또는 집단의 지혜(wisdom of crowds)에 의해서 컴퓨터가 똑똑하게 느껴지게 하는 특성을 가지고 있다. 최근 베타서비스를 실시하고 있는 위스푼(http://www.wispoon.com/)은 이러한 집단의 지성을 사람들이 잘 접근 할수 있도록 연결해주는 사이트로서 웹2.0의 개념에 아주 적합한 새로운 검색 엔진이라 할 수 있다.

시만틱웹(semantic web)이라는 웹상의 정보를 추출하고 지식화하는 연구를 수행하고 있는데, 이러한 연구결과 컴퓨터의 지식을 자동적으로 학습하고 구축할 수 있는 세상이 오고, 그러한 지식을 사용하는 웹이 바로 웹3.0의 세대가 될 것으로 예상된다.

1) 웹1.0 시대

웹1.0 시대, 즉 1990년대 인터넷이 등장하면서 우리는 하이퍼텍스트 위주의 웹 환경에서 인터넷을 이용하였다. 텍스트와 링크가 주된 형태였고 음악이나 동영상 등의 멀티미디어의 사용은 극도로 제한되어 있었다. 웹 사이트에서는 웹 사이트 운영자가 보여주는것 이외에는 접할 수 없었고 동적인 데이터를 제공하는 서비스도 없었다. 그렇기 때문에 방문자들의 참가를 통해 자료를 수집하는 일도 없었다. 컴퓨터가 아직 느렸고 하드디스크의 저장 공간도 충분치 않았으며 네트워크의 대역폭도 작았으므로 동영상이나 플래시 같이 현란한 웹사이트는 리소스를 낭비하는 것으로 여겨졌다.

2) 웹2.0 시대

2000년도 초에 들어오면서 네트워크가 확장되고 웹이 폭발적으로 성장하면서 웹 사용의 새로운 패러다임이 나오기 시작했다. 웹 사용자들은 소극적인 상태에서 적극적인 웹 콘텐츠의 작성자로 거듭나기 시작했고 블로그를 운영하고 동영상을 올리며 커뮤니티를 만드는 듯 그들만의 콘텐츠를 만들어내기 시작했다.

웹2.0이란 개방성 서비스 구조를 기반으로 사용자의 참여를 통해 핵심가치를 창출하는 인터넷 서비스를 말하며, "정보의 개방을 통해 인터넷 사용자들 간의 정보공유와 참여를 이끌어내고, 이를 통해 정보의 가치를 지속적으로 증대시키는 것을 목표로 하는 일련의 움직임"으로 정의할 수 있다

웹2.0의 첫 번째 특징은 개방성(openness)이다. 웹2.0의 특징을 가지고 있는 웹사이트에서는 어떤 누구도 데이터를 독점하지 않고 인터넷 환경에서 모든 사람들이 데이터를 사용할 수 있는 플랫폼을 제공한다. 따라서 웹 사이트에 업로드 되어 있거나 서비스되는 모든 데이터를 모든 이용자가 자신의 편의에 따라 자유롭게 활용이 가능하다.

두 번째 특징은 전 방위적으로 연결성을 향상시킨다는 점이다. 생태계형 웹에서는 사용자와 정보는 타요소들과 연결되지 못하면 생존이 불가능하다. 따라서 정보와 정보간의 연결성 및 사용자와 사용자 간의 사회적 연결성이 자연스럽게 강화될 수밖에 없는 것이다.

세 번째 특징은 참여지향성 및 상호작용성이다. 새로운 유형의 정보가 이용자의 참여와 이용자 간 상호작용에 의해 생성되며, 이용자들이 직접 제작하는 콘텐츠와 이용자 집단의 능동적인 참여와 공유를 통해 새로운 가치를 창출하는 '집단지성'이 매우 중요한 특징이다.

3) 웹3.0 시대

웹2.0 시대는 인터넷을 통해 사회 문화와 경제뿐 아니라 정치, 인간관계 까지도 일일이 영향을 받고 있으며 다양한 현상을 경험하고, 사회 변화를 거치고 있으나 문제는 이런 현상을 통해 우리가 공유하는 정보는 기하급수적으로 늘어나고, 네트워크는 복잡해지고 있다는 것이다. 원하는 정보를 찾겠다면서 구글의 20번째 페이지까지 검색해본 경우가 종종 있을 것이다.

바로 여기에 웹2.0의 한계가 있다. 정보가 점점 더 방대해지고 파편화되어 통합

적인 시각을 갖고 현상을 관찰하기가 쉽지 않다는 것이다. 과거 산업사회에서 정보사회로 진화하는 것이 "지식의 정보화"와 공유를 통해서였다면, 다가오는 지식사회에서는 넘쳐나는 "정보를 지식화"하는 것이 중요해진다.

웹3.0이란 용어는 2006년 뉴욕타임즈의 John Markoff 기자가 처음 사용한 이후 논쟁의 중심에 서게 되었다. 웹3.0은 웹 발전 방향의 흐름을 지칭하는 것일 뿐 아직 명확히 개념화 되어 있지는 않다. 다만 웹3.0을 선도하는 기술들의 특징을 보았을 때, '개인화'와 '지능화', '상황인식' 등으로 의견이 수렴되고 있어, 웹의 진화방향을 예측할 수 있다. 웹3.0이란 지능화된 웹이 시맨틱(semantic) 기술을 이용해서 상황인식을 통해 이용자에게 맞춤형 콘텐츠 및 서비스를 제공하는 것이기 때문이다. 즉 웹3.0 시대에는 지능형 웹이 이용자가 원하는 정보, 직관적인 경험을 제공하게 된다.

구분	웹1.0	웹2.0	웹3.0
시기	1990~2000	2000~2010	2010~2020
키워드	접속(Access)	참여와 공유	상황인식(Context
콘텐츠 이용행태	생산자가 이용자에게 일방적으로 콘텐츠 제공→이용자는 콘텐츠 소비자	이용자는 콘텐츠의 생산자이자 소비자이며 유통자	지능화된 웹이 이용자가 원하는 콘텐츠를 제공→개인별 맞춤 서비스 제공
검색	검색엔진 내부에서만 가능	여러 사이트에 있는 자료의 개방(Open API)	사용자 맞춤형 검색
정보 이용자	인간	인간	인간, 컴퓨터(기계)
기반기술	브라우저, 웹 저장	브로드밴드, 서버 관리	시맨틱 기술, 클라우드 컴퓨팅, 상황인식
대응 단말	PC	주로 PC (모바일 단말 일부 포함)	PC, 모바일 단말, 시계와 같은 액세서리 등 다양

웹1.0 ~ 웹3.0으로의 진화

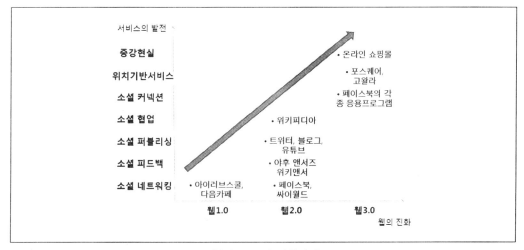

웹과 SNS의 진화과정

가장 초창기에 나타난 SNS의 서비스인 소셜 네트워킹에서는 웹1.0 환경에서 아이러브스쿨이나 다음카페와 같은 서비스가 많이 이용되었고 웹2.0시대가 도래한 후에는 페이스북이나 싸이월드와 같은 형태의 서비스가 현재까지도 인기를 끌고 있었다. 또한 야후앤서즈, 위키앤서, 국내의 네이버 지식인과 같은 소셜 피드백의 형태가 사람들의 주목을 받았으며 블로그, 유튜브, 트위터와 같은 소셜 퍼블리싱 유형이 많은 관심 속에 이용되고 있다. 소셜 협업을 대표하는 위키피디아와 같은 서비스는 이미 우리 생활에 많이 침투되어 있으며 많은 도움을 받을 수 있다.

웹3.0 환경에서는 소셜 커넥션으로 인해 많은 SNS업체가 응용프로그램 등의 개발에 힘입어 더 많은 사업 확장을 이루어 갈 것이며 포스퀘어 등의 위치 기반서비스는 우리의 생활에서 새로운 재미와 편리함을 제공할 것이다. 마지막으로 증강 현실이 실행되면서 온라인 쇼핑몰에서 실제로 물건을 확인하고 구매하게 해줌으로써 쇼핑의 한계를 뛰어넘게 해 줄 것이라 예상된다(유혜림, 송인국. 한국 인터넷 정보학회(제11권 제3호)

나. 우리의 스마트라이프

"자고 일어났더니 세상이 바뀌었다"는 말이 실감되는 요즘이다. 우리가 말하는 '스마트한 세상'은 눈 깜짝할 사이에, 불과 몇 년 만에 세상의 모든 기준이며 정의를 바꾸어 놓았다. 어제까지 손으로 하던 일이 PC로 옮겨가고, 겨우 익혀가던 PC 업무가 스마트폰 속으로 들어가 버렸다.

아침 7시 스마트폰의 모닝콜에 맞춰 음악소리에 선잠을 깬다. 오늘의 날씨는 스마트폰의 '날씨 앱'을 통해 날씨를 확인한다. 예전에는 TV를 켜서 뉴스를 본다거나 조간신문을 읽었으나 식탁에 앉아 식사를 하면서 신문이나 TV뉴스보다는 스마트폰을 통해 전해지는 오늘의 핫뉴스를 확인한다. 엄마는 인터넷과 연결된 냉장고에서 음식을 확인하신다. 오늘은 동생의 생일이다. 동생이 좋아하는 스파게티를 만들려고 하는데 스파게티 재료가 없다. 냉장고에 있는 주문하기 버튼을 누르거나 스마트폰으로 재료를 주문한다. 신선한 재료는 오늘 저녁 준비 전까지는 집으로 도착될 것이다.

학교로 향하는 지하철에 타자마자 저마다 스마트폰을 꺼내 정신없이 손가락을 움직여 댄다. 예전에는 신문이나 책이나 잠을 청할 시간에 오늘 수업할 내용을 훑어본다. 가방 안의 무거운 책들이 스마트폰 안에 모두 들어와 있다. 스마트폰으로 필기도 할 수 있고, 복잡한 그림, 도표 및 강의 내용도 사진 찍기로 대신한다. 또 스마트폰을 이용하여 오늘 발표할 내용을 팀원들과 메신저로 토론한다. 1시간여의 학교 이동시간에 스마트폰을 통하여 수업일정 및 하루 일정을 미리 준비하고 있다. 스마트폰과의 활용도에 따라 라이프 스타일 변화가 클 것이다.

21세기를 주도할 스마트라이프

스마트폰으로 인해 3R 시대를 경험하고 있다. 3R 시대는 실시간(Real time)으로 무한한 정보와 인적 네트워크에 접근(Rearch)해 시 · 공간적 한계를 넘어선 실제감(Reality)을 체험하는 때를 의미한다. 스마트폰은 사용자의 패턴에 맞는 애플리케이션을 다운로드 받아 사용하므로 나만의 '맞춤화' 휴대폰 사용이 가능하다. 휴대전화기능, mp3플레이어, 노트북, 인터넷 검색, 이메일, 금융, 엔터테인먼트 등이 결합하여 통합된 하나의 기기로 되었으며, 여기에 자신만의 맞춤화된 애플리케이션을 통하여 하나의 완성된 이동형 컴퓨터가 스마트폰이다.

Smart Work의 확산으로 업무 효율성 증대

스마트폰으로 인한 미래

(출처 : 스마트빅뱅, 매일경제신문사)

라이프스타일 변화	신시장·비즈니스 출현	기업 간 경쟁구도 변화
신세대 모바일족 증가	모바일 애플리케이션 시장	통신업 패러다임 변화
모바일 오피스 구현	타 산업 연계 비즈니스	새로운 경쟁 전개
사회 소통 획기적 개선	모바일 트래픽 관리업	앱 개발 회사 각광

스마트폰으로 증대된 사회적 효과

(출처 : 스마트빅뱅, 매일경제신문사)

구 분	증대된 사회적 효과
생산성 향상	영국 BT 스마트워크 이후 생산성 20% 향상
일자리 창출	일본 U헬스 도입 이후 일자리 450만개 창출 네덜란드 전국 스마트워크센터 운영 후 고용률 20% 상승
저탄소 녹색성장	프랑스 스마트워크 이후 출산율 1.56명→1.96명
저 출산 고령화 대책	사무직 860만 명 주 1회 원격근무 시 탄소 111만 톤 감소

스마트워크는 사무실이 아닌 가정이나 스마트 워킹 센터에서 업무를 해결하는 시스템이다. 그날 일을 다 처리하지 않으면 야근이나 주말에도 출근해서 처리했지만 스마트폰

의 확산으로 시간과 장소를 구애받지 않고 근무할 수 있어 업무 효율이 최소 10% 이상 증가됐다.

∴ 스마트폰으로 편리해진 세상

대형 할인 매장에서 보내온 스마트폰내의 광고 쿠폰을 보고 매장에 가서 관심 제품을 스마트폰에 내장된 카메라를 비추자 다른 브랜드와의 가격비교, 구매후기, 할인내용 등이 상세히 표시된다.

약속장소로 가기 위해 스마트폰의 네비게이션 애플리케이션을 작동시키면 대중교통 수단과 택시를 이용하면 교통요금이 얼마가 나올 것인지, 도착시간과 이동거리까지 확인할 수 있다.

우리가 많이 사용하고 종종 잃어버리기도 하는 USB도 인터넷상의 서버를 통해 데이터의 저장과 검색할 수 있는 클라우드 컴퓨팅(Cloud Computing)의 사용이 일반화 될 것이다. 스마트폰으로 PC와 인터넷 공간에 존재하는 정보를 쉽게 연동할 수 있으며 모바일기기의 장점인 이동성이 클라우드 컴퓨팅의 편리성과 경제성을 높이고 있다.

∴ 스마트폰으로 사고 없는 건강한 세상

스마트폰을 이용한 원격제어 시스템을 통하여 사람이 운전하지 않아도 되는 날이 머지 않아 올 것이다. 자동차로 이동 시에도 업무를 보며 이동할 수 있으므로 업무효율성이나 시간을 절약할 수 있을 것이다.

또한 U-헬스 케어 서비스의 보편화는 육체적인 건강 뿐만 아니라 정신적인 건강측면에서도 효과가 크다. 우리사회는 점점 소핵가족화 시대로 접어들고 있으며 이로 인해 가족 간의 거리는 더 멀어질 수밖에 없다. 고령화가 가속화 되어가고 있으며 사회와 격리되면서 오는 단절감이나 감정을 교류할 수 있는 가족과 친구간의 거리감으로 정신적인 무력감, 외로움으로 점점 심각해지고 있다.

U-헬스 케어 서비스

🔍 U-헬스 케어 서비스

옷을 입는 컴퓨터인 '웨어러블 컴퓨터(Wearable Computer)'를 통해 보호자 없이 집에 거주하는 노인이나 만성질환자의 건강상태를 관찰하고 응급상황이 **발생하면** 의료진이 바로 투입될 수 있는 서비스이다. 웨어러블 컴퓨터는 내장된 센서가 환자의 **생체신호를** 감지하고 이를 기간망을 통해 원격 전달하는 방식으로 자가진단 서비스, 원격모니터링 서비스, **응급** 서비스, 상담관리, 의료진 관리 등의 서비스를 언제, 어디서나 누구나 할 수 있는 유비쿼터스 환경으로 받을 수 있는 기능을 갖고 있다.

스마트 폰 속에 감추어진 역기능

* 중독 - 하루 종일 스마트폰의 사용으로 눈이 피로하고 다른 일에는 집중할 수 없다. 스마트폰은 자신이 원하는 애플리케이션으로 다운 받고 사용하는 자신만의 맞춤형으로 시간과 장소에 구애받지 않고 인터넷을 사용할 수 있기 때문에 컴퓨터를 통해 인터넷을 할 때보다 더 심한 중독현상이 나타날 수 있다. 또 스마트폰의 사용자의 증가와 함께 SNS(Social Network Service) 이용자 역시 증가했다.

    SNS는 웹상에서 이용자들이 인적 네트워크를 형성할 수 있게 해주는 서비스를 의미하며 트위터, 페이스북 등이 대표적이다. 스마트폰을 이용하면 상대방과의 커뮤니케이션이 실시간으로 이뤄지고, 즉각적인 상호작용이 되기 때문에 더욱 그 매력에서 **빠**져나오기 어렵다.

* 끊임없는 보안문제

    컴퓨터를 켜면 작업 표시 줄에 나타나는 바이러스 경보 및 백신 업데이트를 볼 수 있다. 인터넷 검색을 하다보면 나도 모르는 사이에 바이러스에 감염되며 나의 개인정보가 인터넷에 유출된다. GPS를 이용한 위치 추적 기능이나 SNS를 통하여 나의 위치가 모두에게 공개될 수 있다.

* 정보의 격차

    수많은 정보가 스마트폰을 통해 실시간으로 전송되고 있다. 태풍과 천재지변 등의 재난경보나 뉴스들을 실시간으로 접하고 대처할 수 있을 것이다. 지식기반 사회에서 스마트폰을 통한 소통과 소비자의 소비패턴에 맞는 합리적인 소비, 다양한 애플리케이션을 통한 정치, 경제, 사회, 문화 등의 정보가 인생의 삶의 지혜를 더 풍요롭게 해주는 핵심요소

Chapter 06. 소셜미디어의 진화

가 될 것이다.

인간의 일생을 80년으로 생각할 때 13년 3개월 동안 미디어를 이용하며 산다고 한다. 스마트폰의 등장과 더불어 미디어의 사용시간이 5~7년 동안 늘어날 것으로 예상된다. 이미 우리 생활에 밀접하게 들어와 있는 스마트폰을 어떻게 이용할 것인가에 따라 삶의 '스마트'한 정도가 결정될 것이다.

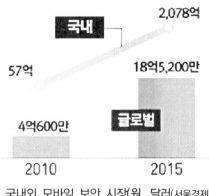

국내외 모바일 보안 시장(원, 달러)(서울경제)

스마트폰의 긍정적인 영향으로는 1) 스마트폰과 시간의 효용성, 2) 공간의 제약을 없새준 똑똑한 친구, 3) 스마트폰을 이용한 실시간 소셜 네트워킹, 4) 정보의 보고 등이 있다. 한편 스마트폰의 부정적인 영향으로는 1) 줄어드는 Face to Face 커뮤니케이션, 2) 사생활 침해 등을 들 수 있다.

사용하기에 따라 다른 양날의 칼인 스마트폰에 의해 우리의 생활이 좀 더 편리하고 빠르고 효용성 있게 변화하였다는 것에는 의심의 여지가 없다. 하지만 변화의 속도가 날로 빠르게 성장하는 신기술을 절제된 사용과 인간미 넘치는 대면 소통 및 사생활 침해에 노출되지 않는 의식이 병행될 때 우리의 삶의 질을 한층 높이는 신기술이 될 것이다(엔터테인먼트 산업론 칼럼 재구성).

2020년의 스마트라이프

'쉽고 지능화된 융합시스템' 미래IT 주도
소비자에 단순한 프로세스 중심 기술진화
… 클라우드·모바일 등 지속성장

---

* 우리가 상상하는 2020년의 스마트라이프는 어떤 모습일까? 2020년의 스마트폰은 웨어러블(wearable) 디자인으로 진화하여 휴대하는 것이 아니라 착용해야 할 것이다. 아예 칩형태로 몸속에 이식될 수도 있다. 스마트 글래스로 실감나는 3D 모바일TV를 즐기고 가상공간에서의 쇼핑도 할 수 있어 굳이 마트를 가지 않아도 된다.
* 2020년에는 사용자와 기기, 기기 간 연결정보를 바탕으로 맞춤형 인공지능 스마트

기기들이 발전하면서 사회를 좀 더 스마트하게 만들 것이다. 거리의 CCTV는 범죄자의 이상 행동 패턴을 분석, 감지, 통보하여 강력범죄를 예방하고 거리의 신호등은 스스로 교통량을 측정하여 도로 상황에 맞는 신호체계를 자동 조절한다. 스마트홈은 스스로 판단해 효율적으로 가전제품을 조정하며 스마트카는 이동수단에서 편안하게 스마트라이프를 향유하는 공간으로 진화할 것이다.

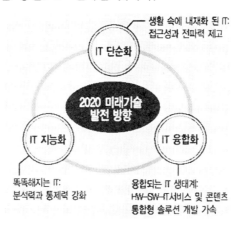

2020년 미래기술 트랜드(출처: 디지털타임즈)

미래의 IT는 초고속화된 무선 인프라를 기반으로 생활 곳곳에 스며들어 우리가 인지하지 못하는 공기와 같은 모습으로 존재하게 될 것이다. 세계 어디를 가든 내가 있는 공간이 곧 스마트라이프가 구현되는 장소이고, 모든 서비스는 빅데이터로 실시간 분석되어 나에게 최적화된 맞춤형으로 제공된다. 이것이 '보이지 않는 네트워크'로 실현되는 2020년의 스마트라이프 미래도(圖)일 것이다(KT경제경영연구소).

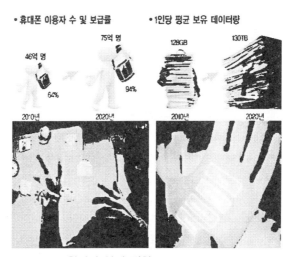

IT환경의 양적 변화(출처: 디지털타임즈)

4. 블로그(Blog)

* 소셜미디어의 시발점으로 평가되고 있는 블로그는 전 세계적으로 온라인상에서 동영상 클립 다음으로 많은 사람들이 경험한 일반적인 활동이 됨
* 미국사회 → 2002년~2004년에 전성기이었음
* 국내 2010년 기준 만6세 이상 인터넷 이용자의 45%가 본인의 블로그를 운영했음.
* 20대는 75.7%가 블로그를 운영하였음.

가. Blog의 정의와 특성

1) Blog는 인터넷 문서를 뜻하는 Web과 기록이나 일지를 뜻하는 Log의 합성어
2) 미국의 존 바거(Jorn Barger)가 1997년 새로 올린 글이 맨 위로 올라가는 일지형식의 자신의 사이트에 웹 로그(Weblog)라는 이름을 붙인 것이 시초임.
3) 피터 머홀츠(Peter Merholz)가 웹로그라는 단어를 장난스럽게 위 블로그(weblog)라고 분리하여 자신의 블로그에 사용함.
4) 트위터의 공동 설립자이기도 한 에반 윌리엄스는 블로그를 '일기처럼 정기적으로 업데이트되는 짧은 글로 이루어진 웹 페이지'라고 정의함.
5) 2003년 블로거 닷컴 구글에 인수 → 서비스 중 가장 성공한 모델로 평가됨.
6) 블로그닷컴은 41개의 언어를 지원하고 있으며 다양한 외부 애플리케이션을 자유롭게 사용할 수 있음.
7) 국내의 블로그는 2001년 '웹로그 인 코리아'가 시초임.
8) 본격적인 성장은 2003년 한미르, 드림위즈, 네이버, 엠파스 등과 같은 포털에서 블로그 서비스를 시작함.
9) 가입형 블로그 사이트인 '이글루스'와 '디스토리'는 각각 네이트(2006.5)와 다음(2007.7)에 인수되어 양적인 급성장을 이룸.

나. Blog의 특징

블로그는 인터넷 공간에 존재하는 웹 게시판과 개인 홈 페이지의 기능이 혼합된 형태의 소셜 미디어임. 블로그는 웹 게시판과 달리 개인이나 소수의 사람만이 게시하며, 댓글과

트랙백을 달수 있게 해 블로거와 독자 사이에 소통이 확장됨.

블로그는 개인이 작성하는 온라인 다이어리인 동시에 폐쇄된 커뮤니티에서만 공개되는 게시판과 달리 개방적임. 그리고 웹 게시판처럼 게시 글에 대해 독자와 소통할 수 있음.

1) **접근성** : 누구나 간단히 사용할 수 있는 공간을 제공한다. 이용자들은 자신의 블로그에 텍스트와 이미지, 동영상 등 다양한 콘텐츠를 포스팅 할 수 있다.
2) **상호작용성** : 외부 연동, RSS, 트랙백 기능을 제공한다. 게시물에 댓글을 달수 있고, 각 블로거가 개별 포스트의 링크를 교환할 수 있도록 트랙백을 제공한다.
3) **콘텐츠 중심** : 이용자가 생산한 콘텐츠를 즉각 포스팅 하는 것에서 출발했기 때문에 이용자 간 관계보다는 콘텐츠 중심이다.

다. Blog의 형태와 서비스 진화

블로그는 ①블로그 소프트웨어가 제공되고 사용자가 운영하는 서버에 직접 설치 해 사용하는 설치형 블로그와 ②블로그 서비스 회사에서 개발하여 운영하고 이용자는 가입을 통해 블로그 서비스를 이용하는 서비스형 블로그이다.

❋ 블로그의 진화 과정

① 초기 블로그에는 주로 텍스트가 제시됨
② 사진과 음악, 동영상 등 다양한 멀티미디어가 추가
　그 배경에는 mp3, 디지털 카메라, 휴대 전화, 디지털 캠코더가 발전 됨
③ 사진을 전문적으로 올리는 포토로그
④ Mp3를 공유하는 오디오 블로그
⑤ 동영상을 공유하는 동영상 블로그
⑥ 블로그 소프트웨어에 이미지 첨부기능이 부가되는 포토로그와 플리커(Flicker)가 있다.
⑦ 2005년 이후 동영상 공유 서비스 '유튜브'로 인해 블로그에 동영상을 게시함.
⑧ 오디오 블로그는 MP3가 보급되면서 저작권 문제로 포털에서 음원 이용 계약을 맺어 블로그에 이용하는 방식으로 바뀜.
　* 메타 블로그 : 블로그가 증가하면서 블로그를 검색하거나 중계함.
　　메타 블로그는 RSS를 통해 블로그의 콘텐츠를 수집 유통한다. (대표적인 메타블

로그 서비스가 테크노라티)

- 국내의 메타 블로그는 올블로그와 블로그 코리아가 있고, 포털에서 제공하는 것은 다음 뷰(Daum View)가 있다.

라. Blog의 사회적 영향

1) 블로그 역사를 살펴보면 초기에는 정치 영역에서 블로그가 영향력을 미치다가 다양한 사회적인 이슈들과 대인관계까지 확장되는 경향이 있다.

2) 블로거들이 직접 쓴 기사는 신선하고 생생하며 현장감이 있고, 다양한 시각으로 특정사건과 이슈를 바라보는 경향이 있는 것으로 나타났다. 특히 기존 언론매체와 차별화되면서 참여적인 공공영역으로서 널리 확산되고 있다.

3) 블로그는 법적, 제도적 구속을 받지 않고 형식에도 구애 받지 않기 때문에 대안적인 정보의 원천으로 평가된다. 블로그가 단순한 개인 미디어의 범주에서 벗어나 기존의 제도권 범주에서 벗어나 기존의 제도권 매체에 대항하는 수단이자 새로운 의제 설정자로서의 사회적 역할을 하고 있음을 보여주고 있다.

4) 블로그의 사회적 영향력이 확산되면서 블로그의 미디어로서의 역할과 기능에 대한 문제점 등이 노출되기도 하였다. 국내 블로그는 전체적으로 출처가 불명한 퍼 온 글들이 많기 때문에 블로그 이용자들도 저작권 침해에 대한 우려가 높다.

5) 블로그 기능에 대한 사회적 주목과 영향력에 비해 블로그 산업은 아직까지 제한적 규모에서 벗어나지 못하고 있다.

6) 산업적으로나 비즈니스 차원에서 블로그를 많이 사용하는 이유는 기업이나 사업과 마케팅에서 블로그와 소셜 네트워크 기술을 이용하는 것이 중요하다고 인식했기 때문이다.

마. 소셜 웹(Social Web)

1) 웹상에서 누리꾼들이 서로 사귀고 의견을 나누는 것을 통칭하는 단어이다. 싸이월드나 페이스북과 같이 '관계 중심' 사이트와 사진공유 사이트 '플리커' 처럼 취미를 가진 사람들이 모이는 '취미중심'사이트로 크게 나눌 수 있다. 웹 상 교류와 커뮤니티를 구현하는데 이용되는 웹 2.0 기술을 일컫기도 한다.

2) 더 정확한 정보를 찾기 위해 '논리적 프로그램'을 개발해 왔던 과거의 인터넷기술과 달리 사람과 사람 사이의 관계를 이용해 정보를 찾는 기술이다.

3) 인터넷의 진화, 나와 내 친구들이 관심 있는 정보만 골라 실시간의 관계망, '신뢰'가 만드
   는 수익 모델

구분	보급초기	웹2.0	소셜 웹
시기	1990년대 말	2000년대 중반	2000년대 후반 이후
특징	오프라인 비즈니스를 온라인으로	수많은 참여자들의 '중계상' 역할	보다 정확하게 사용자 요구를 파악하는 서비스
대표 사례	야후	구글, 아마존닷컴, 옥션	페이스북, 트위터, SK커뮤니케이션즈
수익 모델	눈에 띄는 곳에 광고 이미지 게재	검색결과에 어울리는 광고 게재, 판매중개에 따른 수수료 수입	사용자가 실시간으로 관심을 갖는 사안을 반영한 맞춤형 광고

인터넷 비즈니스의 진화

구분	국적	설립년도	인맥구축기반	특 징
Cyworld	한국	1999년	지인	• 대표 서비스인 미니 홈피를 기반으로 개인 콘텐츠 쉽게 공유, 일촌 맺기 • 아이템, 뮤직, 영화, 만화 등 관련 콘텐츠 풍부, 사이버 머니 '도토리' • 클럽, 광장 등 포털 커뮤니티 서비스
me2day	한국	2007년	나와 친구들의 새로운 커뮤니티	• 한국판 트위터, 최대 150자 사용가능 • 상대 허락해야 친구 맺을 수 있다. • 2009년 네이버가 인수 • 패션을 공유하는 스타일 셰어 및 문자 및 사진 공유, 10~20대 사용자
My Space	미국	2003년	뮤직 커뮤니티	• 음반, 인디밴드 등을 홍보할 수 있는 서비스 구조 • 개인홈페이지에 자신만의 배경 음악 업로드 가능 • 동영상 서비스 지원, 타깃 광고 적용
Facebook	미국	2004년	대학 커뮤니티	• 캠퍼스 친구 관리 • 교내클럽 활동커뮤니티 • 캠퍼스 정보 공유, 이벤트 홍보
Twitter	미국	2004년	대학 커뮤니티	• 친구맺기 기능, 메신저의 신속성 • 팔로우 중심 소통 • 빠른 소통이 가장 큰 특징
YouTube	미국	2005년	세계최대 동영상 공유 커뮤니티	• 글로벌 기반의 동영상 플랫폼, 다양한 비즈니스 기회 활용 • 사용자들의 지역, 접속시간대, 연령대, 성별 등 분석해 주는 통계 서비스 무료 제공 → 고객 집중 광고 가능
Linkedin	미국	2003년	비즈니스 인맥형성	• 비즈니스를 위한 인맥형성과 정보교류가 목적인 비즈니스 특화 SNS • 100만 개 이상의 기업과 500대 기업 CEO 대부분이 가입 • 고학력자의 화이트칼라 직업군 회원
Google+	미국	2011년	세분화 사용자와의 커뮤니티	• 세분화된 사용자로 친구 분류(친구, 직장동료, 가족, 동창 등) • 글이나 영상 등을 올릴 때 특정그룹만 보게 지정 가능 • 동시 10명까지 참여할 수 있는 화상채팅 기능 행아웃 있음 • 화상채팅 하며 문서 및 영상파일 등 공유 가능

세계 주요 SNS 기업 현황

5. 페이스북(Facebook)

* 페이스북은 2004년 하버드 대학 출신의 마크주커버가 설립하였다.
* 초기에는 아이비리그 대학을 중심으로 친구들 간 교류목적으로 활용되었으나 점차 13세 이상인 사람이면 누구나 가입할 수 있도록 가입 대상을 확대하였다.
* 현재는 개인프로필, 페이지, 그룹 등의 다양한 서비스를 제공하여 친구들과 함께 정보를 공유할 수 있을 뿐만 아니라, 기업들의 브랜드 강화를 위한 목적으로 다양하게 페이스북을 활용하고 있다.

전 세계를 하나로 연결하는 Facebook 사무실

* 페이스북에 관한 통계정보를 제공하는 소셜 베이커스에 따르면 2013년 2월 전 세계 페이스북 가입자는 8억 명에서 2015년 5월에는 14억명 이상이 사용하고 있는 최대의 사회관계망 서비스이다(한겨레, 2015.5.4).
* 성장 원인으로는 웹2.0의 참여와 공유, 개방에 충실한 서비스를 제공하기 때문이다. 플랫폼을 다른 사업자에게 개방하는 오픈 플랫폼 전략으로 다양한 서비스와 고객을 유입시켰으며, 사람과의 관계를 기반으로 한 소셜 알고리즘의 기술적 차별화를 통해 스마트한 서비스를 제공하였기 때문이다.
* 페이스북의 익명성에 대하여 → 익명성은 표현의 자유와 같은 인권과 깊은 연관이 있기 때문에 중요하다. 인터넷 기술 덕에 자신이 누구인지 밝히지 않고도 자유롭게 이

야기를 할 수 있는 여건이 마련되면서, 숨죽이고 살던 이들이 자신을 표현할 수 있는 길이 열렸다. 하지만 이는 동시에 익명성의 그늘에 숨은 증오 발언, 사이버폭력 등의 문제도 함께 가져오게 되었다.

◦ 페이스북이 지금과 같은 거대 네트워크로 성장하게 된 배경도 이와 연관이 있다. 페이스북은 처음부터 실제 사람과 사람들이 관계를 맺는 네트워크라는 정체성을 내세워 익명의 나쁜 점에 문제를 느끼던 이들을 끌어들였기 때문이다. 정보 수집 최소화 원칙에 대한 페이스북의 대응은 '우리 네트워크는 이런 정체성으로 성장해 왔다'는 쪽이다(한겨레, 2015.5.4.).

가. Facebook Commerce 가능성

페이스북은 소셜커머스를 구현하기 위한 플랫폼으로서 충성도가 높은 우량 고객을 확보하고 있어 잠재고객 유입이 용이하다. 또한 기존 온/오프라인 유통업체와 연동하여 매출증대를 가져올 잠재력도 가지고 있다. 그 잠재력을 가진 페이스북 커머스가 가진 가능성은 다음과 같다.

1) 페이스북 사용자는 우량고객이다.

◦ 페이스북에 머무는 체류시간이 구글보다 길고 일반 인터넷 사용자보다 구매금액이 높은 충성고객을 확보하고 있다.

2) 페이스북이 전자상거래의 트래픽을 유도 하는데 효과적이다.

◦ 페이스북의 담벼락, 소셜 플러그인 등을 활용하여 입소문 효과를 유도하여 쇼핑몰로 잠재고객을 유입시키는 효과를 얻을 수 있다.

3) 페이스북은 구매고객 확보에 유리하다.

◦ 브랜드 팬 페이지를 기반으로 고객과의 긴밀한 관계를 유지하여 충성도 향상뿐만 아니라 고객을 유도할 수 있는 계기를 만들 수 있다.

나. Facebook의 특징과 영향

1) 페이스북 이용자들은 사이트를 통해 사람들과 친구관계를 맺고 자신의 프로필과

활동을 공유 할 수 있다.

2) 친구들과 메시지를 주고받거나 사진을 공유하고 게임을 하는 등 다양한 애플리케이션을 이용할 수 있다.

3) 페이스북이 다른 사이트들과 차별화된 데는 3가지 혁신적 요소가 있다.

  ◦ 신뢰할 만한 아이덴티티와 명확한 네트워크의 결합
  ◦ 배타성 : 초기에 서비스를 제공할 대학의 수를 제한 → 점진적으로 대학의 수 확대
  ◦ 지속적 관여를 제공하는 것(shih, 2009) : 맴버들을 지속적으로 관여할 수 있는 한 뉴스피드 방식이다. 또한 친구들의 최근 활동에 대한 업데이트를 방송해 주는 방식이다.

4) 페이스북의 전략적인 측면은 오픈전략을 통한 페이스북 사이트의 플랫폼 화를 들 수 있다. 개발자는 수익을 소비자는 다양한 제품과 서비스를 이용할 수 있는 기회를 제공하여 자신을 플랫폼화한 식이다.

5) 페이스북의 또 다른 성공 요인으로는 변화의 방향을 정확히 파악하여 적용하였고, 고객과의 소통에 적극적이었으며, 기존 서비스의 단점을 파악하여 대안을 마련했다는 점이다.

6) 양방향 커뮤니케이션의 연장이라고 할 수 있는 소셜 게임과 소셜 쇼핑까지 영역을 넓히며 지속적으로 수요를 창출하였다.

구 분	Blog	Twitter	Facebook
용도	콘텐츠 생산	콘텐츠 유통	네트워킹
글 제한	없음	140자	320자
관계	구독자, 이웃	팔로워	친구, 팬
콘텐츠 유통	엮인글, 추천, RSS	RT(Retweet, 추천)	좋아요
특성	• 주제에 따른 글과 사진 올리기 편함 • 글에 따른 댓글로 커뮤니케이션이 일어남 • 메뉴 구성 및 화면구성이 자유롭게 변경됨 • 키워드 검색에 잘 노출되고 노출 생명력 길다 • 목록 및 카테고리로 검색 용이함	• 짧은 글과 링크 통해 정보를 제시 • 타임라인에서 실시간 소통 가능, 속보성이 특징 • 팔로우를 통한 의견과 생각을 여러 사람에게 한 번에 전달 가능 • 유용한 정보 쉽게 공유 가능	• 친구들과 친밀한 커뮤니티 형성 가능함 • 글과 정보 등 좋아하는 정보를 추천 한번으로 소통 가능함 • 그룹 지정 통한 효과적인 관리 • 전문적 내용은 팬 페이지로 공유 가능 • 링크 통한 정보 제시

Blog vs Twitter vs Facebook

6. 위키와 집단지성

가. 위키(WiKi)

웹브라우저에서 간단한 마크업 언어markup language)를 이용해 공동 문서를 작성할 수 있고, 사용자들이 내용을 추가할 수 있는 웹 페이지 모음.

1) 네트워크를 통해 산발적으로 의견을 나누는 흥미 있는 방식이다. 형태적으로는 누구라도 내용을 수정할 수 있는 인터넷 포럼, **토론장**, 레포지토리, 메일 시스템, 공동 작업장 등의 복합 시스템이다.

2) 1994년 Ward Cunningham이라는 디자인 전문가에 의해 자동화 도구로 개발된 이후 다양한 디자인 패턴 축적과 대가들의 참여로 대표적인 디자인 패턴 사이트가 됐다.

3) '위키노믹스(Wikinomics)의 저자 돈 탭스콧(Don Tapscott)은 참여를 통한 집단지성 방식이 미디어의 콘텐츠 생산 방식을 근본적으로 뒤바꿀 것이라며 이를 '거센 돌풍'이라고 표현하였다.

   * 수익을 얻기 위해서는 콘텍스트를 만들어야 한다고 주장했다. 사람들이 스스로 조직화해서 콘텐츠를 공동으로 생산하고 이에 생산하고 이에 대해 토론하게 하는 콘텍스트를 생산해야 다양한 수익원을 창출할 수 있다는 논리다.

   * 집단지성을 위한 장을 만들면 일반인들이 콘텐츠 생산에 얼마든지 참여할 것이라는 점을 전제하고 있다.

나. 집단지성이란 무엇인가?

'집단지성(Collective Intelligence)'은 생태계에서 다수의 개체들이 협동하여 하나의 집합적인 지능을 만들고, 그것이 어떤 지능적인 활동과 역할을 수행하는 것을 말한다. 벌이나 개미, 떼지어 이동하는 새나 물고기 등의 활동을 지칭하는 '떼 지성(Swarm Intelligence)'이란 용어도 있다. 집단지성은 다수의 컴퓨터 이용자 간의 상호 협동적인 참여와 소통으로 만들어지는 결과물, 집합적 행위의 결과물, 판단과 지식의 축적물 혹은 그 과정을 말한다.

다. 위키와 위키피디아

1) 위키(WiKis)는 이용자들이 협동하여 콘텐츠를 생산하는 웹사이트를 말한다.
   위키 사이트는 이용자들이 웹 사이트의 콘텐츠를 자유롭게 추가, 변경하는 것을 허용하여 집단적인 협업 시스템을 구축할 수 있다.

2) 최초의 위키 사이트는 1995년 워드 커닝엄이 자신의 웹 사이트에 위키위키 웹이란 이름을 붙이면서 시작되었다.

3) 위키위키란 하와이의 공항버스 이름으로 하와이어로 '빠르다' 는 뜻이다. 커닝엄은 자신의 사이트를 'quick-web'이라고 하는 대신, 이 버스의 이름을 본 떠 '위키 위키웹'이라고 명명하였다.

4) 위키 사이트 중 대표적인 것이 위키피디아(Wikipedia)와 위키리크스(Wikileaks)이며 국내 뉴스 사이트인 위키트리(Wikitree)가 여기에 속한다.

   위키피디아는 지미 웨일즈(Jimmy Wales)와 래리 생어(Larry Sanger)의 2000년 누피디아라는 프로젝트에서 시작되었다. 누피디아는 전문가의 검토를 중심으로 하는 인터넷 무료 백과사전 이었는데 발전이 더뎠다.

   이에 누피디아를 보완할 공개 프로젝트를 모색하여 위키위키 개념을 선용, 오늘날의 위키피디아가 탄생함.

   대표적인 위키 사이트인 위키피디아는 사업자 협업의 백과사전으로 2001년에 시작되었다. 253개의 언어로 된 대략 750만개의 게시물을 가지고 있고 그 중 184 만개는 영어로 되어 있다.

5) 위키피디아는 전 세계 사람들이 참여하는 웹 기반의 다중언어 백과사전으로 위키로 만들어져 누구든지 편집할 수 있고 목적에 관계없이 자유롭게 사용할 수 있는 자유 콘텐츠 프로젝트로 현재 위키미디어 재단이 운영하고 있다.

6) 위키리크스(WikiLeaks)는 익명의 정보 제공자가 제공하거나 자체적으로 수집한 사적 정보 또는 비밀, 미공개 정보를 공개하는 국제적인 비영리기관이다. 주로 각국 정부나 기업 등의 조직에 속한 비공개 문서를 공개한다(위키백과).

   • 위키리크스 웹사이트는 선샤인 프레스(Sunshine Press)에 의해서 2006년에 개설 되었는데, 사이트가 개설된지 채 1년이 지나기도 전에 120만 건 이상의문서가 등록되게 되었다.

   • 위키리크스에서는 조직의 설립자들을 중화인민공화국의 반체제 인사와 기자, 수학자,

그리고 미국, 중화민국, 유럽, 오스트리아, 남아프리카 공화국에서 활동하는 벤처기업 기술자들로 밝히고 있지만, 오스트레일리아의 인터넷 활동가인 대표 줄리언 어산지(Julian Assange) 외에는 알려진 바가 없다.

* 위키리크스 웹사이트는 처음에는 사용자가 직접 편집할 수 있는 위키 사이트였지만, 점차 전통적인 미디어 전달 방식으로 변화해서 지금은 사용자의 의견 게재나 문서 편집을 허용하지 않고 있다.

* 주로 각국 정부나 기업 등 조직에 속한 비공개 문서를 공개한다. 제보자의 익명성을 보장하며, 추적이 불가능한 서버시스템과 로그 관리체계를 운영하고 있다.

* 위키리크스의 주요 목적은 공중에게 중요한 뉴스와 정보를 전달하는 것으로, 이를 위해 익명의 제보자들이 정보를 위키리크스 저널리스트에게 유출하고 이를 오리지널 자료와 함께 뉴스 스토리를 발행해 독자에게 전달하는 것이다.

* 위키리크스는 전 세계의 전쟁, 학살, 구금관련 기사에서부터 정부, 무역, 기업의 투명성, 자유로운 스피츠와 언론에 대한 압제 등 다양한 기사들을 발표하였다.

라. 위키노믹스(Wikinomics)

1) 위키노믹스의 출현배경 및 개념

* 네트워크 환경(웹2.0*)의 변화로 전 세계 사용자들이 인터넷을 통해 자발적으로 참여하는 개방형 대규모 협업(mass collaboration)이 확산

  - 웹2.0의 특성인 개방, 참여, 공유를 통해 많은 사람들이 접근할수록 정보의 오류는 점차 줄어들고 보다 가치 있는 방향으로 수렴되는 집단지성(Collective Intelligence) 발현

    * 기존 웹에서는 포털 사이트처럼 서비스 업자가 제공하는 정보와 서비스를 일방적으로 수신만 하는 형태였으나 웹 2.0 환경에서는 제공되는 응용프로그램과 데이터를 이용하여 사용자 스스로 새로운 서비스 창출이 가능

* 이에 따라 생산자·소수 전문가 중심에서 소비자와 일반대중 등의 참여·공유·개방을 강조하는 「위키노믹스」 경제체제로 패러다임이 전환

  - 위키노믹스는 위키피디아(Wikipedia)* + 경제학(Economics)의 합성어

    * 위키피디아(Wikipedia) : 누구나 편집할 수 있는 인터넷 백과사전. 대중의 참여로 200년 역사의 브리태니커 사전의 정보량을 5년 만에 따라잡음

　　　　* 위키(wiki)는 '빠르다'라는 뜻의 하와이 말

　* 위키노믹스(Wikinomics)란 웹인프라(웹2.0)를 통해 전 세계 모든 네티즌의 자발적 참여를 이끌어 내는 체제로, 전 세계적, 대규모 협업을 가능하게 하는 새로운 개방 · 참여형 생산 · 혁신 방식임

　　　* 과거의 협업은 소규모 · 국지적 → 현재의 협업은 자발적 · 전 세계적 · 대규모 참여

　* 위키노믹스의 개념을 접목한 개방형 · 참여형 기술혁신 체계인 「(가칭)위키노베이션(Wikinovation)」* 시스템 구축 필요

　* 개방형 혁신체계 구축, 혁신정책의 영역확대와 조정 · 협력의 강화, 위키노베이션인프라 조성 등

　　　* 위키노믹스의 주요 원리를 과학기술혁신체계 구축과 정책수립에 적용한다는 의미로 새롭게 명명해 본 개념임(Wiki와 Innovation의 합성어)

2) 이코노믹스(Economics) Vs. 위키노믹스(Wikinomics)

　* 기존의 경제학은 생산자와 소수 전문가 집단에 의한 폐쇄적 · 수직적 혁신 체계였으나, 위키노믹스는 참여 · 공유 · 개방을 기초로 한 대중의 협업에 의한 혁신체계임(위키노믹스(Wikinomics)의 주요내용과 시사점, KISTEP〈혁신경제팀〉재구성, 2007)

이코노믹스(Economics)와 위키노믹스(Wikinomics)의 주요 특징 비교

구 분	이코노믹스(Economics)	위키노믹스(Wikinomics)
핵심가치	핵심역량의 전유(專有), 경쟁	참여, 공유, 개방
사회적 배경	제조업 기반의 산업사회	IT기반의 지식사회
경영전략	규모의 경제 달성 및 거래비용 절감을 위해 대형화 추구	낮은 외부 거래비용으로 인해 소형화, 네트워크화(유사기업 연결) 추구
조직	폐쇄적, 수직적 계층구조	개방적, 수평적 관계
인재활용	자체직원/아웃소싱으로 이분화	인터넷상의 전 세계 인재활용 ⇒ 내 · 외부 경계 모호
핵심기술 R&D전략	내부 연구 인력을 활용한 자체R&D 중심	적극적 정보공유 및 외부 인재 활용을 통한 개방형 R&D
지식재산권	특허획득 또는 사내기밀로 보호	선택적 개방(핵심기술 및 완성 제품 제외한 지식재산을 모두 공유)

3) 사례를 통해 본 위키노믹스의 주요 특징

가) 개방 · 참여 · 협력을 통한 혁신 : '동등계층 생산(peer production)'
* 동등계층(peer)은 흔히 P2P(peer to peer)라고 하는 대규모 참여 네트워크에서 자료를 공유하는 주체임. 이때, 수천 명의 자발적인 동등계층이 협업하여 새로운부가가치를 창출하는 것을 동등계층 생산이라 함

三Q 골드코프(Goldcorp)(캐나다 금광회사) 사례
* 50년 넘게 축적된 지질학 관련 자료(사내기밀자료) 전부를 웹상에 공개하고 전 세계적인 콘테스트를 개최
* 세계 각국의 전문가들의 도움으로 100여 곳의 새로운 광맥을 발견하여 매출액이 90배 성장

三Q 리눅스(Linux) 사례
* 온라인 게시판을 통해 유닉스 운영체제인 리눅스를 무료로 공개(open source) 하여 자유로운 프로그램의 수정·배포 허용
* 수만 명의 프로그래머들이 다양한 응용프로그램을 내놓아 성능이 개선되면서, 전 세계 서버용 OS의 27%를 점유할 만큼 급성장

나) 고객 주도의 혁신(customer-led innovation) : '프로슈머(Prosumers)'
* 소비자가 제품을 개발할 때, 직접 혹은 간접적으로 개발 · 생산에 참여하는 방식으로 앨빈 토플러가 〈제3의 물결〉에서 처음 사용

三Q 레고(LEGO) 사례
* '98년 마인드 스톰이란 로봇 장난감을 출시 후 해커들이 프로그램을 마음대로 해킹하자 회사 측은 한 때 소송까지 고려함
* 고객니즈의 적극적인 반영이란 관점에서 이를 용인하여 오히려 프로그램 소스를 공개하여 30만 명 이상의 창의적 아이디어를 신제품 개발에 활용하게 됨

세컨드 라이프(Second Life) 사례

· 멀티플레이어 온라인 게임으로, 사용자들이 만들어낸 한 가상환경에서 32만5 천여 명의 참가자들이 어울리고 서로 거래

· 가상환경에서 허구적인 역할과 활동을 수행하며 3천여 명의 사용자가 연 순 수익 2만 달러의 가상 기업을 설립하는 등 실제 경제적 효과를 창출

· 이는 전형적 '제품'이 아닌 사용자들이 설계하고 만들어 낸 세상임

4) 아이디어와 인재를 외부에서 : '이데아고라(Ideagoras)'

· 아이디어(Idea)와 고대 그리스의 시민 집회장(Agora)을 합성한 말로, 인재와 아이디어가 모이는 무한한 지식거래 시장을 의미

P&G 사례

· P&G는 'Connect & Development'라는 전략을 추진하여 150만 명의 외부 전문가 네트워크를 통해 신제품 아이디어를 발굴

· 오늘날 출시되는 제품의 35%, 개발 계획의 45%가 외부의 아이디어에서 도출 됐으며, 이로 인해 R&D생산성이 60% 증가

이노센티브(InnoCentive) 사례

· 175개국 9만 여명의 과학자 집단과 보잉, 다우(Dow), 뒤퐁, 노바티스, P&G 등과 같은 전 세계 주요 기업을 연결해 각종 R&D 과제의 솔루션을 제시해 주는 인터넷 비즈니스 회사

· 포춘지 선정 500대 기업 안에 드는 35개 기업이 참여하여 문제 해결 능력을 확장하고 있음

7. 유튜브(YouTube)

* 〈타임〉은 '2006년의 인물'로 'You', 그 해의 발명품으로 '유튜브'를 선정하였다. 〈타임은 위키피디아와 유튜브, 마이스페이스 같이 공유와 협력이 가능한 웹 2.0의 산물들이 만개하면서 전례 없는 범위로 공동체들이 협력할 수 있게 되었다면서 그 해 인물로 'You' 선정했다.
* '유튜브'는 너(You)와 튜브(tube)의 합성어이며, 튜브는 속어로 텔레비전을 의미한다. 유튜브는 사용자가 직접 제작한 동영상 콘텐츠를 선정하였다.
* 2005년에 설립된 유튜브는 1년 만에 구글에 16억 5천만 달러에 인수되어 세상에 나오자마자 인터넷의 스타가 되며 세상에 화재가 되었다.
* 유튜브는 사이트 개설 8년 만에 월간 방문자 수가 10억 명을 돌파했다고 발표했다. 인터넷 사용 인구 2명 중 1명은 유튜브를 방문하는 셈이다.

  유튜브는 "유튜브 월간 시청자수는 슈퍼볼 시청자의 약 10배이며, 만약 유튜브가 국가라면, 중국과 인도 다음으로 전 세계에서 세 번째로 큰 국가이다. 싸이와 마돈나가 메디슨 스퀘어 가든에서 펼친 '강남스타일' 공연을 만원 관중들 앞에서 20만 번 이상 반복한 것과 같은 수치"라 했다.

  이어 유튜브는 "꿈이 있는 영상 제작자와 차세대 가요계를 이끌 점도 유망한 뮤지션부터 유튜브 동영상을 시청하고, 구독하고, 좋아하는 동영상을 다른 사람들과 공유하는 전 세계의 팬들에 이르기까지 모두에게 감사를 전합니다."고 밝혔다(출처 :(주)컴퓨터생활 〈PC사랑〉).

* 트위터(tweeter)에서만 하루 평균 1억 5500만 건이 생겨나고 유튜브(YouTube)의 하루 평균 동영상 재생건수는 40억 회에 이른다. 글로벌 데이터 규모는 2012년에 2.7제타바이트(zettabyte), 2015년에는 7.9제타바이트로 증가할 것으로 예측하고 있다(IDC, 2011). 1제타바이트는 1000엑사바이트(exabyte)이고, 1엑사바이트는 미국 의회도서관 인쇄물의 10만 배에 해당하는 정보량이다(Lynman, P., & Varian, H., 2003).
* 주요 도로와 공공건물은 물론 심지어 아파트 엘리베이터 안에까지 설치된 CCTV가

촬영하고 있는 영상 정보의 양도 상상을 초월할 정도로 엄청나다. 그야말로 일상생활의 행동 하나하나가 빠짐없이 데이터로 저장되고 있는 셈이다.

* 빅데이터의 특징은 3V로 요약하는 것이 일반적이다. 즉 데이터의 양(Volume), 데이터 생성 속도(Velocity), 형태의 다양성(Variety)을 의미한다(O'Reilly Radar Team, 2012). 최근에는 가치(Value)나 복잡성(Complexity)을 덧붙이기도 한다.

* 유튜브, 트위터, 플리커 등의 SNS를 컴퓨터 연산의 대상이 되는 사회현상(computational social phenomenon) 중 하나로 간주할 수 있다. 이런 관점은 기존의 사회과학 연구에서는 다루지 못했던 대규모의 데이터를 컴퓨터로 연산함  으로써 독특한 규칙성이나 패턴을 찾아내고자 한다. SNS는 이런 빅데이터의 유력한 소스 중 하나이며, 최근 이런 관점의 연구들이 크게 늘어나고 있다.

* SNS가 매일 쏟아내는 포스팅들과 같이, 인간의 인지 능력을 넘어서는 이런 대규모 데이터를 흔히 '빅데이터(big data)'라 부른다. 일반적으로 빅데이터는 '기존에 널리 사용되던 소프트웨어 도구들로는 일정한 시간 내에 포착, 관리, 처리할 수 없을 정도로 그 크기가 방대한 데이터'를 말하는데, 그런 데이터의 크기는 수십 테라바이트(terabytes)에서 최근에는 수 펩타바이트(peptabytes)에 이를 정도다. 우리 인간이 정보를 저장할 수 있는 능력은 1980년 이래 40개월마다 배로 늘어났는데, 2012년 현재 매일 2.5백경(quintillion)(10×10의 18승)의 정보가 생산된다(Wikipedia, 2012). 빅데이터 소스의 하나로 간주되는 페이스북은 이용자들이 올린 사진만 400억 개를 보유하고 있고, 트위터는 하루 3억 개의 트윗이 올라오고 있다.

* 문제는 이런 빅데이터를 어떻게 처리할 것인가 하는 것이다. 던컨 와츠(Duncan Watts, 2007)의 말대로, 산업적으로는 물론이고 학술적으로 이 문제는 첨예한 관심의 대상으로 부각되고 있다.

가. 세계 최대의 공유 사이트 - 월간 유튜브 순 방문자 수 10억 명 돌파

1) 지난 8년 동안 수많은 유튜브 사용자들은 전 세계에서 업로드된 동영상을 시청하고, 공유하고, 이에 열광했다. 수 만 명의 파트너들은 열정적으로 성원하는 시청자들을 위해 채널을 개설했고, Ad Age 선정 100대 브랜드가 유튜브에서 광고를 진행하고 있을 만큼 광고업계도 유튜브를 주목하고 있다. 유튜브는 현재 매월 10억 명 이상의 순 방문자를 기록하고 있다. 유튜브를 찾는 10억 명의 사용자를 어떻게 비유할 수 있을까? 인터넷 사용 인구 2명 중 1명은 유튜브를 방문 유튜브 월간 시청자 수는 슈퍼볼 시청자의 약 10배 만약 유튜브가 국가라면, 중국과 인도 다음으로 전 세계에서 세 번째로 큰 국가 싸이와 마돈나가 메디슨 스퀘어 가든에서 펼친 '강남스타일' 공연을 만원 관중들 앞에서 20만 번 이상 반복한 것과 같은 수치 [출처 : 2013. 3.21 유튜브 한국 공식 블로그]

2) 유튜브가 2005년 5월 처음 선보였을 때, 많은 사용자가 유튜브가 이토록 끊임없이 영감을 불어넣고, 정보를 제공하며 재미를 더해 줄 것이라고는 결코 상상하지 못했다. 현재 유튜브에는 매 분 당 100시간 이상 분량의 동영상이 업로드되고 있다. 매 분마다 4일 이상의 분량이 업로드 되고 있으며, 매월 10억 명이 넘는 방문자가 유튜브에서 새로운 소식을 접하고, 질문에 답을 하면서 유쾌한 시간을 보내고 있다.

   인터넷을 사용하는 인구 두 명 중 한 명은 유튜브를 이용하는 셈이다. 수백만의 파트너들이 창의적인 콘텐츠를 유튜브에 공유하고 있다. 스트레스도 날리고, 아이디어도 샘솟게 하는 유튜브 ! 지금까지의 시간들은 유튜브에게 놀라움과 기쁨의 연속이었다. 특히나 지난 1년간은 더욱 특별했다. 턱시도를 멋스럽게 차려 입은 K-Pop 스타가 유튜브의 온갖 기록을 경신하고, 미국 유명 애니메이션 세서미 스트리트가 조회수 10억을 기록하며 전 세계로 퍼져나갈 줄 누가 예상할 수 있었을까? 유튜브 사용자들은 창조적이고, 쉽게 타협하지 않는 것 만큼이나 예측하기 어렵다는 점에서 굉장히 매력적이다. 여덟 번 째 생일을 맞는 유튜브 동영상을 통해 세계를 연결시키고, 국경을 뛰어 넘고, 변화를 이루어 낼 수 있다는 것을 !(출처 : 2013. 5.20 유튜브 한국 공식 블로그)

나. 유튜브의 특성과 현황 - https://www.youtube.com

1) 유튜브 사용자들은 직접 제작한 동영상을 사이트에 올려 다른 이용자들과 공유할

수 있으며, 업로드된 동영상을 감상하고, 'like' 버튼으로 동영상을 평가하거나 댓글을 작성할 수 있다.

2) 유튜브는 페이스북과 트위터 같은 소셜 미디어를 이용해 공유할 수 있고, 코드를 복사해 블로그와 웹사이트에 동영상을 추가할 수 있다.

3) 동영상은 주제별 , 카테고리별 또는 조회 수가 높은 인기 동영상으로 제시된다. 검색을 통해서도 감상할 수 있고, 계정이 있으면 마음에 드는 사용자의 채널을 구독 할 수 있다. 2008년 1월 한국어 서비스도 시작되어 국내 이용자들이 편리하게 이용할 수 있게 되었다.

다. 유튜브의 확장 : 전 세계인의 놀이터

1) 유튜브는 대용량 동영상을 무료로 올릴 수 있는 업로드 기능과 방대한 작품을 올 릴 수 있는 업로드 기능과 방대한 작품을 검색할 수 있는 태그 기능이 있다. 또한 동영상에 대해 커뮤니케이션 하는 공유 기능이 있으며, 임베디드 태그를 기반으로 하는 블로그스피어를 활용한다.

2) 광고는 자제하고 저작권 보호 대책은 까다롭지 않다.

3) 'Broadcast yourself' 라는 모토에 걸맞게 직접 제작한 동영상을 유튜브에 올린 한국의 임정현은 파헬벨의 캐논을 전자기타로 연주한 동영상을 올려 2005년 말 유튜브 조회 수 1000만회를 돌파하며 〈뉴욕타임즈〉에 보도되어 화제가 되었다.

4) 유튜브라는 매체를 이용하여 직접 광고를 만들고 패러디를 하면서 유튜브는 디지털 시대에 전 세계인의 놀이터가 되었다.

5) 싸이 '강남스타일', 유튜브 사상 첫 '20억 뷰' 돌파(PLAY DB, 2014.5.31.). 공개 1년 10개월 만에 대기록…"20억 조회 수의 97% 해외서 접속"

라. 영상물 유통 플랫폼으로서의 가능성

1) 사용자가 직접 제작한 동영상뿐만 아니라 기존 영화와 프로그램들이 불법으로 유통되는 창구가 되기도 했다.

2) 유튜브는 저작권 침해 문제를 해결하기 위하여 'Claim Your Content'라는 저작권 보호 시스템을 개발하였다.

3) 방송 사업자들은 저작권 수호 전략을 사용하였고, 유튜브를 이용해 자사 브랜드와 콘텐츠들을 홍보하는 전략으로 선회하고 있는 추세이다. 또한 유튜브도 기존 방송

사와 제작사들이 보유하고 있는 질 좋은 콘텐츠를 확보해 사업 모델을 확장 하면서 저작권 침해 문제도 해결하기 위해 노력하고 있다.

4) 유튜브는 다양한 동영상을 감상하고 공유함으로써 사용자들에게 재미를 제공하는 것 외에 페이스북과 트위터와 함께 주목할 만한 소셜미디어로 기능을 수행하고 있다.

마. 유튜브의 문제점

저작권 문제에서 완전 자유롭지 못하다.

초상권과 인권 침해 사례가 우려되고 있다. '개똥녀'사건, 지하철 '패륜녀'사건

≡Q 저작권이란 무엇인가?

물리적인 매체에 보관된 원본 저작물을 만든 사람은 자동으로 저작물에 대한 저작권을 보유하며 특정 방식으로 저작물을 사용할 독점 권한을 보유한다.

어떤 유형의 저작물이 저작권의 적용을 받나?

- ✓ TV 프로그램, 영화, 온라인 동영상 등의 시청각 작품
- ✓ 음원 및 음악작품
- ✓ 강의, 기사, 책, 음악작품 등의 저술 작품
- ✓ 그림, 포스터, 광고 등의 시각 작품
- ✓ 비디오 게임 및 컴퓨터 소프트웨어
- ✓ 연극, 뮤지컬 등의 극작품

아이디어, 사실, 과정에는 저작권이 적용되지 않습니다. 저작권의 보호를 받으려면 저작물이 창의적이어야 하고 실재하는 매체에 보관되어 있어야 합니다. 이름, 제목 자체는 저작권 보호 대상이 아니다(https://www.youtube.com/yt/copyright/ko/).

≡Q 저작권 침해란 무엇인가?

- 저작권 침해란 저작권 소유자의 허가 없이 저작물을 복제, 배포, 상영, 공개 표시하거나 파생물로 만드는 경우에 발생한다.
- 저작권 침해 콘텐츠를 게시하면 동영상이 삭제될 수 있으며, 저작권 소유자가 법적인 조치를 취하는 경우 금전적인 손해를 입을 수도 있다.

8. 마이크로블로깅

* 마이크로블로깅은 일반적으로 '140자 이하의 단문 블로깅을 가리키지만 사이트 내에 구축된 많은 애플리케이션을 통해 사진과 짧은 오디오, 비디오 콘텐츠도 업로드할 수 있다. 마이크로블로깅은 블로그처럼 일반 뉴스와 정보 등을 공유하고 비동시적인 대화도 할 수 있다.
* 마이크로블로그는 실제 기능상으로 블로그보다는 소셜 네트워크 사이트들과 공통점이 더 많다. 마이크로블로그 서비스는 친구들과 추종자들(followers)의 네트워크에 역점을 둔다.
* 마이크로블로깅 사이트 가운데에는 트위터(Twitter)가 전 세계적으로 가장 인기가 있다.
* 트위터와 유사한 국내 사이트로는 NHN의 이투데이, SK 텔레콤의 토씨, 엠엔씨소프트의 플레이톡, 다음의 요즘, 네이트의 커넥팅 등이 있다.

가. 트위터의 정의와 특성

트위터는 140바이트 한도 내의 단문으로 트위터에 연결된 사람들끼리 메시지를 주고받는 마이크로블로킹 서비스의 일종이다.

1) 사용자들은 주로 웹과 모바일 기기를 통해 자신의 근황을 알리고 그들의 소식을 알고자 하는 사람들은 사용자의 허가 여부에 상관없이 '팔로우'관계를 맺어 팔로우가 될 수 있다.

2) 2006년 잭 도시(Jack Dorcy)가 친구들의 소식을 전하기 위해 개별적인 단문 메시지 서비스의 필요성을 느껴 탄생하게 되었다. 잭 도시는 친구들과 전화할 때 흔히 무엇하고 있나요?(what are you doing?)라고 묻는 데서 착안해 이 사이트를 만들었다고 한다.

3) 트위터는 소셜 네트워크 사이트와는 달리 사용자의 친구 수와 팔로어, 업데이트 수 외의 통계자료를 많이 제공하지는 않는다.

4) 트위터 팔로우의 수는 트위터 사용자가 피드(feed)의 성공 여부를 알려주는 지표이기는 하지만, 팔로우의 수는 트위터 사용자가 추종하는 피드수에 영향을 받기 때

문에 많은 사람들이 서로 트위터 스트림을 자동적으로 수용하는 경향이 있다.

나. 트위터의 서비스 특징과 성장요인

1) 트위터는 소셜 미디어 서비스 중 커뮤니케이션 모델에 속한다. 마이크로블로킹 서비스는 일반적인 블로그나 다른 소셜 미디어와는 달리 간단한 내용을 실시간으로 포스팅하면서 다른 이용자들과 마치 대화를 하듯 상호작용할 수 있다.

2) 다른 SNS들이 상대적으로 크기가 큰 콘텐츠를 공유한다면, 트위터는 일상적이고 간단한 단문 메시지들을 전달하고 공유한다.

3) 트위터는 기존의 블로그와 SMS, 메신저, 커뮤니티 등의 장점을 잘 흡수해 새롭게 변형한 소셜 미디어이다.

4) 140자의 제한된 글쓰기, 단순한 UI , 개인 중심의 미디어라는 한계에도 불구하고 트위터는 플랫폼 자체의 네트워크 개방성과 독특한 커뮤니케이션 기능으로 인해서 스마트 환경하에서의 모바일 킬러 콘텐츠를 생산, 유통시킬 수 있는 강력한 미디어로 평가된다.

5) 팔로우라는 독특한 구독체계, 리트윗, 해시태그(#) 등과 같이 공통의 관심사나 이슈를 공유 확산시키는 커뮤니케이션 기능, Open API로 인한 다양한 경로의 개방적 확장등과 같은 트위터의 기술적 특성은 관계 형성 및 유지, 뉴스 전달과 정보 공유 등과 같은 사회적 특성을 더욱 발전시킨다.

트위터와 같은 마이크로블로그의 빠른 성장 요인

① 스몰 토크 기반의 편리한 커뮤니케이션
② 일대다 커뮤니케이션의 매력
③ 웹 접속 없이도 사용 가능
④ 팔로우 기능

트위터와 기존 소셜네트워크 서비스 비교(출처 : LG 경제연구원)

구 분	트위터	페이스북, 마이스페이스	포털 사이트의 커뮤니티
정보유형	텍스트	사진, 텍스트 위주	사진, 텍스트 위주
정보의 특성	단순, 개인적	복잡, 개인적	복잡, 일부 전문적
디바이스 범위	웹 모바일, instant messaging	웹 일부 모바일 확장	웹
관계맺기방식	Following(일방적)	초대 → 허락	가입 → 승인
정보확산속도	매우 빠른 편	빠른 편	주로 커뮤니티 내에서 정보 확산
비즈니스모델	현재 비즈니스 모델 없음	배너광고 수입과 유료 애플리케이션	배너광고 수익

다. 트위터의 활용분야와 영향

1) 트위터의 폭발적인 성장은 유명인 들의 트위터 사용과도 연관이 있다. 오바마 대통령은 선거운동 과정에서 트위터를 효과적으로 활용해 막대한 홍보 효과를 얻었다.

2) 트위터를 활발하게 이용하는 연예인과 정치인, 스포츠 선수, 기업인들을 둘 수 있다.

3) 트위터에 대한 사회적인 관심이 높아진 이유는 전통적인 미디어를 거치지 않고 가공되지 않은 정보가 개인과 개인 사이에 직접 전달되고 유통될 수 있다는 점이다.

〈마이크로블로그의 성장 요인과 특성〉

스몰토크 기반의 편리한 커뮤니케이션	트위터는 140자, 미투데이는 150자 이내의 글자 수 제한으로 쉽게 이용할 수 있으며 모바일에 적합한 커뮤니케이션 방식으로 언제 어디서나 쉽게 사용
일대 다 커뮤니케이션의 매력	타인이나 지인의 메시지를 자신의 공간에서 확인할 수 있고 자신의 메시지를 보여줄 수 있는 열린 커뮤니케이션 방식이며, 팔로어를 통해 빠른 확산
웹 접속 없이도 사용 가능	웹 기반의 SNS와 달리 웹과 모바일의 경계가 무너져 이용환경이 확장됨
팔로우 기능	트위터에는 팔로우라는 독특한 기능이 있어 상대의 동의 없이도 일방적으로 따르는 팔로어 관계가 이루어짐

출처: 한국방송영상산업진흥원, 'SNS 이용자의 행태분석' 재구성

연습문제 Ⅰ ※ 다음 문제의 정답을 표시하시오.

01. 위키트리(Wiki Tree)의 설명이 아닌 것은?

① 오픈소스 저널리즘이 진화　　　　② 소셜뉴스 사이트

③ 뉴스생산은 기자들이 작성　　　　④ 뉴스제공은 SNS 기반

02. 웹 4.0의 설명 중 틀리는 것은?

① 초현실사회　　　　　　　　　　② 초(超)경제

③ 초(超)연결　　　　　　　　　　④ 초(超)지식정보

03. 위키피디어는 소셜미디어와 대중 매체를 5가지 특성으로 구분한다. 다음 중 관계없는 것은?

① 도달률(reach)　　　　　　　　② 접근성(accessiblility)

③ 대중성(popular)　　　　　　　④ 신속성(immediacy)

04. 정보통신기술(ICT)의 발달을 가져온 확장이 아닌 것은?

① 시간의 확장　　　　　　　　　② 사회의 확장

③ 공간의 확장　　　　　　　　　④ 지식의 확장

05. 스마트폰으로 인한 미래의 변화로 알맞지 않은 것은?

① 라이프스타일 변화　　　　　　② 신시장·비즈니스 출현

③ 지식축적의 변화　　　　　　　④ 기업 간 경쟁구도 변화

06. 스마트폰으로 증대된 사회적 효과가 아닌 것은?

① 1인 가족의 증대　　　　　　　② 생산성 향상

③ 일자리 창출　　　　　　　　　④ 저 출산 고령화 대책

07. 스마트폰의 긍정적인 영향이 아닌 것은?

① 스마트폰과 시간의 효용성　　　② 공간의 제약 증대

③ 정보의 보고((寶庫)　　　　　　④ 실시간 소셜 네트워킹

08. 빅데이터의 특징은 3V로 요약하는 것이 일반적이다. 해당되지 않은 것은?

① 데이터의 양(Volume)　　　　　② 간편성(simplicity)

③ 생성 속도(Velocity)　　　　　④ 형태의 다양성(Variety)

연습문제 II ※ 다음 문제를 설명하시오.

01. 빅데이터(Bigdata)

02. U-헬스 케어 서비스

03. Blog의 특징

04. Blog의 사회적 영향

05. Facebook의 특징과 영향

06. 트위터의 서비스 특징

07. 유튜브의 문제점

08. 저작권 침해란 무엇인가?

09. 트위터와 같은 마이크로블로그의 빠른 성장 요인

10. 24시간 실시간으로 인터넷에 연결된다는 의미를 갖는 용어

11. [   ] 사용자들은 직접 제작한 동영상을 사이트에 올려 다른 이용자들과 공유할 수 있으며, 업로드된 동영상을 감상하고, 'like' 버튼으로 동영상을 평가하거나 댓글을 작성할 수 있다.

12. [   ]는 누구나 편집할 수 있도록 만든 집단지성 사이트로, 현재 자타가 공헌하는 세계 최대의 참고문헌 집결지 백과사전이다.

13. [   ]은 일반적으로 `140자 이하의 단문 블로킹을 가리키지만 사이트내에 구축된 많은 애플리케이션을 통해 사진과 짧은 오디오, 비디오 콘텐츠도 업로드할 수 있다. [   ]은 블로그처럼 일반 뉴스와 정보 등을 공유하고 비동시적인 대화도 할 수 있다.

Chapter 07
사물인터넷(IoT)

\ 사물인터넷이란 무엇이며, 활용 분야를 알아본다.

\ 스마트 시대의 패러다임 변화 전망과 사물인터넷 전략에 대하여 알아본다.

\ 사물인터넷의 기본적 구성요소와 용도 등을 이해한다.

\ M2M · IoT · IoE · AtO 개념과 사례에 대하여 논의한다.

\ 미래학자들이 바라보는 사물인터넷 미래사회에 대하여 이해한다.

\ 국내외 사물인터넷의 현황, 응용분야에 대하여 이해한다.

\ 사물인터넷 운영체제(OS)에 대하여 알아본다.

\ 사물인터넷의 국내 주요서비스 사례에 대하여 알아본다.

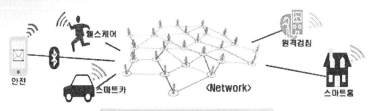

사물인터넷이란? 사물들 간의 인터넷

헬스케어
안전
스마트카
〈Network〉
원격검침
스마트홈

사물인터넷으로의 진화

• 사물들이 지능화되어 가상세계의 모든 정보와 상호 연동

정보수집
센서네트워크(RFID/USN)

1 대1 통신
사물지능통신(M2M)

N 대 N 통신
사물인터넷(IoT)

사물 간에 인터넷을 통해 정보를 주고 받는 것

Chapter 7
사물인터넷(IoT)

1. 미래산업 6대 기술은?

우리의 일상을 바꿔놓을 전자산업의 **최신동향**과 미래산업의 6대 기술, △차세대 4K 초고해상도(UHD) TV △사물인터넷(IoT) △스마트카 △헬스용 웨어러블 △로봇의 가전화 △제조업 혁신 3D프린터에 대하여 알아본다(서울경제 2015.1.6.).

해상도 4배 '4K UHD TV

TV는 매년 더 선명한 화질과 새로운 디스플레이 소재로 향상되어가고 있고, 현재 널리 쓰이는 고해상도(풀HD)보다 해상도가 4배 높은 차세대 4K UHD TV 신제품이 100종도 넘게 쏟아진다.

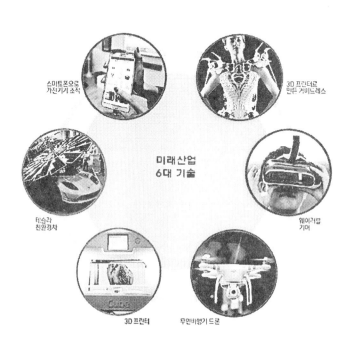

170

본격 개화하는 IoT

모든 가전기기를 인터넷으로 연결해 '가정의 자동화(스마트홈)'를 실현시켜 줄 IoT는 출퇴근 시간에 맞춰 작동하는 세탁기와 오븐은 물론 우리가 잠든 사이에 생체정보를 수집하는 침대도 볼 수 있다.

'차 + IT' 스마트카

자동차와 IT의 결합이 탄생시킨 '지능형 차량(스마트카)'관련 업체는 역대 최대인 470여개에 달한다. 기업들은 무인주행, 차량간 인터넷 등 스마트카 관련 기술뿐 아니라 연료전지와 같은 친환경 기술을 대거 선보이며 자동차 산업의 미래상을 제시한다.

헬스용 웨어러블

삼성 갤럭시기어, 애플워치의 출시와 함께 새로운 전기를 맞은 웨어러블(착용형 기기)은 혈압·체온 등을 측정하는 헬스용 웨어러블이 주종을 이루는 가운데 손목시계·안경을 비롯해 전신에 착용하는 다양한 형태의 기기들이 있다. 삼성전자가 최초 개발한 가상현실 헤드셋 '기어VR'를 위한 콘텐츠 서비스 '밀크VR'도 주목의 대상이다.

로봇의 가전화

산업·군사용으로 주로 사용되던 로봇의 소비자 가전화인 삼성전자 LG전자 아이로봇 등이 출시하는 로봇 청소기와 함께 무인기(드론)가 주목을 받고 있다. 특히 이 같은 로봇들은 가격이 점차 낮아지면서 이제는 대중화에 접어든 추세다.

제조업 혁신 3D프린터

미국가전협회(CEA)는 3D프린터를 올해 최고의 기술 트렌드 중 하나로 공식 선정했다. CEA에 따르면 2014년 7,600만 달러(약 843억원)였던 3D프린터 시장규모는 오는 2018년 1억7,500만달러(약 1,940억원)로 급성장할 것으로 전망된다. 3D프린터는 150만 원대 기기가 등장할 정도로 가격이 하락하면서 부품 제조공정 등에서 혁신을 이뤄낼 선봉으로 평가 받고 있다.

가. 사물인터넷의 국내 정책 동향

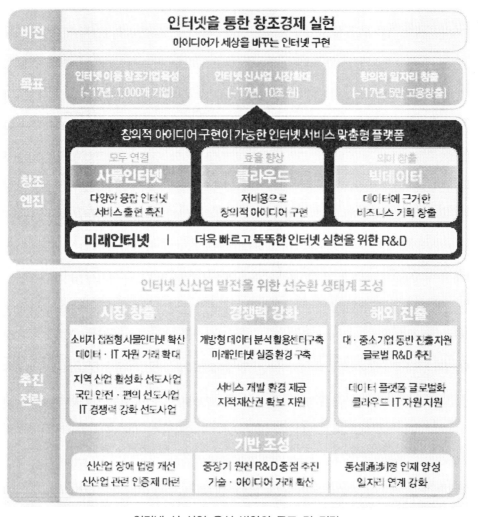

인터넷 신 산업 육성 방안의 목표 및 전략

현재까지 인터넷이 인간 중심이었다면 미래에는 사물(기기) 간의 통신이 네트워크 트래픽을 대부분 차지하고, 사물(기기)의 지능화로 인간의 삶이 보다 스마트하게 되는 사물인터넷(IoT/M2M) 시대가 도래할 것으로 전망하고 있다. 2020년에는 약 240억대의 단말이 인터넷에 연결되고 이를 통해 다양한 서비스가 창출되어 글로벌 시장은 1조 9,860억 달러에 이를 것으로 예상된다. 사물인터넷이 현재의 이동통신 음성시장의 포화상태를 해결할 수 있는 중요한 융합서비스로 자리 잡을 것이며, 스마트홈, 스마트 그리드, 헬스케어, 지능형 교통서비스 등을 중심으로 서비스가 다각화될 것으로 전망된다.

사물인터넷이 새로운 시장을 창출할 수 있는 분야로 각광받으면서, 미국, 유럽, 일본, 중국 등에서도 정부 주도의 다양한 정책들이 추진되고 있다. 우리 정부도 사물지능통신 기반구축 기본계획, 인터넷 신산업 로드맵 등을 통해 사물인터넷 시장 활성화를 위한 정책을 지속적으로 추진 중이다. 최근 AT&T, Verizon, Sprint, NTT DoCoMo, Orange, British Telecom과 국내 이동통신 3사뿐만 아니라, IBM, CISCO, Pachube, Google 등에서도 사물인터넷을 활용한 다양한 기술과 서비스를 개발 중이다. (방송통신융합진흥본부 융합진흥부, 방송·통신·전파, 통권 제64호, 2013. 07).

≡Q 사물인터넷(IoT/M2M)

IoT(Internet of Things), M2M(Machine-to-Machine)

2. 사물인터넷의 정의

가. 사물인터넷[IoT: Internet of Things]

사물인터넷(Internet of Things)이란, 각종 사물에 센서와 통신 기능을 내장하여 인터넷에 연결하는 기술을 의미한다. 여기서 사물이란 가전제품, 모바일 장비, 웨어러블 컴퓨터 등 다양한 임베디드 시스템이 된다. 사물인터넷에 연결되는 사물들은 자신을 구별할 수 있는 유일한 아이피(IP)를 가지고 인터넷으로 연결되어야 하며, 외부 환경으로부터의 데이터 취득을 위해 센서를 내장할 수 있다.[위키 백과 재구성]

정보 기술 연구 및 자문회사 가트너에 따르면 2009년까지 사물인터넷 기술을 사용하는 사물의 개수는 9억 개였으나 2020년까지 이 수가 260억 개에 이를 것으로 예상된다. 이와 같이 많은 사물이 연결되면 인터넷을 통해 방대한 데이터가 모이게 되는데, 이렇게 모인 데이터는 기존 기술로 분석하기 힘들 정도로 방대해진다. 이것을 빅 데이터라고 부른다. 따라서 빅 데이터를 분석하는 효율적인 알고리즘을 개발하는 기술의 필요성이 사물인터넷의 등장에 따라 함께 대두되고 있다. 또 시스코 시스템즈의 조사에 따르면

2013년부터 2022년까지 10년간 사물인터넷이 14조 4천 달러의 경제적 가치를 창출할 것으로 기대된다.

나. 세상을 바꾸는 힘, 디지털 비즈니스

모든 사물이 네트워크로 소통되는 사물인터넷(IoT)시대가 성큼 다가왔다. 가트너는 2020년까지 사람들이 쓰게 될 73억 개의 기기보다 월등히 많은 300억개가 인터넷에 연결될 것으로 전망했다('기술이 삶을 흔든다', 서울경제, 2015.1.27.).

이동통신은 내수산업을 넘어 해외진출을 가속화하고 있다. KT는 핀란드 국가기술단지의 전력·난방사용 현황을 한국에서 원격으로 관제하고 있다. 핀란드의 전력·스팀 관에 설치된 센서가 수집한 데이터를 수천Km 떨어진 한국에서 실시간으로 관리하는 것이 통신망으로 가능한 것이다. 무선통신망중심으로 전 기기가 연결되어 원격검침, 기상관측, 수질오연 감시, 전자발찌, 비닐하우스 관리 등 모든 것이 원격으로 제어되는 M2M서비스 시대가 도래하고 있다. 시스코는 2018년 한국의 M2M 단말기 비중이 전체의 57.4%를 차지할 것으로 예산했다('모바일 퓨처', 조선일보, 2014.4.4.).

오늘날 기술 변화속도는 3년 전에 비해 두 배 가까이 빨라졌으며, 앞으로의 변화속도는 더 빨라질 것이며 이 변화에 대처하지 못하는 기업은 살아남지 못할 것이다. 체임버스 시스코 회장은 "현재 포천 500대 기업의 24%만이 25년 전에 존재했다"('만물인터넷이 모든 걸 바꾸고 있다', 동아일보, 2014.5.21.). 사물인터넷의 확산은 빅데이터와 클라우드 시장의 성장으로 이어지며 쌓이는 데이터가 늘어나며 이를 저장하고 분석하는 기술도 중요하게 되었으며, 사물인터넷 기반 기술을 통합할 창조적 융합 인재 육성이 필수적인 시대에 온 것이다.

M2M · IoT · IoE · AtO 개념과 사례

구 분	M2M(사물통신)	IoT(사물인터넷)	IoE(만물인터넷)	AtO(합일제어)
개 념	사물+통신	M2M+인터넷	IoT+클라우드	모든IoE+통제
사 례	자판기 교통신호 CCTV	교통카드 ATM 센서연결	스마트그리드 내비게이션 커넥트카	스마트시티 재난구조 자율주행차

출처: 서울경제 재구성

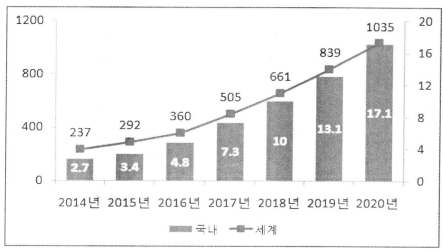

국내외 사물인터넷 시장규모(단위: 조원)

자료: 매일경제 재구성

3. 사물인터넷 기술

사물인터넷을 구축하기 위해서는 기술적인 환경 구축이 선행되어야 한다. 기술적인 설정은 크게 사물신원확인, 의사소통이 가능한 네트워크 구축, 사물에 감각 부여, 컨트롤 가능성으로 나누어 볼 수 있다.

∴ 사물신원 확인

사물인터넷에 참여하는 각각의 개체는 다른 개체로 하여금 스스로를 식별할 수 있게 해주는 신원이 필요하다. 근거리에 위치한 사물의 신원을 나타내는 기술은 RFID기술이지만 보다 넓은 범위의 네트워크상에서 개별 사물의 신원을 확인하기 위해서는 개별 사물에 IP주소를 부여해야 한다. 이에 따라 IP주소에 대한 수요는 증가하였고 기존에 존재했던 32비트인 IPv4 체계로는 증가하는 사물들의 주소를 모두 할당하는데 어려움이 따른다는 한계가 나타났다. 이로 인해 128 비트인 IPv6 체계의 필요성이 대두되고 있다.

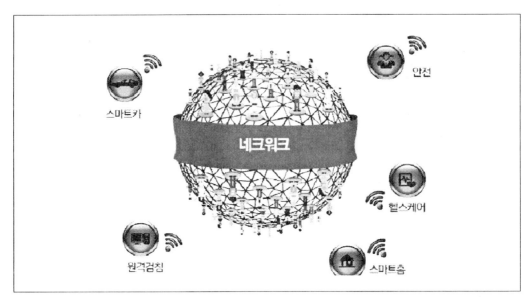

사물인터넷의 개념도

∴ 네트워크 구축

사물들은 스스로가 수합한 정보를 필요에 따라 다른 사물과 교환, 수합함으로써 새로운 정보를 창출할 수 있어야 한다. 사물끼리의 일관적인 정보전달 방법을 확립하기 위해 HTTP를 대체할 MQTT 프로토콜이 제시되었고 OASIS(Advancing open standards for the information society)에서는 MQTT를 사물인터넷의 표준 규약으로 사용하고 있다.

☰🔍 MQTT: Message Queuing Telemetry Transport

MQTT 란 텔레메트리 장치, 모바일 기기에 최적화된 라이트 메시징 프로토콜로서 더 다양한 앱과 서비스의 등장으로 HTTP등의 기존 프로토콜만으로는 커뮤니케이션의 다양한 요구사항을 수용할 수 없게 되었고, 제한된 통신 환경을 고려하여 디자인된 MQTT 프로토콜은 모바일 영역의 진화에 따라 최적의 프로토콜로 주목받고 있다.

∴ 감각 부여

사물에 청각, 미각, 후각, 촉각, 시각 등을 부여해 주변 환경의 변화를 측정할 수 있도록 한다. 사물에 부여되는 감각은 오감에 한정되지 않고 RFID, 자이로스코프, 가이거 계수기 등을 통한 감각으로 확장될 수 있다. 예컨대 이불의 경우감압센서와 습도센서를 통해 사용자가 수면 중 몇 번 뒤척였는지, 얼마만큼 땀을 흘렸는지 등을 측정할 수 있다.

제어(control) 가능성

임의적인 조작을 통해 사용자는 사물에게 행동을 지시할 수 있다. 인터넷으로 연결된 홈네트워크로 연결된 서비스가 존재한다. 사물인터넷이란 홈네트워크를 넘어서는 수준으로, 기기들끼리 알아서 정보를 주고받는 것을 말한다. 가전제품, 전자기기, 신발, 안경, 악세사리 등 주변의 모든 사물이 인터넷망으로 연결되고 제어되어, 헬스케어, 원격검침을 포함한 모든 영역에서 데이터를 주고 받을 수 있다.

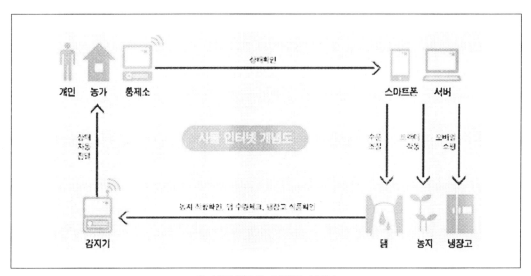

홈 네트워크로 연결된 서비스

사물인터넷 사례

◇ 개인 부문

차량을 인터넷으로 연결하여 안전하고 편리한 운전을 돕는다. 심장박동, 운동량 등의 정보를 제공하여 개인의 건강을 증진시킨다. 주거환경을 통합 제어할 기술을 마련하여 생활 편의를 높이고 안전성을 제고한다. 한국에서는 삼성이나 LG등에서 사물인터넷 기술을 사용한 스마트 홈을 출시하였다. 2014년 1월 6일, 구글은 아우디, GM, 구글, 혼다, 현대, 엔비디아를 중심으로 OAA(Open Automotive Alliance)를 구성해 안드로이드 운영체제를 기반으로 한 커넥티드 카를 만들기 위해 노력하고 있다.

◦ 산업 부문

공정을 분석하고 시설물을 모니터링 하여 작업 효율과 안전을 제고한다. 생산, 가공, 유통부문에 사물인터넷 기술을 접목하여 생산성을 향상시키고 안전유통체계를 확보한다. 주변 생활제품에 사물인터넷을 투입하여 고부가 서비스 제품을 생산한다.

급성장하는 글로벌 IoT 시장

◦ 공공 부문

CCTV, 노약자 GPS 등의 사물인터넷 정보를 사용해 재난이나 재해를 예방한다. 대기 상태, 쓰레기양 등의 정보를 제공받아 환경오염을 최소화한다. 에너지 관련 정보를 제공받아 에너지 관리 효율성을 증대시킨다. 미국, 중국, 유럽연합, 일본 등의 국가는 정보통신기술을 기반으로 교통, 공공행정 등의 다양한 도시 데이터를 개방하여 도시 전체의 공공기물들과 주민들이 효율적으로 상호작용하는 스마트시티 건설을 추진하고 있다. 스페인 바르셀로나 시에서는 빈 주차공간을 감지해 주차 정보를 공유하거나 쓰레기통의 포화 상태를 측정해 수거 트럭에 정보를 송신하는 등 사물인터넷 개념을 활용한 도시 관리 시스템을 구축하였다.

◦ 부작용

- 해킹 취약성 : IoT기술이 보편화됨에 따라 발생할 수 있는 해킹 가능성에 대해 지적하였다. 다수의 IoT 기기의 기반인 리눅스 운영체제가 기기에서 올바른 보안을 갖추지 못하거나 적절한 업데이트가 이루어지지 않을 경우 리눅스 웜에 의해 해킹당할 위험이 존재한다. 실제로 IoT 환경에서 보안 취약점을 악용해 사생활을 침해한 사례도 있다. 미국에서 아기 모니터링 카메라인 SecurView를 생산, 판매하는 회사인 TRENDnet은 자사 제품에 올바른 보안 시스템을 구축하지 못한 채 이를 유통시켰다. 결과적으로 이 제품은 700여 가구의 가정 내부 영상을 해커들에게 유출시켰고 TRENDnet은 연방거래위원회로부터 제제를 받게 되었다.

◦ 한국의 현황

- 2009년 10월 '사물지능통신기반구축 기본계획' 방송통신위원회 발표
- 2010년 5월 10대 미래서비스에 사물인터넷을 선정

- 2011년 5월 사물지능통신 종합지원센터 개소
- 2011년 10월 7대 스마트 신산업 육성 전략에 사물인터넷을 포함
- 2014년 5월 8일 '사물인터넷 기본계획' 미래창조과학부 발표
- 2014년 5월 13일 사물인터넷 혁신센터 개소, 사물인터넷 글로벌 協의체 출범

* 2015년 사물인터넷 시장 전망 :
  - 전망 1: After Market 제품의 출시 확대
  - 전망 2: Socialization
  - 전망 3: 아날로그 기업들의 IoT 개념 도입 확대
  - 전망 4: 모바일 결제 기반의 O2O 확산전망,
  - 전망 5: 서비스 중심의 제휴

2020년에는 약 240억대의 단말이 인터넷에 연결되고 이를 통해 **다양한** 서비스가 창출되어 글로벌 시장은 1조 9,860억 달러에 이를 것으로 예상(트랜드포커스)

* 관련 기업

사물인터넷 시장에 진출할 계획이 있는 기업으로는 미국의 시스코, 대한민국의 삼성전자 등이 있다. 그 외에 SK텔레콤 등 네트워크 통신 관련 기업들이 사물인터넷이 본격화되면 수혜를 입을 것으로 전망된다.

2013년부터 대한민국 내에서는 **효성ITX, 지엠피, 에스넷, 기가레인** 등 여러 가지 사물인터넷 테마주들이 관련주로서 거론되며, 2014년 상반기 증시에서 많은 주목을 받았다. 다만 본격적으로 사물인터넷 시대가 도래할때 어떠한 기업이 실제 수혜를 입을지에 대해서는 논란이 있는 상황이다.

4. 만물 인터넷이란?

가. 만물 인터넷(IoE: Internet of Everthing)

∷ **인터넷 시대** : 컴퓨터, 휴대폰 등 '전자기기'만 인터넷 연결이 가능하던 시대

∷ **사물인터넷 시대** : 커피포트, 쓰레기통, 타이어 등 '모든 종류의 사물'이 인터넷에 연결되는 시대

∷ **만물 인터넷 시대** : 사물뿐만 아니라 '세상 모든 것들'이 인터넷으로 연결되어 실시간 상호 소통하는 시대이다.

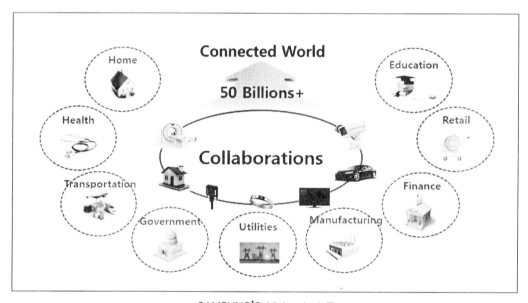

SAMSUNG'S Vision in IoT

(출처, HSN2015, 2015.1.28.http://www.hsn.or.kr/)

IoE가 IoT를 근간으로 하지만, IoT 이외에도 클라우드, 빅데이터, IPv6 등 다른 기술적 혁신들 역시 포함하는 개념을 말한다.

시스코는 IoE 시대를 "사람, 프로세스, 데이터, 사물(Things) 등 연결되지 않은 세상의 나머지 99%까지 모두 인터넷에 연결돼 실시간 상호 소통함으로써 전례 없는 가치를 창출해내는 시대"로 정의한다. 이 때 '사물(Things)'이 인터넷에 연결된다는 건 보통 말하는 IoT의 개념이라 볼 수 있다.

그리고 '사람'은 IoT를 통해 우리가 어떻게 다른 사람, 사물, 서비스와 연결될 것인가에 대한 것이다.

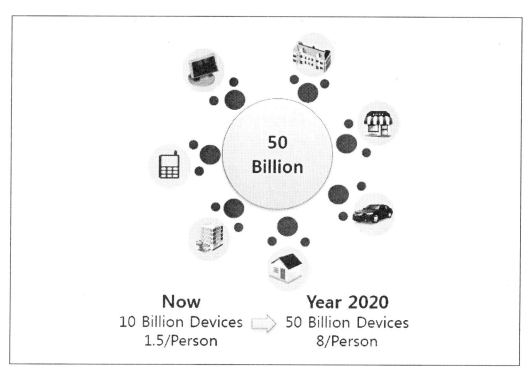

IoT Things

(출처: IDC, Clarice Technologies ,2014)

'프로세스'란 그 때 그 때의 상황에 맞게끔 처리 방식, 순서, 정보탐색 방법 등을 적절히 조정하는 것과 관련이 있다.

≡Q 시스코(cisco)

美 캘리포니아 주 산호세에 본사를 둔 시스코(NASDAQ: CSCO)는 1984년 스탠포드 대학교의 컴퓨터공학 연구원이었던 렌 보삭(Len Bosack)과 샌디 러너(Sandy Lerner) 부부에 의해 설립된 이후 지속적인 성장과 발전을 거듭해 왔다. 이 결과 시스코는 지난 2013 회계연도(2012년8월 ~ 2013년 7월)에는 총 매출액 486억 달러를 기록했다. 네트워킹 하드웨어, 보안 서비스 등을 제공하고 판매하는 다국적 기업이다.

'데이터'는 특히 축적된 데이터에서 가치를 발굴해내는 '빅데이터', 그리고 이 같은 가치를 실시간으로 필요한 곳에 사용되는 '데이터 인 모션(Data in Motion)'의 측면에서 주목할 필요가 있다.

즉, IoT가 '기술'이라면, IoE는 단순히 '기술' 혹은 '기술들의 집합체'라기 보다는 실시간 연결성을 통해 지금과는 전혀 다르게 변화될 '미래의 생활방식' 혹은 '생활양식의 혁신'으로 생각해야 한다.

∷ 교육 분야 만물인터넷(IoE)의 4가지 구성요소

빠른 기술발전과 함께 교육환경도 새로운 모습으로 탈바꿈하고 있다. 학생들을 연결하는 커넥티드 환경도 점차 확대되고 있다. 초연결시대가 도래한 것이다. 이로 인해 기존의 교육형태도 변화하고 있다. 시스코에서는 교육분야에 일고 있는 이러한 물결에 대처하고 있다.

(http://www.you tube.com/watch?v=6nV3sDHeoto)

∷ 만물인터넷이란 무엇인가?

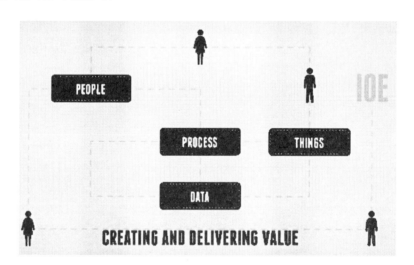

사람, 프로세스, 데이터 그리고 사물을 연결하여 그 어느 때보다도 네트워크의 상호 연관성과 가치를 높임으로서 새로운 역량과 색다른 경험 그리고 전례없는 경제적 기회를 창출하는 것을 말한다.

기술의 발전은 교육의 **기회**와 **효과**, 질을 높여서 모두에게 새로운 가능성을 제시하는 토대가 될 것이다. 또한 **네트워크**를 통해 학생들이 수많은 전문가들과 연결할 수 있을 것이다. 학생들은 실시간으로 **또는** VOD를 통해 가상교실에 **참여**할 수 있을 것이다.

프로세스의 역할은 사람, 데이터, 사물이 서로 짜임새 있게 **조화**를 이룰 수 있도록 하나로 연결된 세상에서 가치를 창출하고 구현하도록 한다. 프로세스 연결의 연관성은 앞으로 더욱 커질 것이다. **학생들**은 자신에게 적합한 학습방법을 적절히 혼합하여 이용할 수 있으며 만물인터넷(IoE)은 학업에 대한 **빠른** 피드백을 지역적으로, 전국적으로 심지어 전 세계에 있는 학생 개개인에게 제공한다. 만물인터넷의 등장과 함께 침묵을 지켜왔던 사물이 목소리를 내기 시작할 것이다.

만물인터넷이 교육업계에 시사 하는 바는 엄청나게 크다.

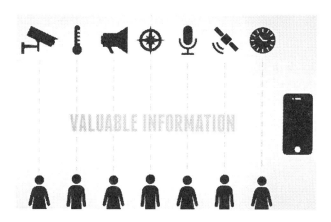

예를 들어 학생들은 환경을 모니터링 하여 이전에는 상상하지 못했던 방법으로 데이터를 실시간으로 수집할 수 있다. 만물인터넷 세상에서 사물은 센서를 통해 목소리를 낸다. 센서에서 나오는 목소리는 상황인식을 통해 정보의 중요성을 더욱 부각시킬 것이다. 학생들도 리치미디어(rich media)와 연결하여 다른 사용자와 소통할 수 있는 경험의 폭을 넓힐 수 있다.

5. 사물인터넷 운영체제(OS)

"운영체제(OS: Operating System), 또는 오퍼레이팅 시스템(OS: operating system)은 사물(스마트폰, 컴퓨터, 가전기기 등)의 하드웨어를 직접적으로 제어하고 관리하는 일을 하는 시스템 소프트웨어이다. OS는 하드웨어를 효율적으로 제어하고 어플리케이션들이 실행할 수 있는 환경을 제공하는 것이 주된 목적이다.

가. 사물인터넷 운영체제 전쟁

글로벌 정보통신기술(ICT) 업계가 2015년부터 사물인터넷(IoT) 시장의 주도권을 차지하기 위한 운영체제(OS) 전쟁을 치른다. 스마트폰을 놓고 경쟁을 벌이고 있는 삼성전자.구글.애플등 외에 마이크로소프트(MS).퀄컴.인텔.시스코 등 ICT 기업들도 가세하면서 제2의 OS 전쟁을 예고하고 있다(서울경제, 2015.1.3.).

사물인터넷 OS 웹 표준기술을 기반으로 한 사물 웹 기술은 주변 사물을 웹에 바로 연결해주고 사물인터넷 기반의 디바이스를 통해 수집·분석한 사용자 맞춤형 정보를 언제 어디서나 자유롭게 활용할 수 있는 서비스다.

마이크로소프트사는 2015년 1월6일 미국 라스베이거스에서 개막하는 세계 최대 가전전시회 'CES(Consumer Electronics Show) 2015'에서 야심차게 준비한 사물인터넷 OS '윈도 10'을 선보이며 제2의 OS 전쟁 참여를 공식화한다. '윈도 10'은 모바일과 PC·게임기기를 통합한 포괄적인 OS로 사물인터넷 기기까지 확대 적용할 수 있는 특징을 갖고 있다.

모바일 애플리케이션프로세서(AP) 시장 1위 업체인 퀄컴은 물론 세계 **최대** 반도체 업체 인텔 등도 연초부터 사물인터넷에 대비한 OS를 공개한다.

스마트폰 강자들의 사물인터넷 OS 전쟁은 더 치열해진다. 구글은 사물인터넷 시장의 한 분야인 스마트홈 시장에 안드로이드 생태계를 구축하는 데 사활을 걸고 있다. 이의 일환으로 CES 2015에서 일본 소니와 샤프·필립스 등을 통해 안드로이드 TV를 선보일 계획이다. 여기에 맞서 삼성전자는 자체 운영체제인 '타이젠'의 방향을 스마트폰에서 사물인터넷으로 바꾸고 연초부터 '타이젠' 확산에 주력할 방침이다.

애플도 근거리통신망을 이용한 정보공유 플랫폼 '아이비콘', 커넥티드카 플랫폼 '카플레이' 등 최근 각종 융합 플랫폼을 공개하고 조만간 애플워치 같은 야심작을 발표하며 자신들만의 사물인터넷 전략을 시장에 주입할 계획이다.

퀄컴은 스마트폰으로 집안의 에어컨과 TV 등을 제어하는 '올조인' 서비스를 선보일 것으로 알려졌다. 퀄컴은 서로 다른 제조사들이 OS에 상관없이 가전제품을 서로 연결할 수 있는 플랫폼 구축을 목표로 삼고 있다

한국전자통신연구원(ETRI) 융합기술연구소는 "삼성전자의 모든 가전기기에 타이젠 OS가 적용되면 전 IT기기를 연결하는 융합플랫폼이 될 수밖에 없다"며 "제2차 OS 전쟁이 사물인터넷 시장을 기반으로 본격화할 것"이라고 전망했다.

나. 글로벌 2차 플랫폼 전쟁

ICT 기업 사물 인터넷 OS 전쟁

IOT 전용 OS 출시 및 적용

− 자사의 기기 및 타사 기기도 호환

OS 통한 IoT 표준 장악

플랫폼 구축해 생태계 선도

글로벌 정보통신기술(ICT) 기업들이 '포스트 스마트폰' 시대를 대비해 사물인터넷(IoT) 시장으로 눈을 돌리기 시작했다. 사물인터넷 운영체제(OS)는 아직까지 **규격화된** 플랫폼이나 강자가 없다는 점에서 누가 선점하느냐가 그만큼 중요하기 때문이다. 이런 가운데

사물인터넷 OS 전쟁은 '웹(Web)'으로 플랫폼을 주도하는 이른바 '사물웹(WoT)' 시대도 열고 있다. 사물인터넷에서 OS 웹 표준기술을 기반으로 한 사물 웹을 통해 패권을 장악하겠다는 전략이다.

구글이 대표적이다. 구글은 최근 인터넷이 연결된 웹으로 스마트 기기들이 연결되는 '피지컬웹'을 공개했다. 저 전력 블루투스(BLE)로 독자적인 인터넷주소(URL)를 주변의 자동판매기나 버스정류소 등에 할당해 사용자가 스마트 기기를 통해 제품

국내 IoT 시장	(단위:억원)
2015	38,000
2020	229,000

세계 IoT 시장	(단위:억달러)
2013	2,000(약 200조원)
2020	19,000(약 2,000조원)

사물인터넷 시장 규모 추이
(자료 : 가트너-KT경제경영연구소)

을 사거나 버스 운행시간을 알 수 있는 방식으로 단순히 사물과 사물 또는 사람을 연결하는 기존 방식과는 다르다. 안드로이드가 사물인터넷 플랫폼 표준이 되기에는 늦은 상황에서 구글이 택한 것은 홈그라운드인 '웹'으로 사물인터넷 플랫폼의 주도권을 장악하겠다는 전략으로 풀이된다.

수앤파트너스사는 "1차 플랫폼 전쟁이 모바일이었다면 2차 플랫폼 전쟁은 모바일을 포함한 가전 · 자동차 등 모든 기기를 연결하는 융합 플랫폼이 될 것"이라고 한다(서울경제, 2015.1.3.).

	삼성전자	구글	애플
운영체제(OS)	타이젠	안드로이드	iOS
웨어러블	기어	안드로이드웨어	아이워치
헬스케어	사미(SAMI)	구글핏	헬스킷
가전	스마트홈	안드로이드TV	애플TV
콘텐츠	밀크뮤직	구글뮤직	아이튠즈 라디오

주요 IT 기업 사물인터넷 OS 분야별 전략
(자료 : 가트너-KT경제경영연구소)

다. '타이젠'(삼성전자 자체개발 운영체제) 스마트홈

삼성은 원래 모바일 OS 시장에서 구글에 대한 과도한 의존도를 줄이기 위해 타이젠 개발에 나섰다. 현재 삼성이 생산하는 모든 스마트폰은 구글 안드로이드 OS를 쓴다. 하지만 갈수록 하드웨어 못지않게 소프트웨어의 중요성이 커지고 있어 독자기술을 확보하기로 한 것이다.

삼성이 자체 개발한 운영체제(OS)인 '타이젠(Tizen)'을 처음으로 적용한 스마트TV이다. 스마트폰처럼 인터넷에 접속해 자료를 검색하고 다양한 앱(응용프로그램)을 내려 받아 사용할 수도 있다.

타이젠TV는 스마트폰 연결 기능을 강화한 것이 가장 큰 특징이다. 블루투스(근거리 무선 통신) 기능을 이용해 자동으로 주인의 스마트폰과 연결하고, 스마트폰에 있는 동영상 사진을 그대로 TV 화면에 보여준다. 반대로 거실에서 TV를 보다가 잠시 옆방으로 갈때는 스마트폰에서 TV 프로그램을 이어 보는 것도 가능하다. 또 스마트폰으로 맞춰놓은 알람 시간에 TV가 켜지고 시간·날씨·일정 정보를 확인하는 '브리핑 온 TV' 기능도 있다.

삼성은 2015년에 출시하는 모든 스마트TV에 타이젠 OS를 내장하기로 했다. TV뿐만 아니라 스마트폰, 웨어러블(착용형) 기기, 카메라 등도 타이젠을 사용하고 다양한 앱 개발 업체도 파트너로 확보해 '타이젠 생태계'를 구축하는 것이 삼성의 목표다(조선경제, 2015.1.6.).

타이젠OS 적용한 삼성전자의 주요제품들

(자료 : 조선경제, 2015.1.6.)

구글 안드로이드는 모바일만 적용, 타이젠은 모든 가전에 쓸 수 있다. 현재 삼성이 생산하는 모든 스마트폰은 구글 안드로이드 OS를 쓴다.

☰Q 타이젠(Tizen)

삼성전자와 인텔 등이 주도해 개발한 스마트기기용 운영체제(OS). 구글 안드로이드처럼 스마트폰·TV·태블릿PC·웨어러블 기기 등이 작동하는데 필요한 핵심 소프트웨어. 타이젠은 연결을 뜻하는 영어 'Tie'에 선(禪)의 영어식 발음 'Zen'을 합성한 것.

6. 국내외 시장전망 및 산업동향

기존 인간 중심의 통신 패러다임에서 사물(Thing)이 통신의 주체로 참여하는 사물인터넷(IoT/M2M)의 시대가 본격화되고 있다. 자동차, 냉장고, 자전거, 심지어 신발까지 정보의 생성과 통신 기능이 탑재되면서 새로운 IT 기반의 융합서비스를 창출하고 있다. 사물인터넷은 IT기술과 다양한 산업 간의 융·복합을 통해 스마트 그리드, 스마트 홈, 헬스케어, 지능형 차량 서비스 등의 미래 서비스를 창출하는 기술을 통칭한다.

전 세계적으로 이동통신 음성 서비스 시장의 포화로 새로운 서비스 즉, 데이터 트래픽을 발생하는 분야로 사물인터넷이 부각되었으나, 시장을 강하게 촉진할 수 있는 서비스의 출현이 늦어짐에 따라 기업들의 투자 또한 소극적이었다.

하지만, 최근 미국, 유럽, 일본, 중국을 중심으로 사물인터넷 시장 활성화를 위한 다양한 정책들이 추진되고 글로벌 기업들의 신규 투자전략과 협력 방안의 발표와 함께 MWC, CES 등 세계 전시회에서 사물인터넷이 미래 융합서비스로 각광받으면서 점차 시장이 확대될 것으로 예상된다(방송통신·전파, 통권 제64호, 2013. 07).

가. 국내외 시장 전망

사물인터넷의 세계시장은 2011년 26.82조원에서 2015년 47.07조원으로, 국내 시장은 2011년 4,147억 원에서 2015년 13,474억원으로 성장할 전망이다. 사물인터넷이 스마트폰, 스마트카, 스마트 시계·안경 등 지능화된 단말기 보급과 맞물려 새로운 차원의 미래

신 시장 가치를 창출할 것으로 기대된다.

세계 이동통신사업자협회에 따르면, 글로벌 커넥티드 단말 수는 2011년에 약 90억 대에서 2020년에는 약 240억대로 증가하고, 시장규모는 2011년 5,937억 달러에서 2020년에는 1조 9,860억 달러에 이를 것으로 전망된다.

세계 경제 불확실성이 지속되고 있으며, 전자시장 내의 변화 폭과 속도 역시 더 커지고 빨라져 변화 방향 예측이 어려워지고 있다는게 삼성전자의 설명이다.

일단 가전과 TV를 만드는 소비자가전(CE) 부문에서는 고가 프리미엄 시장에서 SUHD TV를 중심으로 다양한 초고화질(UHD) TV, 곡면 TV 등의 고급 제품을 지속적으로 출시할 계획이다. 신흥시장에서는 지역 특화모델 확대, 보급형 제품 경쟁력 강화 등을 통해 글로벌 시장 리더십을 더욱 강화할 예정이다.

삼성전자는 사물인터넷(IoT) 시대를 본격적으로 열어나가기 위해 핵심부품과 기기들을 확대하고 업계와 협업을 강화하며 시장 주도권 확보에 나서고 있다.

삼성전자 사장은 'IoT의 무한한 가능성을 열다' 주제로 기조연설을 하며 "사람들의 기대에 부응하는 '인간 중심'의 기술 철학을 바탕으로 IoT의 무한한 가능성을 실현해 나가겠다"는 비전을 밝히기도 했다.

이를 위해 올해 IoT 개발자 지원에 1억 달러(약 1100억원)를 투자하고 2017년까지 삼성전자의 모든 TV, 2020년에는 모든 제품이 IoT로 연결될 수 있게 하는 등 선도적으로 서비스 기반을 구축할 방침이다. 향후에는 자동차, 교육, 의료, 공공서비스 등의 산업 분야와 전 방위 협업에 나설 계획이다(한국경제, 2015.8.4.).

IBM은 에너지, 교통, 금융 등의 다양한 분야에서 사물인터넷 기반의 지능화를 위한 기술개발 및 사업을 추진 중이며, 영국의 Pachube는 전 세계에서 수집된 센싱 정보의 공유와 협업 환경을 제공하는 서비스 등 다양한 산업에 사물인터넷을 접목하여 서비스의 고급화를 통해 시장을 선도하고 있다.

국내의 경우엔 이동통신사 중심의 단순 결재서비스(POS, Point of Sale), 보안서비스 등 초기 단계의 서비스에서 헬스케어, 스마트 팜 등의 최신 서비스로 단계적으로 상용화되고 있다. 하지만 단말 벤더 및 플랫폼, 네트워크, 서비스 사업자가 상호 협력하여 혁신적인 新서비스를 창출할 수 있는 환경은 아직 미흡하다.

SK텔레콤은 지난 9월 중소기업 동반성장과 산업 활성화를 위해 자사가 개발한 개방형 M2M플랫폼을 협력사에 무상으로 제공했다. 해외진출을 원하는 협력사가 이 플랫폼을 통해 개발한 애플리케이션이나 단말기를 세계로 수출할 수 있도록 컨설팅 등 각종 지원도 아끼지 않는다. KT도 B2B에 머물렀던 M2M시장 외연을 헬스케어 등 가입자당 평균매출액(ARPU, Average Revenue Per User)이 높은 B2C로 확장하는 한편 플랫폼 호스팅 사업에도 진출할 계획이다. M2M 기반 **플랫폼** 구축을 마친 LG U+는 올해 커넥티드 카(connected car), 자판기 등 스마트 리테일(smart retail), 영상서비스 등 3가지 분야에 대해 각각 응용 플랫폼을 구축할 계획이다.

나. 사물인터넷 액세서리

스마트폰이 4000만대 이상(2014년 연말 기준) 보급되면서, 드론, TV, 스피커 등 다양한 기기가 스마트폰과 연결되고 있다. 휴대전화가 인터넷에 접속되는 스마트폰으로 탈바꿈한 것처럼, 이번엔 '사물인터넷(IoT · Internet of Things)'의 핵심 기기로 다시 한 번 진화하는 것이다.

2~3년 전만 해도 휴대전화 액세서리는 배터리나, 커버(덮개), 이어폰과 같이 휴대전화를 예쁘게 하는 장식품이거나 교체용 부품에 불과했다. 지금은 휴대전화와 무선(無線)으로 연결되어 정보를 공유하는 단계로 발전했다.

예를 들어 스마트폰과 연결된 체중계는 간단하면서도 사물인터넷의 장점을 가장 손쉽게 느낄 수 있는 제품이다. 샤오미의 체중계 '미스케일'은 스마트폰에 전용 앱(응용프로그램)인 '미핏'(Mi Fit)을 깔아놓고 블루투스로 연동하면, 체중을 잴 때마다 스마트폰으로 정보를 보내준다. 이것이 쌓이면 몇 달간 체중 변화를 한눈에 볼 수 있고, 체질량지수(BMI) 변화도 그래프로 보여준다. 앱은 처음에 한 번만 실행하면 그 뒤로는 체중을 잴 때마다 따로 실행하지 않아도 된다. 최대 16명까지 활용할 수 있어 체중계 한 대로 가족 전원이 각자 앱을 깔아 함께 쓸 수 있다.

무인 비행체 드론을 조작하는 것도 스마트폰이다. 프랑스 패롯사(社)가 만든 드론은 스마트폰에 설치한 전용 앱으로 조종한다. 패롯은 성인 남자 손바닥만 한 크기부터 30㎝가 넘는 크기까지 16개 모델을 내놨다. 프로펠러 4개를 이용해 공중으로 떠올라 스스로 수평을 유지한다. 무게는 55g에서 390g. 가격은 10만 원대부터 70만원대까지 다양하다. 무선랜(와이파이·WiFi)으로 연결해 별도의 조종장치 없이 스마트폰의 기울기를 이용해 조종한다. 초보자도 하루 정도 연습하면 조종할 수 있을 정도다. 드론에는 카메라가 달려 있어 스마트폰 화면으로 드론이 촬영하는 동영상을 볼 수도 있다. 작동 시간이 10~20분 정도로 짧은 것은 앞으로 개선해야 할 대목이다.

휴대용 사진 프린터도 인기 품목이다. 후지필름의 '인스탁스쉐어' 〈사진〉는 전용 앱을 통해 스마트폰과 무선 연결해 사진을 바로 인화하는 제품이다. 후지필름의 즉석 카메라인 인스탁스 미니 인화지를 사용한다. 잉크 방식이 아닌 인화지에 빛(LED)을 쏘아 인화하는 방식이라 사진의 색감이 좋다. 사진 한 장을 인화하는 데 걸리는 시간은 16초에 불과하다. 어른 손바닥만 한 크기에 무게도 253g으로 휴대도 간편하다.

인스탁스쉐어

LG전자의 '포켓포토 포포3'는 전용 앱을 이용해 사진에다 촬영 장소, 시간, 날씨, 문구 등을 삽입할 수 있다(ChosunBiZ, 2015.7.24.).

다. 사물인터넷의 최신 기술

사물인터넷의 3대 주요 기술은 센싱 기술, 유무선 통신 및 네트워크 인프라 기술, 서비스 인터페이스 기술이다. 센싱 기술은 센서로부터 정보를 수집·처리·관리하고 정보가 서비스로 구현되기 위한 인터페이스 구현을 지원한다. 네트워크 종단간(end-to-end)에 사물인터넷 서비스를 지원하기 위해서는 근거리 통신기술(WPAN, WLAN 등), 이동통신 기술(2G, 3G 등)과 유선통신기술(Ethernet, BcN 등) 등의 유무선 통신 및 네트워크 인프라 기술이 필요하다. 최종적으로 사용자에게 사물인터넷 서비스를 제공하기 위해서는 정보를 센싱, 가공/추출/처리, 저장, 판단, 상황 인식, 인지, 보안/프라이버시 보호, 인증/인가, 디스커버리, 객체 정형화, 오픈 API, 오픈 플랫폼 기술 등을 포함하는 서비스 인터페이스 기술이 필요하다.

최근에는 사물인터넷 서비스를 보다 편리하게 구현하고 관리할 수 있는 기술들이 개발되고 있으며, 사물인터넷 정보 전송, 메시지 처리, 통신 프로토콜 등에 대한 기술의 중요성이 부각되고 있다.

1) REST(Representational State Transfer)는 사물인터넷을 구성하는 기기들의 상태 전송이란 뜻을 가지고 있는데, 인터넷의 정보를 조직하고 전송하는 규칙의 조합을 의미한다. REST는 리소스라는 이름으로 인터넷상의 문서, 이미지, 서비스와 같은 정보를 지칭하고 클라이언트 서버의 네트워크 환경에서 리소스의 CRUD(Create, Read, Update, Delete) 처리를 지원한다.

2) MQTT(Message Queuing Telemetry Transport)는 제한된 컴퓨팅 성능과 빈약한 네트워크 연결 환경에서의 동작을 고려하여 설계된 대용량 메시지 전달 프로토콜로서 IBM에 의해 개발되고 OASIS(Organization for the Advancement of Structured Information Standards)에 의해 사물인터넷 표준 프로토콜로서 선정된 기술이다.

3) XMPP(eXtensible Messaging and Presence Protocol)은 인스턴트 메신저를 위한 IETF에서 제정한국제 표준 프로토콜로서 다수의 클라이언트 간에 Publish/Subscribe 구조를 바탕으로 확장성 있는 XML 기반 실시간 메시지 교환이 가능한 프로토콜이다. 현재 Google, MSN, Yahoo 메신저에서 사용되고 있다.

4) CoAP(Constrained Environments Application Protocol)은 인터넷에서 센서 노드와 같이 제한된 컴퓨팅 성능을 갖는 디바이스들의 통신을 실현하기 위해 IETF의 CoRE(Constrained RESTful Environments) 워킹 그룹에서 만들고 있는 응용계층 표준 프로토콜이다. 웹 서비스를 구현함에 있어서 제약이 많은 환경에서 TCP, HTTP와 같은 무거운 통신 프로토콜을 사용할 수 없어 웹 서비스를 할 수 있는 가벼운 프로토콜을 목적으로 설계된 기술이다.

라. 사물인터넷의 국외 주요서비스 사례

1) IBM의 Smarter Planet

현재 약 20억 명이 인터넷을 사용하는 것으로 추정되는데, IBM은 2020년 500억 사물이 인터넷에 연결되는 사물인터넷(IoT) 시대를 전망했다. IBM은 '똑똑한 지구(Smarter Planet)'라는 새로운 혁신 프로젝트를 전개하고 있다. 모든 자연과 사람을 연결해 기능화 · 지능화 에너지 · 교통 · 금융 · 유통 · 제조 · 공공안전 · 도시 관리 등 다양한 분야에 똑똑한 시스템을 만들자는 것이 핵심이다. 세상의 수많은 디바이스와 소프트웨어가 네트워킹이 가능하도록 하는 IT기술의 확장을 통해 관련 사물인터넷(IoT) 전 분야를 IBM의 시장영역으로 만들기 위한 전략을 가지고 있다.

2) Cisco의 Smart + Connected Communities

Cisco도 'Smart+Connected Communities'라는 혁신 프로젝트를 추진하고 있다. 네트워크로 연결 · 통합된 커뮤니티와 도시 활동을 통해 지속적 경제 성장과 자원 관리, 운영 효율을 통한 환경보전을 가능하게 하고 삶의 질 향상을 위한 솔루션으로 제시하고 있다.

'Community+Connect'솔루션을 통해 집, 학교, 교통 분야에서 삶의 질을 향상시킬 수 있는 정보와 서비스를 시민에게 제공한다. 'Community+Exchange' 솔루션을 통해서는 정부 및 지역 파트너들이 해당 시민들에게 자유롭게 거주하며 일하고 삶을 즐길 수 있는 안전한 커뮤니티를 제공할 수 있도록 한다는 것이 시스코의 사물인터넷(IoT) 비전이다.

3) Pachube의 Interactive Environments 서비스

영국의 Pachube는 인터렉티브 환경에서 센서에서 들어오는 실시간 데이터를 관리할 목적으로 2008년에 처음 설립된 회사다. 사람, 사물, 애플리케이션을 사물인터넷(IoT)에 연결하기 위한 목적으로 개발됐다. 수집한 데이터를 실시간으로 Pachube 서버에 전송하고 수집한 데이터를 누구나 이용할 수 있도록 오픈 API를 제공함으로서 웹기반 서비스를 통해 전 세계의 데이터를 실시간으로 관리할 수 있다. 등록한 사람은 전 세계로부터 수집한 정보를 공유하고 협업할 수 있는 환경을 제공한다. 현재 100개 이상의 국가로부터 수백만 개의 데이터 포인트가 등록되어 있고 이곳으로 부터 측정한 방사능량, 에너지 소비 및 비용, 기후 관련 정보가 공공안전, 농업, 서비스, 빌딩 자동화 등에 이용되고 있다.

마. 사물인터넷의 국내 주요서비스 사례

1) SKT의 스마트 팜 서비스

SK텔레콤은 제주도 서귀포와 경북 성주지역에 비닐하우스 내부의 온도와 습도, 급수와 배수, 사료공급 등까지 원격 제어 지능형 비닐하우스 관리 시스템인 스마트 팜 서비스를 제공하고 있다.

SK텔레콤이 개발한 지능형 비닐하우스 관리 시스템인 스마트 팜을 이용해 온도와 습도 등을 체크하고 있다. 스마트 팜에서는 스마트폰을 이용해 비닐하우스 내부의 온도와 습도, 급수와 배수, 사료공급 등까지 원격 제어할 수 있다.

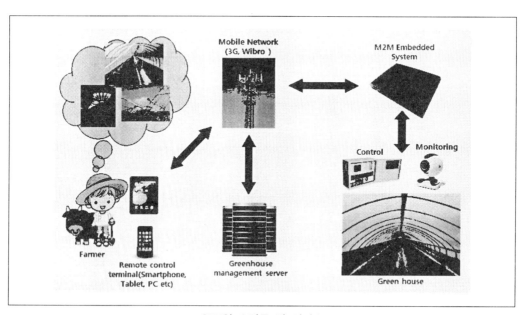

SKT의 스마트 팜 서비스

2) KT의 스마트 홈 서비스

KT는 스마트 폰을 활용한 댁내 방범, 전력제어, 검침 등의 다양한 사물인터넷 서비스를 제공하고 있다. 원격지에서 거주자가 스마트 폰으로 KT의 사물인터넷 플랫폼을 통해 실시간으로 댁내 환경을 모니터링할 수 있으며, 간단한 스마트 폰 작동을 통해 전등, 출입문 등을 제어할 수 있다. 또한, 실시간 침입 및 화재 경보를 수신할 수 있으므로 스마트 원격 관제 서비스가 가능하다.

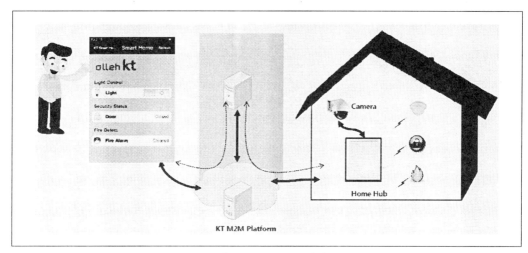

KT의 Smart Home 서비스

3) LG U+의 지능형 차량 관제 서비스

LG U+는 DTG(Digital Tacho Graph)와 사물인터넷 플랫폼과의 연동을 통하여 실시간 차량 관제 서비스를 화물차량, 버스, 택시 등을 대상으로 제공하고 있다. 또한, 2012 여수 세계박람회 기간 동안 LTE 기반의 사물인터넷 솔루션을 적용한 차량관제 시스템을 운영하여 승무원, 승객관리, 운행상태와 속도, 이동거리 등의 차량정보를 실시간으로 교통관제 센터에 전송하는 서비스를 제공하였다.

4) Nuritelcom의 스마트 그리드 서비스

국내 사물인터넷 중소기업인 누리텔레콤은 근거리 무선통신 기술인 ZigBee 기반의 Mesh 무선통신망을 이용하여 스웨덴 예테보리 시에 26만 5천 가구를 대상으로 스마트 시티를 구축하였으며, 원격검침 서비스를 제공하고 있다. 또한, 2015년까지 가나의 가정 등 10만 저압 수용가에 AMI(Advanced Metering Infrastructure)를 공급한다. 1차로 '13년 7월까지 가나 프람프람와 아킴 오다시 지역 주택 1만호에 AMI를 구축한다.

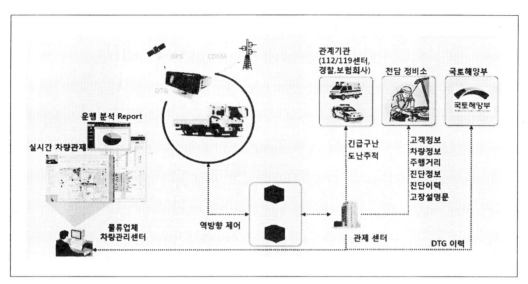

LG U+의 지능형 차량 관제 서비스

Mesh 네트워크와 GPRS(General Packet Radio Service) 무선 통신 기반원격검침 모뎀이 탑재된 스마트 계량기, 데이터 수집 장치(DCU, Data Concentration Unit), 플랫폼 등 누리텔레콤의 토털 AMI 솔루션이 공급된다.

사물인터넷의 국내외 주요 서비스 사례를 통하여 알 수 있는 것은 종래 재난, 재해 등 공공 분야와 공장 자동화 등 기업 중심의 사례가 이제는 개인에 직접적으로 영향을 미치는 B2C(Business to Consumer) 서비스가 확산되고 있다. 또한, 신규 서비스로는 스마트 카, 스마트 그리드, 스마트 홈 분야가 돋보이며, 국외의 경우 다양한 사물인터넷 서비스를 공통적으로 수용하는 플랫폼이면서도 누구나 쉽게 이용 가능토록 개방형을 지향하고 있음을 알 수 있다(방송 · 통신 · 전파, 통권 제64호, 2013. 07).

연습문제 Ⅰ ※ 다음 문제의 정답을 표시하시오.

01. 인터넷을 통한 창조경제실현을 위한 창조엔진으로 해당되지 않는 것은?
① 소셜미디어　　　② 사물인터넷　　　③ 클라우드　　　④ 빅데이터

02. 교육 분야 만물인터넷(IoE)의 4가지 구성요소가 아닌 것은?
① 사람(People)　　　　　　② 프로세스(Process)
③ 사물(Things)　　　　　　④ 프로그램(Program)

03. 주요 기업 사물인터넷 운영체제(OS)가 아닌 것은?
① 삼성전자 -타이젠　　　　② 애플 - AOS
③ LG전자 - 웹OS　　　　　④ 구글 - 안드로이드

04. 사물인터넷의 3대 주요 기술이 아닌 것은?
① 센싱 기술　　　　　　　② 유무선 통신 및 네트워크 인프라 기술
③ 이미지 영상기술　　　　④ 서비스 인터페이스 기술

05. 창의적 아이디어 구현이 가능한 인터넷 서비스 맞춤형 플랫폼이 아닌 것은?
① 사물인터넷　　　　　　② 클라우드
③ 빅데이터　　　　　　　④ 타이젠

06. 다음 설명 중 틀리는 것은?
① REST는 사물인터넷을 구성하는 기기들의 상태 전송이라는 뜻을 갖고 있다.
② MQTT는 Cisco에서 개발된 대용량 메시지 전달 프로토콜이다.
③ 누리텔레콤은 스웨덴 예테보리 시에 26만 5천 가구 대상으로 스마트 시티를 구축하였다.
④ IBM은 '똑똑한 지구(Smarter Planet)' 라는 새로운 혁신 프로젝트를 전개하고 있다.

07. 주요 기업 사물인터넷 헬스케어가 아닌 것은?
① 삼성전자 - 사미(SAMI)　　② 애플 - 아이워치
③ LG전자 - LG워치　　　　　④ 구글 - 안드로이드웨어

08. 사물인터넷 관련 기술에서 개념이 틀리는 것은?
① 만물인터넷(IoE) - IoT+만물　　② 사물인터넷(IoT) - M2M+인터넷
③ 사물통신(M2M) - 사물+통신　　④ 합일제어(AtO) - 모든IoE+통제

연습문제 Ⅱ ※ 다음 문제를 설명하시오.

01. 사물인터넷(IoT)이란?

02. 사물인터넷의 부작용

03. 사물인터넷 사례(5가지)

04. 만물 인터넷((IoE)

05. M2M(사물통신)의 개념 및 사례

06. AtO(합일제어)의 개념 및 사례

07. 사물인터넷 국내·외 운영체제

08. 사물인터넷의 국내 정책 목표

09. 사물인터넷의 국내 주요서비스

10. [   ]이란, 각종 사물에 센서와 통신 기능을 내장하여 인터넷에 연결하는 기술을 의미한다.

11. [   ]은 사물 스마트폰, 컴퓨터, 가전기기 등의 하드웨어를 직접적으로 제어하고 관리하는 일을 하는 시스템 소프트웨어이다.

12. [   ]은 삼성전자와 인텔 등이 주도해 개발한 스마트기기용 운영체제(OS). 구글 안드로이드처럼 스마트폰·TV·태블릿PC·웨어러블 기기 등이 작동하는 데 필요한 핵심 소프트웨어다.

13. [   ]는 사물인터넷을 구성하는 기기들의 상태 전송이란 뜻을 가지고 있는데, 인터넷의 정보를 조직하고 전송하는 규칙의 조합을 의미한다.

14. 사물인터넷을 구축하기 위해서는 기술적인 환경 구축이 선행되어야 한다. 기술적인 설정은 크게 [   ], 의사소통이 가능한 네트워크 구축, 사물에[   ] 부여, 컨트롤 가능성으로 나누어 볼 수 있다.

Chapter 08
디지털마케팅(Digital_Marketing)

＼ 정보기술이란 무엇이며, 활용 분야를 알아본다.

＼ 디지털마케팅의 화두 O2O에 대하여 알아본다.

＼ 대표적인 국내외 O2O 비즈니스 사례에 대하여 알아본다.

＼ 택시앱 카카오택시 · T맵택시 · 우버에 대하여 알아본다.

＼ 모바일 쇼핑 '간편전쟁' 간편결재 경쟁에 대하여 알아본다.

＼ 쇼핑과 결합한 간편결제서비스에 대하여 알아본다.

＼ 매장 들어서면 쿠폰이 쏙~ '앱'(O2O서비스)에 대하여 이해한다.

＼ 스마트한 농촌 … ICT 만나 창조경제에 대하여 이해한다.

＼ 주요 모바일결제서비스 특징에 대하여 알아본다.

(출처 : http://www.innovationiseverywhere.com)

Chapter 08
디지털마케팅(Digital_Marketing)

정보기술[information technology, 情報技術] 이란?

---

* 조선·철강·자동차·섬유 등 기존의 제조업이 직접적인 유형 가치를 창출하는 데 중점을 두는 반면, 정보기술은 컴퓨터·소프트웨어·인터넷·멀티미디어·경영혁신·행정쇄신 등 정보화 수단에 필요한 유형·무형기술을 아우르는 간접적인 가치 창출에 무게를 두는 새로운 개념의 기술이다(두산백과).
* 업무용 데이터, 음성 대화, 사진, 동영상, 멀티미디어는 물론, 아직 출현하지 않은 형태의 매체까지 포함하며, 정보를 개발·저장·교환하는데 필요한 모든 형태의 기술까지도 망라한다.
* 현재 정보기술 산업의 화두는 스마트폰과 모바일 서비스 등이 있으며, 앞으로의 정보기술은 컴퓨터의 성능이나 소프트웨어의 품질 자체만이 아니라 소비자의 욕구 파악, 적정가격 산정 등 종합적인 서비스로 발전할 것이다.

1. 디지털마케팅의 화두 O2O 란?

최근 각종 O2O 서비스들이 선보이면서 새삼 이 분야가 관심을 끌고 있다. 본래 O2O 는 'Online to Offline'의 약자로, 온라인을 이용해 오프라인으로 고객을 유치하는 각종 비즈니스 방법을 뜻한다. 블루투스, 비콘 등 디지털 테크놀로지의 발달을 토대로 한 O2O 환경을 살펴본다.

가. 오프라인의 불편함, 온라인으로 상쇄하다

올 봄 스타벅스가 한국에서 세계 최초로 도입해 화제가 된 '사이렌 오더'라는 서비스가 있다. 스마트폰에 서비스 앱을 깔고 해당 매장에 들어서면 자동으로 주문 메뉴가 뜬다. 원하는 음료를 주문하고 기다리면 휴대폰으로 진동이 울리며 음료가 나온 것을 알려준다. 줄을 서서 주문할 필요도, 할인이나 포인트 적립을 위해 여러장의 카드를 들고 다닐 필요도 없다. 스마트폰만 있으면 이 모든 과정이 해결된다. 소비자들은 그저 앱만 깔면 된다.

스타벅스에서 세계 최초로 국내에 먼저 도입한 '사이렌 오더' 서비스, ⓒistarbucks.co.kr

O2O는 느닷없이 등장한 것 같지만, 사실 그렇지 않다. 본래 온라인 서비스의 모든 시초는 오프라인의 불편함에서 시작했다. 따지고 보면 포털에서 제공하는 온갖 서비스 카테고리와 SNS에서 이뤄지는 활동은 결코 가상 세계에만 머물다 끝나는 것이 아니다.

게임 등 일부 콘텐츠 분야를 제외한다면 디지털 세계의 서비스들이 궁극적으로 지향하는 것은 결국 오프라인이다. 예컨대 배달의 민족, 요기요 같은 배달 주문 앱 서비스도 큰 틀에서 보면 O2O의 일종이다. 오프라인의 불편함, 즉 주문 결제의 불편함을 해소하기 위해 앱을 통한 기술이 동원됐기 때문이다.

나. 편리함에 즉시성이 더해진 O2O

하지만 최근 부상하고 있는 O2O는 이보다 좀 더 현장성, 즉시성이 가미됐다고 볼 수 있다. 즉, 오프라인상의 불편함을 해결하기 위해 온라인의 기술이 동원됐고, 이를 통해 온라인과 오프라인의 경계가 모호해지고 있다는 얘기다. 예를 들어 보자. 책을 오프라인 서점에서 사면 바로 사서 들고 올 수 있으니, 사는 즉시 읽을 수 있다. 원하는 책이 없을 경우 책을 현장에서 주문한 다음 얼마나 걸릴지 등 상세한 정보도 얻을 수 있다. 하지만 할인 혜택을 거의 받지 못한다. 힘들게 서점까지 갔는데 원하는 책이 없을 가능성도 있다.

반면 온라인에서 책을 사면 할인 혜택이 크다. 책이 있는지 없는지 알아볼 수 있다. 하지만 절대로 즉시 읽을 수는 없다. 기다려야 한다. 아무리 즉시 배송 서비스라고 해도 말이 그렇지 주문 클릭을 하는 순간 책이 내 손에 쥐어지진 **않는다**.

O2O는 쉽게 말해 온라인의 **편리함**인 경제성에 오프라인의 **편리함**인 즉시성과 현장성이 결합된 것이다. 둘 모두를 누릴 수 있다. 책을 즉시 손에 쥘 수 있으면서도 할인 혜택이나 정보 검색 등의 편리함을 포기하지 않아도 된다. 이런 일들이 가능해진 이유는 뭘까. 우선 스마트폰의 보급을 꼽을 수 있다. 과거 PC 시절에도 O2O는 가능했으나 현장성, 즉시성은 불가능했다. PC를 들고 매장을 다닐 수는 없기 때문이다. 하지만 손 안의 PC나 다름없는 스마트폰을 모두가 들고 다니게 되면서 과거 **불가능했던** 수준의 O2O가 가능해졌다. 물론 스마트폰으로 다 되는 것은 아니다. 이를 **뒷받침해** 줄 기술이 필수적이다. O2O를 주도하고 있는 기술은 뭐가 있을까.

다. O2O를 가능케 한 1세대 기술

스마트폰을 기반으로 한 O2O의 시초를 알린 것은 와이파이였다. 통신사들을 중심으로 와이파이 네트워크를 활용한 O2O 비즈니스가 2000년대 후반부터 나오기 시작했다. 대형 건물에 들어가면 와이파이를 통해 사용자의 단말기를 파악하고, 이를 통해 주차장 정보나 매장 정보 등을 제공하는 식이었다. 통신사가 특정 매장이나 건물 등과 계약을 맺고 클라이언트를 유치하면 다양한 마케팅 상품, 광고 상품 등을 개발할 수도 있다는 기대감이 있었다. 뒤를 이어 QR코드, NFC 등의 방식이 잇따라 등장했다. QR 코드는 주로 정보 제공에, NFC는 주로 결제나 할인 혜택 제공 등에 활용됐다.

그러나 1세대 O2O 서비스 기술이라고 할 수 있는 이런 방식들이 결과적으로는 널리 **확산되지** 못하면서 2세대 기술들이 등장하는 단초를 제공했다. 와이파이나 QR코드, NFC 등이 확산되지 못했던 가장 큰 이유는 이것이 매우 제한적으로만 사용될 수밖에 없었기 때문이다. 우선 단말기의 제한이 있었고, 네트워크의 제한이 있었으며, 사용자들이 직관적으로 사용하기에 대단히 불편한 점이 많았다.

라. 디지털 테크놀로지의 발전, O2O의 진화

최근 부상하고 있는 방식은 비콘, 사운드 태그 등을 앞세운 O2O 마케팅이다. 사운드 태그(Sound Tag) 또는 고주파(18~20MHz)를 이용한 O2O는 이름에서 알 수 있듯이 소리를 인식하는 플랫폼. 고주파를 내보내 사용자의 스마트폰이 인식하도록 하는 기술이다. 일반적으로 사용되는 범용 스피커와 스마트폰에 관련 앱만 설치하면 다양하게 활용할 수 있다. 예를 들어 특정 매장에 방문 시 스피커에서 고주파가 흘러나오고(물론 사람의 귀엔 들리지 않는다) 스마트폰이 이를 인식, 자동으로 할인 쿠폰이 발급되는 식이다. 매장 방문 인증이나 쿠폰 발급, 할인 카드 제시 등 귀찮은 절차가 필요 없다는게 장점. 반면 매장을 제외한 다른 곳에서 쓰려면 곳곳에 스피커를 달아야 한다는 문제가 생긴다. 인식 범위가 넓지 않은 것도 단점이다.

블루투스를 이용한 O2O는 애플이 시장 확산의 계기를 마련해 줬다. 과거에도 블루투스를 이용하려는 시도가 많았지만, 블루투스를 항상 켜놓고 다닐 경우 전력 소모가 극심했다. 가뜩이나 배터리가 빨리 닳아 어려움을 겪는 사람들이 많은데 블루투스를 항상 켜놓고 다니는 마케팅이 용이할 리 없다. 지난해 저 전력 블루투스(BLE: Bluetooth Low Energy)가 스마트폰에 탑재되기 시작하자 애플은 아이비 콘이라는 것을 내놓고, 미국 254개 애플스토어와 대형 슈퍼마켓에서 비콘 서비스를 시작했다. 기존의 블루투스 2.0이 페어링 방식을 거쳐 서로 통신을 주고받는 바람에 배터리가 빨리 닳는다면, 블루투스 4.0인 BLE는 정보를 단말기에 일방적으로 전달하기 때문에 전력 소모가 훨씬 적다. 애플에 이어 구글도 니어바이(Nearby) 서비스를 개발, 출시하는 등 관련 사업이 달아오르고 있다.

사물인터넷(IOT) 시대가 다가올수록 비콘은 각광받을 가능성이 높다. 기본적으로 스마트폰-스마트워치-스마트글라스 등 사람들이 몸에 지니고 다니면서 구현하게 될 각종 웨어러블 기기를 축으로 한 IOT가 이미 블루투스 기술에 의존하고 있기 때문이다.

無Q 무선표지 [radio beacon, Beacon, 無線標識](출처 IT용어사전 | 비콘)

① 지리적인 정위치를 표시하기 위해 사용되는 등화 표지.
② 무선 항행을 돕기 위해 사용되는 무선 표지.
　☞무선 표지(radio beacon), ☞레이더 표지(radar beacon)
③ 전파를 이용하는 무선 통신 기술에서 주기적으로 프레임 신호 동기를 맞추고, 송수신 관련 시스템 정보를 전송하며, 수신 데이터 정보(수신 슬롯)를 전달하는 신호 기술.
④ 주변의 일정 반경 범위(수십 m) 내에서 블루투스 4.0을 기반으로 사물의 정보(ID)를 주기적으로 전송하는 근거리 무선 통신 기술. 블루투스 저 전력 기술(BLE: bluetooth low energy)를 활용하여 단말의 위치를 파악하고 정보를 주고받는다. 이용자가 별도의 행동을 취하지 않더라도 자동으로 이용자의 위치를 파악해 관련 서비스를 제공하는 것이 특징이다. 예를 들어, 오프라인 매장 내 특정 장소에 비컨을 설치하여 모바일 단말을 소지한 고객이 비컨 영역 내에 들어올 경우 해당 단말을 감지하여 정보를 제공한다. 애플은 아이비컨(iBeacon)이라는 이름으로 2013년 근접 감지기를 개발했다.

마. 대표적인 국내외 O2O 비즈니스 사례

카카오톡은 다음과의 합병 첫 공식 프로젝트를 O2O로 내세우고 있다. 전 국민이 쓰는 카카오톡 메신저에 다음의 검색 및 지도, 지역 서비스 등을 결합해 오프라인의 라이프스타일을 바꿔보겠다는 것이다. 카카오톡에 입점해 있는 기업 마케팅 채널 '플러스 친구'는 할인 및 이벤트 정보 등을 메시지로 알려주고 전송하는 서비스인데, 여기에 O2O를 접목해 이용자와 가까이 있는 매장의 특정 이벤트 등을 알려주는 서비스도 가능하다. 카카오톡과 플러스 친구 제휴를 맺은 매장에 갔을 때 자동으로 쿠폰 정보가 뜨는 식으로 하면 어떤 사업자보다 유리한 위치에서 사업을 진행할 수 있다. 여기에 택시 서비스 등도 결합된다면 막강한 O2O 플랫폼으로 부상할 가능성이 높다.

1. 퍼플즈가 선보인 저 전력 블루투스 비콘 'RECO'. 특정 반경 내에서 고객의 위치를 인식한다. ⓒreco2.me

2. 다음카카오의 O2O 서비스, 카카오페이. ⓒdaumkakao.com

통합 커머스 브랜드인 시럽(Syrup)은 대대적으로 광고를 진행하며 소비자들에게 O2O 서비스를 알리는 역할을 하고 있다. 시럽(Syrup)은 사용자 동선에 맞춰 쇼핑 정보를 알려주는 푸시 알림 서비스 '시럽 비콘 서비스'를 개발, 본격적인 마케팅에 나서고 있다. 시럽 비콘 서비스는 BLE 기반의 무선장치 비콘을 통해 쇼핑 정보를 자동으로 알려주는 서비스다. 이를테면 백화점에 방문한 고객이 백화점 문 앞에서 스마트폰으로 세일정보를 받아볼 수 있고, 백화점 안에 들어서면 각 층마다 제공되는 타임 서비스나 할인 쿠폰을 매장 주변 5m 앞에서 받아볼 수 있도록 하는 것이다.

정보기술 토털 마케팅 전문회사 '아이팝콘'과 모바일 쿠폰 애플리케이션 '열두시'는 새로운 소비 플랫폼 얍(YAP)을 출시, 블루투스 외에도 고주파를 활용한 비콘 기술을 선보이는 등 O2O를 활용한 서비스와 마케팅은 갈수록 확산되는 추세다.

현재 O2O는 엄청난 잠재력을 지닌 채 확장되고 있지만, 본격적인 시장 활성화를 위해 몇 가지 해결해야 할 과제가 남아 있다. 가장 유망한 비콘 방식의 경우 사람들이 지난해 말 이후 출시된 스마트폰(블루투스 4.0 버전 이상)을 써야 하고, 항상 블루투스를 켜고 있어야 한다는 조건이 붙는다. 물론 이런 문제는 약 1년 정도 시간이 지나면 해결될 가능성이 높다. BLE 등을 활용한 비콘 방식의 O2O는 소비자들의 액션을 필요로 하지 않는다는게 큰 장점이다. 즉 소비자가 특별히 결제를 하려고 하거나 앱을 실행하지 않아도 저절로 관련 정보가 떠 소비자의 행동을 유인하는 시스템이다. 다만 여기서도 관련 앱을 다운로드받는 방식은 여전히 장벽이 될 가능성이 있다. 카카오톡처럼 이미 대중적으로 사용하고 있는 앱들이 O2O 마케팅의 중요한 플랫폼이 될 가능성이 높은 것도 이 때문이다 (CHEIL WORLDWIDE, 2014.12.22.).

3. O2O 서비스 '시럽'. 최근 복합 쇼핑몰 '아브뉴프랑'에서 쇼핑 서비스를 시작했다.ⓒsyrup.co.kr

4. 위치기반 통합 O2O 커머스 플랫폼 '얍(YAP)'이 다날과 제휴를 맺고 모든 신용카드를 결제수단으로 탑재. ⓒyap.net

2. 택시앱 카카오 택시 · T맵 택시 · 우버 비교

다음카카오는 2015년 3월 31일, 카카오택시 서비스를 시작한다고 밝혔다. 쉽고 편리한 택시 호출 기능과 안심하고 이용할 수 있는 서비스 구조가 핵심이다.

카카오택시는 택시 기사와 승객을 빠르게 연결하는 모바일 플랫폼이다.

카카오택시 승객용 앱을 설치한 후 카카오 계정으로 가입하면 전국 어디에서나 택시를 호출할 수 있다. 현재 위치가 출발지로 자동 설정되기 때문에 원하는 목적지만 입력하고 호출을 선택하면 된다. 출발지까지의 이동 거리나 실시간 교통 상황 등 다양한 요소들을 종합적으로 계산한 결과 우선순위에 있는 카카오택시 기사 회원에게 승객의 호출 내용이 보여진다. 출발지와 목적지를 확인한 기사가 호출을 수락하면 배차 완료되는 식이다. 복잡한 메뉴 선택이나 위치를 설명하는 번거로움 없이 입력 과정 한 번이면 돼 편리하다

카카오택시 앱

0시 30분 광화문과 종로 인근에는 귀가하려는 취객들이 다수 눈에 띄었다. 하지만 어떤 이는 지나가는 택시를 잡으려는 손을 흔들며 도로로 뛰어드는 경우가 있는 반면 스마트폰 택시앱을 활용해 점잖게 택시를 기다리는 경우도 있어 대조적이었다.

택시 잡기가 가장 어렵다는 새벽 1~2시에 '택시앱'은 위력을 발휘했다. '카카오 택시', 'T맵 택시', '우버'를 직접 비교했다.

우선 카카오택시를 이용했더니 불과 1분 만에 차량이 배차됐다. 역시 나와 택시의 위치, 도착 예상 시간, 차량과 기사 정보 등이 스마트폰에 표시됐다. 2015년 6월 말 기준으로 카카오택시 회원 수는 승객 250만여명, 기사 10만여명으로 국내 최대 규모를 자랑한다. 고객들이 기사를 5등급으로 나눠 평가할 수 있고, 기사도 역으로 고객을 평가하는 시스템이 카카오택시의 특징이다. "카카오택시를 이용하면 앱을 통해 기사의 정보가 뜨고 가족들과도 공유할 수 있어 여성들이 밤에도 안심하고 탈 수 있다".

3개 택시앱은 결제방식에서도 차이가 있다. 카카오택시와 T맵 택시는 가입 시 카드 정보를 입력하는 번거로움은 없지만 택시에서 바로 신용카드나 현금으로 결제를 해야 한다. 반면 우버택시는 가입 시 신용카드 정보를 미리 입력해 놓다 보니 따로 카드결제를 할 필요가 없다(서울경제, 2015.7.2.).

택시앱 비교

택시 앱	특징	국내회원 수
T 카카오택시	1분 만에 배차 '신속' 정보공유 밤에도 안전 • 국내 최다 승객 · 기사 회원 보유 • 기사 · 승객 간 상호 평가 가능	승객 250만 명 기사 10만여 명
TAXI T맵 택시	예상비 알려줘 '똑똑' 웃돈 얹어주기 누르면 차 적은 심야시간 유용 • 승객 · 기사 회원 수 2위 • 예상 택시비 알림, 추가 요금설정 가능	승객 170만 명 기사 4만여 명
우버	단거리 콜에도 '친절' 장거리 선호 현상 없음 • 기사에게 보조금 지급해 단거리콜도 배차 가능성 커 • 가입 시 신용카드 정보 입력으로 자동 결제	비공개

3. IT업체들, 간편 결제 경쟁

버튼만 누르면 배송까지…모바일쇼핑 '간편 전쟁'

IT업체들, 간편 결제 경쟁

아이디 하나로 쇼핑하고

先주문으로 대기시간 없애

검색~구매 원스톱 서비스

　국내 정보기술(IT) 기업들이 쇼핑몰, 유통회사 등과 손잡고 간편 결제 서비스를 강화하고 있다. 이들 간편 결제 서비스의 특징은 소비자들이 원하는 물건을 찾고 구매하기까지의 과정을 최소한으로 줄이는 데 초점을 맞추고 있다. 검색–쇼핑–구매에 이르기까지 이른바 '원스톱' 서비스를 구현한다는 전략이다(한국경제, 2015.7.21.A14면).

　네이버 SK플래닛 LG유플러스 등 기존 IT · 통신회사뿐만 아니라 최근에는 NHN엔터테인먼트와 같은 게임회사들도 간편 결제 사업을 강화하며 시장 선점에 나섰다. 국내 온라인 쇼핑시장 규모가 커지면서 간편 결제 사업이 새로운 수익 모델로 떠오르고 있어서다.

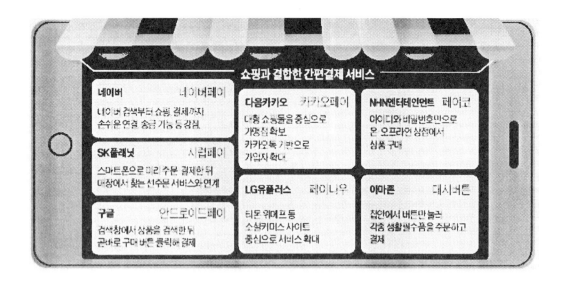

쇼핑과 결제를 하나로

네이버는 지난달 말 간편결제, 개인 간 송금 등이 가능한 '네이버페이' 서비스를 시작했다. 네이버페이는 쇼핑몰 등 네이버페이 가맹점에서 별도로 회원 가입을 하거나 로그인할 필요 없이 네이버 아이디만으로 결제가 가능한게 특징이다. 한성숙 네이버 서비스 총괄이사는 "물건을 검색해 찾고 구매하는 과정까지 한 번에 해결할 수 있도록 했다"고 강조했다.

다음카카오는 간편결제 서비스 '카카오페이'를 모바일 메신저 카카오톡 안에 구현해 빠른 속도로 가입자를 유치하고 있다. '카카오 선물하기' 등 카카오톡 플랫폼 안에 있는 쇼핑몰을 카카오페이와 연계해 사용자 편의성을 높였다. 대형 쇼핑몰을 중심으로 150여개 가맹점에서 쓸 수 있다.

SK플래닛은 간편결제 서비스 '시럽페이'를 모바일 선주문 서비스 '시럽오더'와 연결할 예정이다. 시럽오더는 스마트폰으로 오프라인 매장의 물건을 미리 주문·결제한 뒤 매장에서 찾는 서비스다. 커피숍 음식점 등에서 기다릴 필요 없이 곧바로 물건을 받을 수 있어 좋은 반응을 얻고 있다.

소셜커머스와의 연계 활발

LG유플러스는 간편결제 서비스 '페이나우'를 지난 3월 소셜커머스 사이트 티켓몬스터(티몬)에 탑재해 티몬페이라는 브랜드로 선보였다. 티몬에서 상품을 결제할 때 페이나우를 선택하면 '결제 승인' 버튼을 클릭하는 것만으로 손쉽게 물건을 살 수 있다. LG유플러스는 티몬에 이어 지난 5월에는 또 다른 소셜커머스 사이트 위메프에도 페이나우 서비스를 탑재했다.

신규 사업을 확대하고 있는 NHN엔터테인먼트는 다음달 1일 간편결제 서비스 '페이코'를 정식으로 출시할 예정이다. 페이코는 아이디와 비밀번호만으로 온·오프라인 매장에서 상품을 구매할 수 있는 서비스다.

∷ IoT 접목…자동주문 기능까지

아마존 구글 등 글로벌 IT업체들도 첨단 사물인터넷(IoT) 기술 등을 활용해 쇼핑과 결제를 곧바로 연결하는 서비스를 개발하고 있다. 아마존이 선보인 '대시버튼' 시스템은 집 안에서 곧바로 물건을 구매하고 배송 받는 서비스다. 예컨대 세제가 떨어지면 세탁기에 붙은 USB 크기의 대시버튼을 눌러 아마존에 자동 주문하고 결제까지 할 수 있다.

구글은 최근 검색 창에서 상품을 검색한 뒤 곧바로 구매 버튼을 클릭해 결제할 수 있는 서비스 등을 선보였다.

∷ 중국에선 알리페이 하나면 끝

중국에서는 알리바바의 '알리페이'와 텐센트의 '텐페이' 정도만 있으면 어디서든 간편결제 서비스를 이용할 수 있다. 온·오프라인 가릴것 없이 백화점·쇼핑몰·대형 마트 등과 폭넓게 제휴가 돼 있기 때문이다. 한국의 롯데백화점에서도 알리페이를 쓸 수 있을 정도다.

미국 역시 애플의 애플페이나 페이팔 정도만 있으면 서비스 이용에 불편함이 없다. 애플페이는 아이폰을 결제단말기에 갖다 대기만 하면 결제가 이뤄진다. 맥도널드·스타벅스 등 프랜차이즈 음식점부터 미국 최대의 약국 체인 월그린 등 미국 내에서만 100만여 개에 달하는 가맹점을 확보한 상태다.

4. 소셜커머스 3사 무한경쟁

'성적'보다 '성장가능성'에 무게…무한 출혈경쟁

소셜커머스업체들의 연간 거래액이 6조원 규모로 성장하면서 기존 오픈마켓과 홈쇼핑 사이에서 하나의 유통 채널로 인정받고 있다. 최근에는 쿠팡이 소프트뱅크에서 1조 원대 투자를 받았고, 티켓몬스터(티몬)은 사모펀드인 KKR에 매각되는 등 소셜커머스업체에 대한 재평가도 빠르게 이뤄지고 있다. 그러나 이 같은 외적 성장에도 불구하고 소셜커머스 업체들은 지속되는 영업적자로 거품 논란도 여전하다. 또 유통시장의 전통적인 강자인 대형마트와 오픈마켓도 소셜커머스업체들과 모바일커머스시장을 두고 치열하게 경쟁하고 있는 상황이다. 전환기를 맞이한 소셜커머스업계를 살펴본다.

2015년 4월 쿠팡과 티켓몬스터, 위메프 등 소셜커머스 3사가 회사 설립 4년여 만에 처음으로 감사보고서를 금융 감독원에 제출했다. 시장의 예상대로 영업적자가 예사롭지 않았다. 또 당분간 개선될 여지도 없어보였다. 돈을 버는 대로, 투자 받는대로 재투자를 하면서 누적적자가 수 천억원에 육박한다. 웬만한 강심장이 아니고서는 버텨내기 어려운 구조다. 일각에서는 "이익을 내야하는 기업 본능이 거세된 듯하다"는 평가도 나온다.
그러나 막상 수천 억원대의 적자를 기록한 소셜커머스 3사는 이를 즐기는 분위기다. 시장 규모를 키우기 위해 지속적으로 '출혈' 확대도 불사한다는 모습이다.

∷ 시장은 커졌지만 적자행진 이어져

금융 감독원 전자공시시스템을 보면 쿠팡은 지난해 1215억 원의 영업손실을 기록했다. 2013년 42억 원에서 30배 늘었다. 위메프와 티몬은 각각 290억 원, 246억원의 영업 손실을 기록했다. 지난 4년간 소셜 3사의 누적 적자만 총 5000억 원에 달한다. 시장 점유율 확대를 위해 마케팅 비용이 대거 늘어나면서 나타난 결과다.

지속된 적자로 결손이 늘어나자 3사의 자본잠식도 심각하다. 위메프는 지난해 자산 1418억 원, 부채 1580억원으로 자본총계 817억 원의 자본잠식 상태다. 위메프의 자본잠식 규모는 2013년 523억 원에서 56% 늘어났다. 티켓몬스터도 자본 총계가 873억원을 기록하며 전년(699억 원)보다 규모가 확대됐다. 쿠팡은 자산 3428억원, 부채 3191억원이다.

소셜커머스업체들이 믿는 것은 오직 하나, 시장 성장성이다. 5년 만에 6조원이라는 신 시장을 만들었다. 거래 규모의 60% 이상이 모바일로 이뤄지는 것도 장점이다. 쇼핑의 편 의성이 웹보다는 모바일이 편해 신규 고객이 늘어날 여지가 많다.

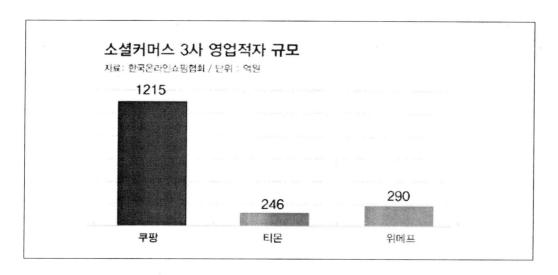

시장이 급성장했지만 이들 업체의 영업적자가 심화되는 이유는 쿠폰 때문이다. 시장 규모를 키우려다 보니 업체 별로 쿠폰 지급이 늘었다. 쿠폰 남발은 마케팅 비용 증가로 나타났다. 이 같은 전략은 일단은 성공적이다. 쿠폰을 대량으로 뿌릴 수 있는 곳은 현재 소셜커머스 3사 이외에는 거의 없다. 이 때문에 2010년 초 200여개에 달하던 소셜커 머스업체들은 현재 대부분 문을 닫은 상태다.

소셜커머스업체들은 향후 2~3년간은 이 같은 성장세가 이어질 것으로 기대하고 있 다. 소셜커머스업계에서는 올해 시장 규모가 7조원을 돌파할 것으로 전망하고 있다.

∷ 1~2년 안에 출혈경쟁 끝날 듯…3사 중 1곳은 무너질 듯

문제는 시장 성장성이 둔화되는 시점부터다. 업체들은 현재의 '포커판'이 끝나기 위해 서는 한 곳 정도가 낙오해야 끝날 것으로 보고 있다. 그 기간까지 계속해 마케팅 비용을 쏟아 붓겠다는 것이다.

여기에 시장을 잠식 당하고 있는 오픈마켓업체들과 오프라인 대형마트 등 유통대기업 들의 움직임도 변수로 꼽힌다.

소셜커머스 시장 거래액 규모
자료: 한국온라인쇼핑협회 / 단위 : 억원

1조 (2011년)
1조7000 (2012년)
3조1400 (2013년)
4조8100 (2014년)
6조9000 (2015년)

소셜커머스업계 한 관계자는 "오픈마켓과는 이미 경쟁이 치열해지고 있는 상황이지만, 오프라인 대형할인마트와 유통대기업이 뛰어들 경우 상황이 달라질 수 있다"며 "이들 기업들과 경쟁을 위해서는 일단 덩치를 키워가는 것이 급선무"라고 말했다.

∷ 쿠팡 지분 20%에 1조원 투자, 출혈경쟁 속 기업 가치는 늘어

소셜커머스업체들은 언제 적자에서 탈출할지 모르는 출혈경쟁이 지속되고 있지만, 기업가치는 오히려 늘어나는 기현상도 벌어지고 있다.

쿠팡의 경우 20% 지분을 팔면서 1조원을 투자받았다. 위메프와 티켓몬스터도 쿠팡처럼 현재의 소셜커머스 모델에서 추가적인 사업 모델만 찾는다면 성장 가능성을 높게 평가받을 수 있다.

지난 2015년 4월 창업자인 신현성 대표와 KRR에 매각된 번에 티켓몬스터의 경우에도 이를 감안한 59% 지분 인수가액은 4억6138억 달러(약 4980억원)이었다.

위메프의 경우에도 현재 허민 대표가 100% 지분을 보유하고 있는 만큼 조만간 외부에서 수혈을 받을 것이란 전망이 나오고 있다. 쿠팡이 대규모 실탄을 마련해 로켓배송 등 신규 사업에 투자하는 만큼 한차례 대규모 투자가 필요하다는 이유에서다.

온라인쇼핑업계 관계자는 "소셜커머스 3사 중에서 최근에 쿠팡이 로켓배송으로 모든 이슈를 빨아들이고 있는 상황"이라며 "티몬이나 위메프도 상당히 마음이 급할 것"이라고 말했다(Chosun Biz, 2015.7.21.).

5. 매장 들어서면 쿠폰이 쏙~ '얍(O2O서비스)' 각광

고객 식별해 스마트폰에 전송
주변 맛집도 손쉽게 검색가능
미리 구매하는 유료쿠폰도 인기

바야흐로 오프라인과 온라인의 경계를 허무는 O2O(Online to Offline) 시대다. 그중 위치 기반 근거리 통신 기술인 '비컨(Beacon)'은 O2O 시대를 이끄는 핵심 기술로 꼽힌다. 저 전력 블루투스를 기반으로 하는 비컨은 반경 50m내 사용자의 위치를 찾아 모바일 쿠폰을 전송하고 결제도 가능하게 해주는 기술이다.

2014년 6월 등장한 '얍(YAP·사진)'은 국내 비컨 기반의 O2O 커머스 플랫폼 중 소비자 위치에 따라 최적화된 각종 정보와 혜택을 효과적으로 전달하는 대표 서비스로 업계의 주목을 끌고 있다. 스마트폰으로 얍 애플리케이션을 내려 받은 고객이 편의점이나 커피숍, 레스토랑 등 얍 가맹점에 들어가면 문을 열자마자 해당 매장에서 사용 가능한 각종 할인쿠폰을 스마트폰으로 제공받도록 소비자 편의를 극대화했다.

얍 이전에도 위치기반 정보를 바탕으로 쇼핑 정보나 모바일 쿠폰을 제공하는 O2O 서비스가 있었다. 하지만 이 서비스들은 대부분 매장에 실제 들어오는 고객과 주변을 지나가는 사람들의 위치를 구별하지 못한 채 무차별적으로 메시지를 보내는 단점이 있었다.

반면 얍은 블루투스와 고주파를 결합한 하이브리드 비컨인 '얍 비컨'을 개발해 이 문제를 해결했다. 소리는 벽을 뚫고 나가지 못한다는 점에 착안해 사람의 귀에는 들리지 않는 고주파 신호를 매장에서 쏘고 이 소리를 스마트폰 마이크가 인식하도록 함으로써 매장에 실제 들어오는 고객들에게만 메시지를 보내도록 했다. 정교한 고객 식별기능 덕택에 선별적 정보 제공이 가능해지면서 얍이 O2O 시장에서 큰 인기를 끌고 있다.

얍에서는 공신력 있는 레스토랑 가이드북인 '블루리본 서베이'도 무료로 열람할 수 있다. 비컨 서비스를 활용한 위치기반의 정보 배열을 통해 현 위치 주변의 신뢰도 높은 맛집을 손쉽게 찾을 수 있다. 리본 개수에 따른 정렬도 가능하며 한식, 중식, 일식 등 업종별 상세 검색도 할 수 있어 미식가들의 맛집 탐색을 돕는다.

매일 업데이트되는 얍의 유료 쿠폰 서비스도 인기다. 이용자가 미리 얍을 통해 제휴 매장의 메뉴를 할인된 가격으로 구매한 후 매장을 방문해 바코드를 제시하면 상품을 받을 수 있는 O2O 서비스로, 현재 투썸플레이스와 뚜레쥬르 등 10여 가지 브랜드의 유료 할인 쿠폰이 제공되고 있다. 기회를 놓치면 무작정 다음 차례를 기다려야 했던 소셜커머스와 달리 상시 구매가 가능하다.

얍은 독자 기술을 기반으로 해외 진출도 확대하고 있다. 얍컴퍼니 부사장은 21일 "올 2월에는 베트남 인터넷 기업인 VNG와 제휴해 '얍 베트남 버전'을 출시했고, 7월 중에는 'YAP 유커 버전'(가칭)도 선보일 계획"이라고 말했다(동아일보, 2015.7.22.).

소비 플랫폼 앱 'YAP', 업데이트로 화면 구성

앱을 실행하면 처음 등장하는 홈 화면에는 단순한 딱지 모양에 **업종별** 카테고리를 배치해 **빠른** 진입이 가능하게 했으며, 'YAP'의 주요 혜택인 쿠폰, **스탬프**, 멤버십은 하단에 한 줄로 배치해 사용자들이 쉽게 찾아볼 수 있도록 했다.

앞서 'YAP'은 지난 6월 다양한 소비습관을 가진 100명의 '지니어스 야피'를 모집해 앱을 직접 사용해보고 개선점을 제안하게 하는 체험 단을 운영한 바 있다. 이들은 활동기간 동안 **다양한** 의견과 아이디어를 제공했고, 이번 개편에 상당 부분 **반영됐다는** 후문이다.

'YAP' 관계자는 "고객들과 함께 만들어가는 앱이 'YAP'의 **철학**"이라며, "앞으로도 UI 변경뿐만 아니라 고객 중심의 혜택제공 및 모든 분야에서 사용자들의 **의견**을 적극 반영하겠다."고 말했다.

사용자들의 위치를 기반으로 하여 쿠폰과 모바일 스탬프, 멤버십의 **혜택**을 제공하고 결제까지 한 번에 가능하도록 하는 'YAP'은 기존 모바일 지갑에서 한 **단계** 진일보한 서비스를 제공한다. 현재 레스토랑, 편의점, 백화점 등 전국 7만여 가맹점에서 **이용할** 수 있는 쿠폰과 멤버십을 제공하고 있다(앱피타이저 appetizer@chosun.com, 2014.10.28.).

6. 스마트한 농촌 … ICT 만나 창조경제 주역으로

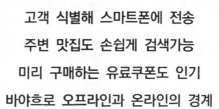

고객 식별해 스마트폰에 전송
주변 맛집도 손쉽게 검색가능
미리 구매하는 유료쿠폰도 인기
바야흐로 오프라인과 온라인의 경계

세종시 연동면 창조마을에서 이제 집에서도 스마트폰으로 비닐하우스 상태를 챙기는 데 익숙하다. '스마트팜' 애플리케이션만 누르면 비닐하우스 안에서 여물어가는 토마토도 화면으로 볼 수 있다. 더운 날엔 내부 온도도 바로 조절할 수 있다.

예전에는 비닐하우스를 오래 비우거나 서울에 친지를 보러 떠날 때도 불안했지만 이젠 그런 걱정도 덜었다. 마을 곳곳에 설치된 지능형 영상보안 장치 '마을지킴이'가 든든히 지켜주고 있기 때문이다. "비닐하우스 작물이나 농기구를 도난당하는 사례가 있어 항상 신경이 쓰였지만 이제 주민들이 마음 편하게 다른 마을에서 볼일을 보고 친지 방문도 걱정 없이 다녀올 수 있게 됐다"고 말했다.

⁂ 스마트폰으로 비닐하우스 들여다봐

SK그룹과 세종창조경제혁신센터는 정보통신기술(ICT)을 활용한 지능형 비닐하우스 관리시스템인 스마트팜 솔루션을 내놓았다. 이미 창조마을을 포함해 전국적으로 100여 곳에서 이 솔루션이 가동되고 있다. 농림부가 스마트팜으로 딸기 농사를 지은 농민 10가구를 대상으로 시범사업 성과를 평가한 결과 생산성은 22.7% 높아졌다. 노동력과 생산비용은 각각 38.8%와 27.2% 감소했다(동아닷컴. 2015.7.24.).

7. 막 오른 '모바일결제 大戰'…삼성·애플·구글 대격돌

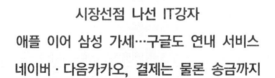

시장선점 나선 IT강자

애플 이어 삼성 가세…구글도 연내 서비스

네이버 · 다음카카오, 결제는 물론 송금까지

모바일 결제시장 선점을 위한 정보기술(IT) 강자들의 각축전이 치열해지고 있다. 세계 스마트폰 시장을 지배해온 삼성전자 애플 구글은 올해 하반기 모바일 결제시장에서 격돌한다. 글로벌 IT 강자들이 일제히 뛰어든 것은 모바일 결제가 스마트폰의 킬러 콘텐츠(핵심 기능)가 될 것으로 보고 있어서다. 시장조사기관 가트너에 따르면 세계 모바일 결제 거래액은 올해 1260억 달러(약 140조원)에서 2017년 2200억달러(약 250조원)로 두 배 가까이 성장할 전망이다.

∴ 스마트폰 강자들 '페이 삼국지'

모바일 결제란 신용카드 정보를 등록해둔 스마트폰을 이용해 온·오프라인 매장에서 비밀번호만으로 간단히 상품·서비스 대금을 치르는 것을 의미한다. 크게 스마트폰을 활용한 오프라인 결제와 온라인·모바일 쇼핑몰에서 공인인증서나 카드번호 없이 손쉽게 결제하는 간편 결제로 나뉜다.

삼성전자의 모바일 결제 서비스 삼성페이는 오프라인에서 신용카드를 대체하는 결제수단이다. 삼성페이의 장점은 범용성이다. 올해 초 인수한 미국 벤처기업 루프페이의 마그네틱보안전송(MST) 기술을 적용했다. 교통카드처럼 스마트폰을 마그네틱 신용카드 결제기 근처에 갖다 대면 기기 간 통신을 통해 결제가 이뤄진다. 상점들이 애플페이처럼 별도의 근접무선통신(NFC) 결제 단말기를 설치하지 않고, 기존 장비를 그대로 이용할 수 있다. 미국은 물론 한국 전체 상점의 90% 이상에서 쓸 수 있다. 단점은 갤럭시S6와 갤럭시S6 엣지로만 이용할 수 있다는 것. 삼성전자는 서비스 적용 단말기를 점차 확대할 계획이다.

애플은 2014년 10월 미국에서 지문 인식과 NFC 방식의 애플페이를 시작했다. 미국 전체 상점의 2~3% 정도(22만여 개)에서 이용할 수 있다. 지난 14일 영국에서도 서비스에 들어갔다. 캐나다 중국 한국 진출도 타진하고 있다. 국내 진출을 위해 카드 사들과 협의 중이나 결제 수수료를 둘러싸고 의견 차가 큰 것으로 알려졌다.

	삼성페이	네이버페이	카카오페이	뱅크월렛 카카오	페이코	SSG페이	시럽페이	티몬페이	페이나우
서비스 업체	삼성전자	네이버	다음카카오		NHN 엔터테인먼트	신세계	SK플래닛	티켓몬스터	LG유플러스
서비스개시	2015년 8월20일	2015년6월	2014년 9월	2014년 11월	2015년 8월1일	2015년 7월	2015년 4월	2015년 3월	2015년 7월
서비스방식	NFC, MST(한국)	온라인 전용	온라인 전용	바코드	NFC	바코드	온라인 전용	온라인 전용	휴대폰 번호
오프라인 결제	마그네틱·NFC 전용 리더기	없음	없음	바코드 스캔	NFC전용 리더기	바코드 스캔	없음	없음	휴대폰 번호입력
사용처	오프라인 신용카드 가맹점	온라인	온라인	온·오프라인 겸용	온·오프라인 겸용	온·오프라인 겸용	온라인	온라인	온·오프라인 겸용

삼성페이 등록 절차

스마트폰에 삼성페이 앱 설치 → 지문 등록 → 신용카드등록 → SMS 본인인증 → 카드 서명정보 입력 → 사용

주요국내 간편결재 서비스

출처: 한국경제, 2015.8.19

구글은 올해 하반기 미국에서 안드로이드페이 서비스를 시작할 예정이다. 안드로이드페이는 온·오프라인 매장에서 모두 사용 가능한 것이 특징이다. 오프라인 결제와 간편결제를 모두 이용할 수 있다. 구글은 안드로이드 운영체제(OS)를 적용한 스마트폰에 안드로이드페이 기능을 기본 탑재할 계획이다.

⋮ 네이버·다음, 서비스 강화

네이버 다음카카오 등 인터넷 업체들도 모바일 결제사업을 강화하고 있다. 네이버는 지난달 말 간편 결제뿐만 아니라 개인 간 송금, 포인트 적립 충전 등이 가능한 네이버페이 서비스를 시작했다. 네이버페이는 PC와 모바일 네이버에서 이용할 수 있다. 현재 가맹점이 5만3000곳에 이른다.

다음카카오의 간편결제 서비스 카카오페이는 국민 메신저 카카오톡과 연동돼 가입자가 빠른 속도로 증가하고 있다. 지난달 말 기준으로 가입자 수가 450만 명을 넘었다. 다음카카오는 결제와 송금 등이 가능한 뱅크월렛카카오(뱅카) 서비스도 제공하고 있다.

IT기업들이 모바일 결제시장에 뛰어드는 이유는 자사 주력 제품이나 서비스를 강화하기 위해서다. 예컨대 삼성페이가 널리 쓰이면 스마트폰 판매량 확대에 도움이 된다. 네이버페이가 모바일 결제시장을 장악하면 더 많은 쇼핑몰이 네이버 검색에 웹사이트를 등록해 광고 수익을 늘릴 수 있다(한국경제, 2015.7.16.).

⋮ 쇼핑서 간편결제·SNS·동영상까지… 모든 IT, 네이버를 통한다.

'종합 IT 플랫폼'
검색·가격 비교·구매·결제 등 '끊김 없는 쇼핑' 네이버에서 가능
사진·관심사 기반 SNS '폴라'로 페이스 북·트위터 등과 정면승부
동영상 플랫폼 'tv캐스트'도 인기
스타트업 지원 앞장… 상생 이끌어

【삼성페이에 대하여】
스마트폰에 신용카드 등록해 결제 … 분실 땐 원격조종으로 사용 정지

삼성페이는 빠르고 간편했다. 서울 강남역 인근 설렁탕 집에서 15일 점심식사를 한 뒤 카드결제기에 갤럭시S6엣지를 갖다 대자 '찍'하는 소리와 함께 곧바로 점심값 2만원이 결제됐다.

'지갑을 굳이 들고 다니지 않아도 되겠다' 싶었다. 스마트폰에 삼성페이 애플리케이션(앱·응용프로그램)만 설치해두면 언제 어디서나 지갑을 열지 않고도 값을 치를 수 있어서다. 카드 결제를 위해 계산대에 줄서서 기다릴 필요도 없다.

삼성페이의 결제 절차는 3단계다. 잠금 화면 아래 신용카드 표시를 손으로 쓸어 올린 뒤 지문인증을 하고 카드를 긁는 카드결제기에 갖다 대기만 하면 된다. 지갑에서 카드를 찾아 꺼낸 뒤 점원에게 건네주고, 기기에 긁고, 전자 서명한 뒤 카드를 되돌려 받는 기존 신용카드 결제절차를 거치지 않아도 된다.

스마트폰을 잃어버리더라도 걱정할 필요가 없다. 카드 거래정지를 하는 것처럼 원격조종으로 기기 결제를 중단시키면 된다. 실물 카드를 정지하거나 분실 신고하지 않아도 된다.

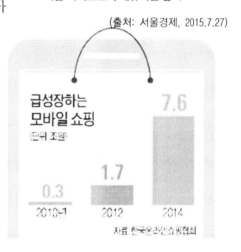

종합 IT 플랫폼 지향하는 네이버

쇼핑(쇼핑 검색)
- 온라인 쇼핑에 최적화한 정보 제공
- 브랜드·세일 정보, 관련 상품이나 리뷰·트렌드 등 우선 노출

간편결제(네이버페이)
- 검색에서 구매까지 '끊김 없는' 쇼핑 경험 완성
- 네이버 아이디 하나만으로 구매 가능

SNS(폴라)
- 사진·관심사 기반으로 최신 트렌드 반영
- 해시(#)태그 활용하는 새로운 형태의 SNS

동영상(tv캐스트 등)
- 지상파 프로그램 등 콘텐츠 확보
- 외산 서비스보다 체류시간 앞서

(출처: 서울경제, 2015.7.27)

급성장하는 모바일 쇼핑 [단위 조원]
0.3 2010년
1.7 2012
7.6 2014
자료 한국온라인쇼핑협회

카드 등록 절차도 간단했다. 삼성페이 앱을 설치하고, 삼성 계정에 로그인해 본인 인증을 한다. 이후 앱에서 실제 사용할 신용카드를 카메라로 촬영해 등록하면 된다.

삼성페이는 카카오페이 네이버페이 등 간편결제 서비스보다 신선하다는 인상을 줬다. 자기장 기술을 이용해 버스카드처럼 결제단말기에 갖다 대는 방식도 쏠쏠한 재미를 줬다. 정식서비스부터 삼성, 신한, KB국민, 현대, 롯데, NH농협, 비씨, 우리, 씨티, 하나 등 신용카드 가맹점에서는 어디서든 쓸 수 있는 것도 강점이다.

개선해야 할 점도 있다. 셀프주유소, KTX 등 열차 발권, 호텔객실 결제 등 일부 서비스에서는 카드 승인 요청과 최종 결제 사이에 시간차가 발생하기도 했다. 갤럭시S6와 갤럭시S6엣지 두 모델에서만 쓸 수 있는 것도 아쉬운 대목이다. 직전에 판매된 갤럭시S5나 갤럭시노트4 등 구형 모델은 사용할 수 없다.

　온라인 결제 기능이 없는 것도 보완할 점이다. 애플은 미국 내 스타벅스, 우버, MLB닷컴, 디즈니 등 온라인 몰에 애플페이를 지원하고 있다(한국경제, 2015.7.16.).

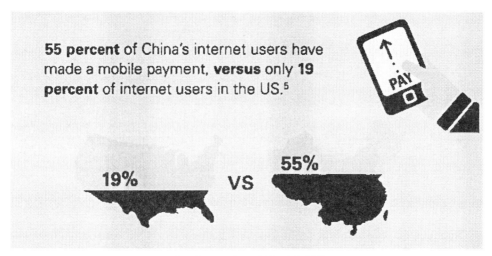

미국과 중국의 모바일 지불 현황

(출처 : http://www.innovationiseverywhere.com)

연습문제 I ※ 다음 문제의 정답을 표시하시오.

01. 쇼핑과 결합한 간편결제 서비스의 관계가 맞지 않는 것은?

① 네이버-네이버페이   ② 다음카카오-카카오페이

③ 구글 - 구글페이   ④ SK플래닛 - 시럽페이

02. 국내 최대 승객·기사 회원 보유하고 기사·승객 간 상호 평가 가능한 택시앱?

① T맵 택시   ② 우버

③ 카카오택시   ④ 안심택시

03. 한국의 간편결제 서비스의 관계가 맞지 않는 것은?

① 이베이코리아 - 이베이페이   ② 네이버 - 네이버페이

③ 삼성전자 - 삼성페이   ④ LG유플러스 - 페이나우

04. 위치 기반 근거리 통신 기술로 저 전력 블루투스를 기반으로 반경 50m 내 사용자의 위치를 찾아 모바일 쿠폰을 전송하고 결제도 가능하게 해주는 기술이다.

① 소셜커머스   ② 비컨(Beacon)

③ 오픈마켓   ④ 모바일커머스

05. 국외의 간편결제 서비스의 관계가 맞지 않는 것은?

① 애플 - 애플페이   ② 알리바바 - 알리페이

③ 텐센트 - 텐센트페이   ④ 아마존 - 대시버튼

06. 네이버페이에서 할 수 없는 것은?

① 간편결제   ② 개인 간 송금

③ 포인트 적립 충전   ④ 온 · 오프라인 겸용

07. IT기업들이 모바일 결제시장에 뛰어드는 이유가 아닌 것은?

① 결제 수수료 수익 증대   ② 자사 주력 상품이나 서비스 강화

③ 해당기업 주력제품 판매량 확대   ④ 광고수익 증대

08. 삼성페이의 설명 중 틀리는 것은?

① 장점은 범용성   ② 이마트 · 신세계백화점 사용 가능

③ 오프라인 매장 사용 가능   ④ 마그네틱보안전송(MST) 기술 적용

연습문제 Ⅱ ※ 다음 문제를 설명하시오.

01. O2O(Online to Offline) 서비스

02. 택시앱(카카오 택시·T맵 택시·우버) 특징

03. 국내·외 쇼핑과 결합한 간편결제 서비스 종류 및 특징

04. 소셜커머스(Social Commerce)

05. 대표적인 국내외 O2O 비즈니스 사례

06. 중국의 간편결제 서비스

07. [   ]는 온라인의 편리함인 경제성에 오프라인의 편리함인 즉시성과 현장성이 결합된 것이다. 예컨대 배달의 민족, 요기요 같은 배달 주문 앱 서비스도 큰 틀에서 보면 [   ]의 일종이다.

08. [   ]는 간편결제 서비스 '카카오페이'를 모바일 메신저 카카오톡 안에 구현해 빠른 속도로 가입자를 유치하고 있다.

09. 간편결제 서비스가 속속 출시되고 있다. 다음카카오의 카카오페이, SK플래닛의 [   ], 네이버의 '네이버페이', 이베이코리아의 [   ], LG유플러스의 [   ] 등이 대표적이다.

10. [   ]는 소셜 미디어와 온라인 미디어를 활용하는 전자상거래의 일종이다. 대한민국에서 현재 대표적인 소셜 커머스로는 (티켓몬스터), 쿠팡, 위메프 등이 있다.

11. [   ]란 신용카드 정보를 등록해둔 스마트폰을 이용해 온·오프라인 매장에서 비밀번호 만 으로 간단히 상품·서비스 대금을 치르는 것을 의미한다.

12. 미국의 간편결제 서비스로는 애플의 [   ]나 페이팔 정도만 있으면 서비스 이용에 불편함이 없다. 중국에서는 알리바바의 [   ]와 텐센트의 '텐페이' 정도만 있으면 어디서든 간편결제 서비스를 이용할 수 있다.

Chapter 09
소셜미디어 신기술

▸ 유비쿼터스, 와이브로, 블루투스, RFID의 신기술에 대하여 알아본다.

▸ 웨어러블 컴퓨터의 특징에 대하여 알아본다.

▸ '빛의 혁명'이라고 부르는 LED(발광다이오드)에 대하여 알아본다.

▸ 텔레매틱스 기술의 활용 분야를 알아본다.

▸ IPTV, Smart TV에 대하여 알아본다.

▸ 로봇의 활용 분야에 대하여 알아본다.

▸ 텔레매틱스 서비스 사례에 대하여 논의한다.

▸ 10년 후의 차세대 신기술에 대하여 알아본다.

▸ 국내 메신저 앱의 역사에 대하여 알아본다.

▸ RFID의 이용사례에 대하여 논의한다.

▸ 국내 옴니채널에 대하여 사례들을 알아본다.

증강 현실 : 빌딩 광고탑 관련 정보 검색

Chapter 09

소셜미디어 신기술

유비쿼터스(Ubiquitous)란 말은 '어디에나 존재한다.'는 뜻의 라틴어에서 유래했다. 다양한 종류의 컴퓨터가 사람과 사물 사이에 유·무선으로 촘촘하게 연결돼 언제 어디서나 접근할 수 있는 환경을 말한다. 1984년 동경대 사카무라 겐 교수가 차세대 컴퓨팅 개념으로 주장한 '모든 곳에 컴퓨터가 있다(computing everywhere)'에서 시작된 개념이다. 즉, 유비쿼터스 네트워크 시대란 네트워크가 모든 곳에 존재하는 시대를 일컫는 개념이다.

우리나라에서도 유비쿼터스 관련 기술들이 차세대 성장엔진으로 선정되고, U-Korea(유비쿼터스 코리아) 사업이 국가적 과제로 논의되는 등 급물살을 타고 있다. 유비쿼터스 환경 하에서는 지금처럼 PC, 이동전화, PDA뿐만 아니라, TV, 냉장고 등 가전기기를 비롯하여 자동차 심지어 방문, 욕조 등에 이루기까지 일상생활 속 대부분의 사물들이 모두 네트워크에 연결된다. 즉, 언제, 어디서, 누구나 주변의 사물과 저렴한 비용으로 커뮤니케이션하고 또 사물과 사물 간에도 커뮤니케이션을 할 수 있는 환경이 구축되어지는 것이다.

유비쿼터스는 '홈 네트워크(Home Network : 가정)', '차세대 이동통신(사무실·거리)', '텔레매틱스(Telematics : 차량·도로)' 등 세 가지가 핵심이다.

☰ 텔레매틱스(Telematics)

텔레커뮤니케이션(telecommunication)과 인포매틱스(informatics)의 합성어로, 자동차 안에서 이메일을 주고받고, 인터넷을 통해 각종 정보도 검색할 수 있는 오토(auto) PC를 이용한다는 점에서 '오토모티브 텔레매틱스' 라고도 부른다.

운전자가 무선 네트워크를 통해 차량을 원격 진단하고, 무선모뎀을 장착한 오토 PC로 교통 및 생활 정보, 긴급구난 등 각종 정보를 이용할 수 있으며, 사무실과 친구들에게 전화 메시지를 전할 수 있음은 물론, 음성 이메일을 주고받을 수도 있고, 오디오북을 다운받을 수도 있다.

네트워크는 초고속망을 기반으로 다양한 IT 기술을 활용해 일상생활, 원격교육, 엔터테인먼트(entertainment), 건강관리 등을 가능케 하는 분야다. 국내 홈 네트워크 산업은 서버(sever)·게이트웨이(gateway) 등 하드웨어 부문에서 미국, 일본 등 보다 다소 뒤처져 있다. 그러나 잘 발달된 유·무선 네트워크 인프라 및 정보기술 활용 수준을 고려할 때 매우 전망이 밝다.

산업연구원 추산에 따르면 2005년 약 9000억 원 수준이었던 국내 홈 네트워크 시장은 해마다 15% 안팎씩 성장을 거듭, 2020년에는 7조 원대가 될 전망이다.

차세대 이동통신은 인터넷·동영상 등 다양한 멀티미디어 정보를 이동통신·위성통신 망을 통해 활용하는 초고속 모바일 시스템이다. 현재 3세대(G) 서비스라고 불리는 고속하향 패킷접속(HSDPA) 방식 휴대전화 화상통화가 그 중 하나다. 휴대전화 등 이동식 단말기를 통해 TV를 볼 수 있는 디지털멀티미디어방송(DMB)도 차세대이동통신 기술의 결과물이다. 2005년 4조 원대에서 2020년에는 11조 원대의 시장이 국내에서 형성될 전망이다. 그동안 카 내비게이션 정도의 좁은 의미로 쓰였던 텔레매틱스는 최근 무선통신, 컴퓨터, 인터넷, 멀티미디어산업을 포괄하는 '자동차용 차세대 정보제공 서비스'로 개념이 확대되고 있다.

🔍 고속하향패킷 접속(HSDPA: high speed downlink packet access)

고속하향패킷 접속을 통해 3세대 이동통신 기술인 광대역부호분할다중 접속(W-CDMA: Wideband Code Division Multiple Access)나 CDMA보다 훨씬 빠른 속도로 데이터를 주고받을 수 있는 3.5세대 이동통신 방식이다.

🔍 부호분할다중 접속(CDMA: code division multiple access)

미국의 퀄컴(Qualcomm)이 개발한 확산대역 기술을 채택한 디지털 이동통신 방식으로 부호분할다중 접속·코드 분할 다중 접속이라고도 한다. 사용자가 시간과 주파수를 공유하면서 신호를 송수신하기 때문에 기존 아날로그 방식(AMPS: advanced mobile phone service: 아날로그 셀룰러 표준) 보다 수용용량이 10배가 넘고 통화품질도 우수하다. 확산대역(spread-spectrum)기술을 사용한 다중접속방식의 한 종류이다.

스프레드 스펙트럼은 신호가 정보를 보내기 위하여 필요한 최소한의 대역폭을 초과하는 대역폭을 점유하는 전송을 의미한다.

허공에 손을 뻗어 홀로그램 영상으로 컴퓨터를 조작하고, 운전대를 잡지 않고 음성만으로 자동차를 모는 영화 속 장면들이 세상 밖으로 뛰어 나올 기세다. 여러 기술이나 성능이 하나로 융합(convergence: 컨버전스)되거나 합쳐지는 기술이 빠르게 진행되면서 상상이 현실로 바뀌는 것이다. 빠르게 세상을 바꾸는 변화의 견인차는 정보기술(IT) 산업이다. 이러한 '뉴 IT'의 핵심에는 '유비쿼터스'로 대표되는 전천후·전방위 네트워크와 이로 인해 만들어지는 가상세계, 이를 가능케 하는 신개념 컴퓨터 기술이 존재한다.

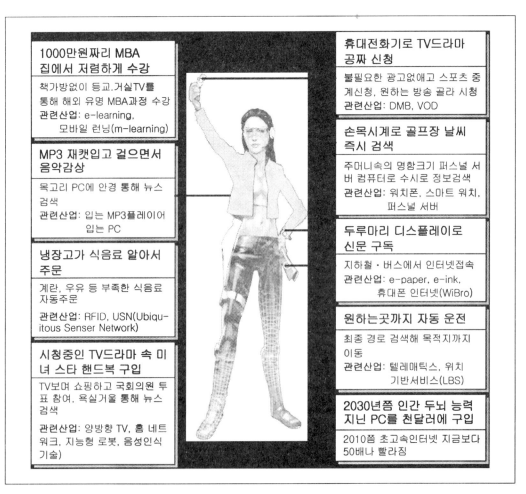

1000만원짜리 MBA 집에서 저렴하게 수강

책가방없이 등교.거실TV를 통해 해외 유명 MBA과정 수강
관련산업: e-learning, 모바일 런닝(m-learning)

MP3 재캣입고 걸으면서 음악감상

목고리 PC에 안경 통해 뉴스 검색
관련산업: 입는 MP3플레이어 입는 PC

냉장고가 식음료 알아서 주문

계란, 우유 등 부족한 식음료 자동주문
관련산업: RFID, USN(Ubiqui-itous Senser Network)

시청중인 TV드라마 속 미녀 스타 핸드복 구입

TV보며 쇼핑하고 국회의원 투표 참여, 욕실거울 통해 뉴스 검색
관련산업: 양방향 TV, 홈 네트워크, 지능형 로봇, 음성인식 기술)

휴대전화기로 TV드라마 공짜 신청

불필요한 광고없애고 스포츠 중계신청, 원하는 방송 골라 시청
관련산업: DMB, VOD

손목시계로 골프장 날씨 즉시 검색

주머니속의 명함크기 퍼스널 서버 컴퓨터로 수시로 정보검색
관련산업: 워치폰, 스마트 워치, 퍼스널 서버

두루마리 디스플레이로 신문 구독

지하철·버스에서 인터넷접속
관련산업: e-paper, e-ink, 휴대폰 인터넷(WiBro)

원하는곳까지 자동 운전

최종 경로 검색해 목적지까지 이동
관련산업: 텔레매틱스, 위치 기반서비스(LBS)

2030년쯤 인간 두뇌 능력 지닌 PC를 천달러에 구입

2010쯤 초고속인터넷 지금보다 50배나 빨라짐

유비쿼터스의 활용 분야

226

유비쿼터스는 다양한 사이버 공간을 창출하고 있다. 미국 린든랩이 개발한 3차원 가상 현실 서비스인 '세컨드 라이프'가 대표적이다. 이미 이곳에서 600만 명의 가상인물이 창조됐다. 삼성전자가 자사 휴대전화를 홍보하는 공간을 개설한 것을 비롯해 일본 도요타 자동차가 차세대 컨셉트 카를 선보이고, 닛산자동차가 가상의 차를 판매하는 등 전 세계 글로벌 기업들이 이 가상공간에 입주해 비즈니스에 활용하고 있다.

1. '입는 컴퓨터'로 진화 중

웨어러블 컴퓨터(wearable computer) 또는 웨어러블 디바이스(wearable device)로 불리는 착용 컴퓨터는 안경, 시계, 의복 등과 같이 착용할 수 있는 형태로 된 컴퓨터를 뜻한다. 궁극적으로는 사용자가 거부감 없이 신체의 일부처럼 항상 착용하고 사용할 수 있으며 인간의 능력을 보완하거나 배가시키는 것이 목표이다. 기본 기능들로는 언제 어디서나(항시성), 쉽게 사용할 수 있고(편의성), 착용하여 사용하기에 편하며(착용감), 안전하고 보기 좋은(안정성/사회성) 특성이 요구된다.

이는 단순히 액세서리처럼 전자기기를 몸에 착용하는 것이 아니라, 사용자 신체의 가장 가까운 위치에서 사용자와 소통할 수 있는 전자기기이다. 웨어러블 디바이스의 장점은 주변 환경에 대한 상세 정보나 개인의 신체 변화를 실시간으로 끊이지 않고 지속적으로 수집할 수 있다는 것이다. 예를 들어 스마트 안경의 경우 눈에 보이는 주변의 모든 정보의 기록이 가능하며 스마트 속옷은 체온, 심장박동과 같은 생체신호를 꾸준히 수집할 수 있다(https://ko.wikipedia.org/wiki).

입는 컴퓨터로 연결되는 시대
(출처: http://www.krts.or.kr/)

착용 컴퓨터는 차세대 스마트 기기로 웨어러블 디바이스는 다양한 영역의 다양한 사업자들에게 새로운 사업 분야로 선택받고 있다. 액세서리 형에서 시작하여 직물/의류 일체형, 신체부착형, 그리고 궁극적인 목표인 생체이식형으로, 신체에 근접하는 방향으로 발전해 나갈 전망이다. 하지만 장시간 사용할 수 있도록 저 전력 기술, 착용감을 향상시킬 수 있도록 초소형, 유연/신축 전자 기술 등의 개발이 더욱 절실히 요구되며, 착용 컴퓨터가 양산하는 다양한 문제들에 대한 대비책도 마련되어야 할 것이다.

웨어러블 컴퓨터는 우리가 입고 다니는 옷이나 액세서리와 같은 형태의 컴퓨터를 의미하며, 궁극적으로는 두 손이 자유로운 상태에서 인간의 지적 능력을 보완하거나 증강시키기 위한 컴퓨팅 환경 구현을 목표로 하고 있다.

"사람들이 몸에 10개의 IP 주소를 달고 다니는 날이 올 것이다."

에릭 슈밋(58) 구글 회장의 말이다. 그는 미국 정보기술(IT) 전문매체 콘퍼런스에 참석한 자리에서 구글이 개발 중인 착용 가능한 컴퓨터(wearable computer) '구글 글라스'의 성공을 장담하며 이렇게 밝혔다. 그는 "컴퓨터와 기술이 점점 더 우리 몸과 연동되는 시대가 오고 있다"며 "10년 내 50억 인구가 모두 인터넷으로 연결되는 시대가 도래할 것"이라고 덧붙였다.

바야흐로 '입는 컴퓨터' 시대다. 스마트폰을 손에 들고 다니며 바로 검색하고 애플리케이션을 실행하는게 요즘의 '스마트'라면 가까운 미래의 '스마트'는 신발 · 시계 · 안경 · 옷 등 각각의 기기들이 스스로 제어 · 판단을 한 뒤 사용자에게 맞춤형 기능들을 제공하는 시대가 올 것이란 전망이다.

특히, 사용자 인터페이스 기술과 하드웨어 플랫폼 기술은 양손에 자유를 부여하고 간편하게 기기를 조작할 수 있도록 하며(Hands-free), 사용자의 집중을 덜 요구하는(Distraction-free) 웨어러블 특성을 보다 잘 반영해야 한다. 뿐만 아니라, 사용자가 직접 착용하므로 안정성 · 편안함 · 패션과 같은 기술 외적인 사항이 기술 수용에 큰 영향을 미칠 수 있기 때문에 의류 · 인간공학 · 디자인 등 IT 이외 분야와의 기술 협력 또한 중요하다(웨어러블 컴퓨터 기술 현황과 전망, 한국전자통신연구원, 2013.10).

☰🔍 웨어러블 컴퓨터의 특징(http://www.ufcom.org/2007/insub1_1.php)

- 착용감 : 일상생활에서 사용하는 의복, 액세서리와 같이 착용을 의식하지 않을 정도의 무게감과 자연스러운 착용감 제공
- 항시성 : 사용자의 요구에 즉각적인 반응을 제공하기 위하여 컴퓨터와 사용 자간 끊임없는 통신을 지원할 수 있는 채널 존재
- 사용자 인터페이스(HCI)
  - 인간과 컴퓨터간의 상호작용(Human Computer Interaction)
  - 인간의 신체적, 지적 능력의 연장선
  - 사용자와의 자연스러운 일체감과 통합감 제공
- 안정성
  - 장시간 착용에 따른 신체적 피로감 최소화
  - 전원 및 전자파 등에 대한 안정성 보장
  - 세탁 가능 여부
- 사회성
  - 착용에 따른 문화적 이질감을 배제
  - 사회 문화적 통념에 부합되는 형태와 개인의 프라이버시 보호

코오롱인더스트리 '라이프텍 재킷'은 2분 이내에 온도가 40도까지 올라간다. 옷에 내장된 배터리를 작동시키면 전기가 통하는 신소재 '히텍스'가 달궈지기 때문이다. 등판과 앞주머니에 내장된 히텍스를 작동시키면 지속적으로 발열되어 최고 40도에서 최대 7시간까지 유지가 가능하다.

소니 스마트워치2, 갤럭시 기어, 아이워치

'스마트의류'는 미국에서 군사용으로 처음 개발되었으며, 고기능성 섬유에 디지털 센서, 초소형 컴퓨터칩 등이 들어 있어 '입는 컴퓨터'로도 불린다. 스마트 의류는 건강을 자동으

로 체크해주며 체온을 스스로 감지해 옷을 따뜻하게 하거나 시원하게 해주는 기능을 갖고 있다.

'스마트글러브'는 전기특성을 가진 탄소나노튜브를 이용한 것으로, 손가락을 굽힐 때마다 다양한 음성을 내 커뮤니케이션에 곤란을 겪는 장애인에게 도움이 될 것이다(동아일보).

웨어러블 컴퓨터의 기본 기능

기 능	스마트워크 도입효과
착용감	일상생활에서 사용하는 의복, 액세서리와 같이 착용을 의식하지 않을 정도의 무게감과 자연스러운 착용감 제공
항시성	사용자 요구에 즉각적인 반응을 제공하기 위하여 컴퓨터와 사용자간 끊임없는 통신을 지원할 수 있는 채널 존재
사용자 인터페이스	인간의 신체적, 지적 능력의 연장선상에 있어야 하므로 사용자와의 자연스러운 일체감과 통합감 제공
안정성	장시간 착용에 따른 불쾌감과 신체적 피로감을 최소화하고 전원 및 전자파 등에 대한 안정성 보장
사회성	착용에 따른 문화적 이질감을 배제하고 사회 문화적 통념에 부합되는 형태와 개인의 프라이버시 보호

(출처 : 기술과 경영한국전자통신연구원, 2013.10)

이용자 마음을 읽는 미래를 보는 안경

한국전자통신연구원(ETRI)은 시선패턴과 뇌파 신호를 분석해 사용자가 원하는 미래정보를 제공하는 안경을 개발 중이라고 한다. 미래예측 안경에는 사용자의 눈과 밖을 보는 카메라 2개, 뇌파 수신 장치가 내장되어 있고, 정보는 증강현실을 통해 제공된다. 특히 '개인지식 다이제스트 기술'이 적용되어 사람이 행동하게 하는 요소들을 찾아내게 된다. 이를 통해 요소별로 연관성을 분석한 뒤 미래의 행동을 예측한다.

따라서 이 안경을 쓰면 다음 주 점심으로 무엇을 먹게 될지 미리 알 수 있고 외국 여행이나 출

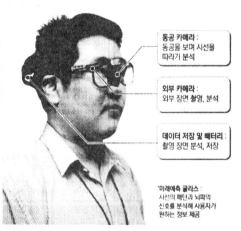

동공 카메라 :
동공을 보며 시선을 따라가 분석

외부 카메라 :
외부 장면 촬영, 분석

데이터 저장 및 배터리 :
촬영 장면 분석, 저장

'미래예측 글라스 :
시선의 패턴과 뇌파의 신호를 분석해 사용자가 원하는 정보 제공

ETRI가 개발 중인 미래를 보는 안경

장을 갈 때 최종 목적지만 알려주면 스케줄도 짤 수 있다. 즉 안경이 개인의 과거 행동에 대한 패턴을 분석해서 행동을 예측하는 퍼스널 빅데이터 기기로 변신하는 것이 된다(매일경제).

2. 초고속 휴대인터넷(WiBro)

와이브로(WiBro: Wireless Broadband) 란 휴대용 단말기를 이용하여 정지 및 이동 중에 언제, 어디서나 고속의 전송속도(약 1Mbps급)로 인터넷에 접속하여 다양한 정보 및 콘텐츠 사용이 가능한 초고속 인터넷 서비스를 말한다. 즉, 실내의 유선 초고속인터넷 서비스를 실외에서 이동 중에도 사용할 수 있도록 확장하는 개념이다.

이것은 2.3GHz 주파수 대역을 이용하여 셀 반경 1Km이내, 이동 시 최소 60Km/H 이상에서도 끊김 없는 무선 인터넷 서비스를 보장하고, 보다 저렴하게 무선 인터넷을 이용할 수 있는 새로운 서비스이다.

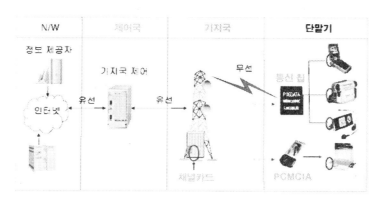

와이브로 개념

(출처: Naver 지식 iN)

이론적으로 와이브로의 최대 전송속도는 10Mbps이며 최대전송거리는 1Km 시속 120km/h로 이동하면서 사용할 수 있다. 와이브로의 평균속도는 초고속인터넷 서비스에는 미치지 못하지만 스마트폰의 3G통신망보다는 빠르며 노트북이나 넷북으로 인터넷을 사용하기에는 무리가 없다.

* 와이파이는 무선랜 이라고 하는 근거리 통신기술로 IEEE 802.11 무선통신 표준에 입각한 제품을 표시하는 일종의 상표명으로 태블릿 PC나 노트북에 보편적으로 적용되고 있다.

* 와이맥스는 인텔사가 개발한 IEEE 802.16d 규격의 와이파이의 단점을 보완한 무선통신기술이다. 장애물이 없는 지역에서 전송거리는 약 45km, 전송속도는 5~

10Mbps 정도이다. 단점으로는 한 기지국에서 다른 기지국으로 이동될 때 지속적인 네트워크를 보장하지 않는다.

미래 이동통신시장에서 경쟁력 확보에 필수적인 기초·원천기술을 개발하고, 이를 국제표준에 반영하여 미래 핵심 IPR(지적재산권)을 확보한다. 세계 최고의 인프라인 초고속인터넷 기반 위에, 휴대인터넷망을 선도적으로 구축하여 새로운 무선멀티미디어 수요를 창출한다. 현재 세계적 수준인 이동전화단말기의 멀티미디어 지원기능을 신속히 업그레이드할 수 있도록 기술개발을 지원한다.

한국이 개발한 휴대 인터넷 '와이브로(WiBro)'의 주파수가 세계전파통신회의(WRC)에서 와이브로 주파수 대역인 2.3기가헤르츠(GHz) 대역이 4G 이동통신의 세계 공통 주파수 대역으로 선정됐다(kin.Naver.com).

와이브로는 3G 이동통신의 국제표준 기술로 채택된데 이어 이번에 주파수까지 세계 공통 대역으로 채택됨에 따라 세계 시장 진출에 탄력을 받을 것으로 보인다.

WRC는 세계 190여개 국제전기통신연합(ITU) 회원국과 30여개 국제기구 대표가 참여하는 회의로 3, 4년마다 모여 세계 공통의 주파수 대역을 선정하고 전파 이용과 관련한 국제규칙을 결정한다.

와이브로 주파수 대역과 함께 무전기용으로 사용되고 있는 450~470메가헤르츠(MHz) 대역과 통신·TV 방송 중계용으로 쓰는 3.4~3.6GHz 대역이 4G 이동통신 주파수 대역으로 선정됐다(동아일보).

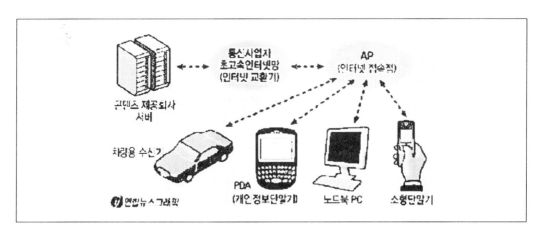

와이브로 서비스 개념도(http://wifilog.tistory.com/52)

국가별 와이브로 주파수(2.3GHz) 도입 현황

도입 상태	국　가
도입(5개국)	• 한국 : 세계 최초 상용서비스 운영 • 미국 : 네바다 주 일부에서 상용서비스 운영 후 남부 23개 지역으로 확대 검토 • 말레이시아 : 주파수 할당 완료 • 퀴라소 : 상용화 준비 중 • 홍콩 : 2008년 상반기 주파수 경매
도입추진(3개국)	인도네시아, 뉴질랜드, 싱가포르
도입검토(5개국)	필리핀, 호주, 태국, 베트남, 아랍에미리트

와이브로(WiBro)

'무선(Wireless)+광대역 인터넷(Broadband Internet)'의 줄임말로 국제적으로는 '모바일 와이맥스 (Mobile WiMAX)', 국내에서는 '휴대인터넷'으로 불린다. 최대 시속 100km로 이동하면서도 초고속 인 터넷을 이용할 수 있으며 36쪽짜리 신문을 0.7초에, MP3 음악파일 30곡을 24초에 내려 받을 수 있는 기술이다.

3. 삼성 '大화면 엣지'부터 LG '슈퍼폰'까지

세계 스마트폰 시장 성장세가 둔화하자 제조사 간 시장 쟁탈전이 뜨거워지고 있다. 신 제품을 서둘러 내놓는 것도 마케팅 경쟁에서 이기기 위한 전략 가운데 하나다. 삼성전자 는 예년보다 이른 다음 달 신제품을 선보일 예정인 것으로 알려졌다. 연말 성수기를 앞두 고 벌어지는 삼성전자와 애플의 고급형 스마트폰 신제품 경쟁이 올해는 일찍 시작될 전망 이다. LG전자도 가세한다. 2015년 10월께 전략 스마트폰인 G4보다 고급형 신제품을 내 놓는다.

삼성, 신제품 조기 투입

2015년 7월8일 전자업계에 따르면 삼성전자는 주력 스마트폰 제품인 갤럭시노트5를 이르면 다음 달부터 판매한다. 갤럭시노트5와 함께 갤럭시S6엣지의 화면을 키운 신제품 도 선보인다. 전자업계 관계자는 "개발 일정이 순조로우면 8월 초~중순 발표한 뒤 중순~

말께 판매할 예정"이라고 말했다. 예년보다 한 달 정도 빠른 일정이다.

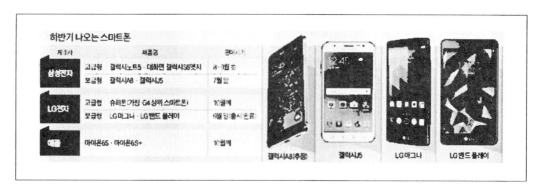

와이브로 서비스 개념도(http://wifilog.tistory.com/52)

삼성전자는 하반기 패블릿(5인치 이상 대화면 스마트폰)으로 승부한다는 전략이다. 세계 최대 스마트폰 시장인 중국뿐만 아니라 세계 최대 고급형 스마트폰 시장인 미국에서도 패블릿 선호도가 높다고 판단해서다. 갤럭시노트5와 대화면 갤럭시S6엣지의 화면 크기는 각각 5.7인치, 5.5인치다.

삼성전자가 신제품을 조기 투입하기로 한 것은 실적 부진을 만회하기 위해서다. 삼성전자의 올해 상반기 매출은 3년 만에 처음으로 100조원을 밑돌았다. 갤럭시S6와 갤럭시S6엣지의 판매가 기대보다 다소 부진했던 탓이었다. 경쟁사인 애플보다 한발 앞서 신제품을 선보여 시장 주도권을 갖기 위해서이기도 하다.

애플은 9월 신제품 아이폰6S 아이폰6S플러스를 공개하고 세계시장 판매를 시작할 예정이다. 한국은 1차 출시 국에서 제외돼 국내 판매는10월께 시작할 전망이다. LG전자도 10월께 일명 '슈퍼폰'으로 알려진 G4 상위 신제품을 내놓을 예정이다.

∴ 보급형도 줄줄이 대기

본격적인 고급형 스마트폰 대전을 앞두고 국내시장에 보급형 제품도 잇달아 출시한다. 단말기유통구조개선법 시행 이후 스마트폰 실제 구매가격이 높아져 판매량이 줄자 제조업체가 보급형 시장 공략에 고삐를 죄고 있다는 분석이다.

삼성전자는 이달 말께 갤럭시A8과 갤럭시J5를 내놓는다. 갤럭시A8은 국내에서 팔리고 있는 갤럭시A5(5인치) 갤럭시A7(5.5인치)보다 화면 크기가 큰 5.7인치다. 보급형이지만 후면과 테두리에 메탈(금속) 소재를 써 디자인이 세련된 것이 특징이다. 갤럭시J5는 중저가 스마트폰으로 가격 경쟁력이 탁월하다. 40만~50만 원대인 갤럭시A 시리즈보다 싼 30만원대에 판매할 것으로 알려졌다. LG전자는 지난달 SK텔레콤 전용 보급형 스마트폰 LG밴드플레이와 알뜰폰용 스마트폰 LG마그나를 선보였다.

하반기 스마트폰 신제품을 관통하는 키워드는 패블릿이다. 고급형과 보급형 주요 신제품 가운데 화면 크기가 5인치 이하인 제품은 찾아볼 수 없을 정도다. 통신업계 관계자는 "통신망의 발달로 스마트폰으로 동영상을 즐기는 이용자가 늘자 대화면 스마트폰 인기가 갈수록 높아지고 있다"고 말했다(한국경제, 2015.7.9.).

☰🔍 무선랜[wireless lan]

보통 와이어리스 랜이라고 한다. 무선접속장치(AP)가 설치된 곳을 중심으로 일정 거리 이내에서 PDA나 노트북 컴퓨터를 통해 초고속 인터넷을 이용할 수 있다. 무선주파수를 이용하므로 전화선이나 전용선이 필요 없으나 PDA나 노트북 컴퓨터에는 무선랜카드가 장착되어 있어야 한다.

∷ 大화면 '갤노트5', '갤S6 엣지+' 공개

'갤럭시노트5'와 '갤럭시S6 엣지+(플러스)' 주요 사양	
모바일AP	옥타코어 64비트, 14nm(나노미터) 프로세서
색상	화이트 펄, 블랙 사파이어, 골드 플래티넘, 실버 티타늄
메모리	4GB 램(LPDDR4) 32/64GB
카메라	후면 1600만, 전면 500만 화소
배터리	3000mAh, 무선 충전

출처: 동아일보. 2015.8.14

삼성전자가 2015년 8월13일(현지 시간) 미국 뉴욕에서 '삼성 갤럭시 언팩' 행사를 개최하고 '갤럭시노트5'와 '갤럭시S6 엣지+'를 공개했다. 삼성전자가 처음으로 선보인 프리미엄 대화면 스마트폰의 본격적인 확산을 알리는 제품이다.

갤노트5는 '5세대 S펜'에 처음으로 손으로 끌어내지 않고 가볍게 누르면 튀어나오는 '푸시 풀' 방식을 적용했다. 노트의 최고 강점인 필기와 '에어 커맨드' 기능도 실용적으로 강화했다. 에어 커맨드는 화면 위에서 S펜 버튼을 누르면 주요 기능이 부채 모양으로 화면에 나타나는 기능이다. '꺼진 화면 메모' 기능에서는 화면이 꺼진 상태에서도 펜을 **빼면** 바로 메모를 할 수 있어 갑자기 떠오른 아이디어 등을 적을 수 있다.

두 제품 모두 고속 유무선 **충전** 기능을 내장해 삼성전자가 새롭게 출시하는 무선 충전기를 이용하면 120분에 완전히 **충전할** 수 있다. 두 제품 모두 삼성전자의 첫 모바일 결제 서비스인 '삼성 페이'를 지원하며 이달 중순부터 세계에서 순차적으로 출시될 예정이다.

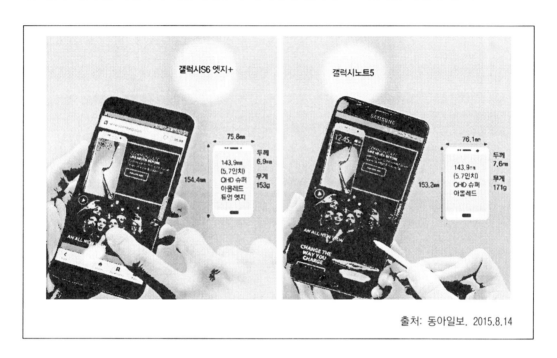

'갤럭시노트5'와 '갤럭시S6 엣지+'는 화면 크기는 키우고, 베젤 폭은 좁혀 멀티미디어 콘텐츠를 즐기기에 최적이라는 평가를 받는다. 삼성전자는 이에 맞춰 다양한 멀티미디어 신기능을 선보였다.

두 제품 모두 전면 카메라에 동영상 촬영 시 흔들림을 최소화해 주는 동영상 손떨림 보정 기술을 적용했다. '셀피' 동영상 촬영 시 사용자의 얼굴을 자동으로 인식해 흔들림을 줄이며 촬영할 수 있다. 후면 카메라에는 동영상 손떨림 보정에 기존 광학식 손떨림 보정 (OIS · Optical Image Stabilization) 기능이 더해져 빛이 부족한 환경에서도 흔들림과 번짐 효과를 최소화해 촬영할 수 있다.

촬영한 사진을 보정하는 기능도 강화해 사진의 외곽 부분을 어둡게 해주는 비네팅 효과나 다양한 필터를 통해 자신만의 사진을 만들 수 있다(동아일보, 2015.8.14.).

≡Q 스마트폰 이용자 10대 안전 수칙

1. 애플리케이션다운 시 주의
2. 의심 사이트 방문 자제
3. 발신인 불명확한 메일 삭제하기
4. 비밀번호 설정 및 삭제
5. 블루투스 등은 사용 시에만 켜기

6. 감염 여부 체크
7. 다운 파일은 바이러스 검사
8. PC에도 백신 프로그램 설치
9. 플랫폼 구조임의 변경 금지
10. 최신 버전으로 업데이트

4. 스마트폰과 모바일 환경

가. '함께 있지만 혼자 있는' 스마트폰 세대

메시지 갈증인가 낭비인가 모바일 메신저 카카오톡의 하루 메시지 전송건수가 2012년 7월 23일 기준으로 30억 건을 돌파했다. 1분에 208만여 건 1초에 3만 4000여 건의 메시지 전송이 이뤄지는 셈이다. 카카오톡 평균 사용자가 2400만 명인 것을 감안하면 1인당 하루 125개의 메시지를 주고받은 것이다. 지난해 말 하루 메시지 전송건수 10억 건에서 1년도 안 돼 3배로 증가했다.

스마트폰의 등장으로 이용자들은 카카오톡과 같은 애플리케이션을 통해 그물망처럼 연결됐다. 그러나 7개월 사이 카카오톡 메시지 전송이 3배로 늘어난 만큼 우리의 인간관계가 친밀해지고 소통이 증진됐다고 보기는 어렵다. 스마트폰에 중독된 어린이는 부모와 눈을 마주치지 않고 청소년은 이어폰을 끼고 잠든다. 데이트하는 남녀가 각자의 스마트폰 화면만 들여다보는 장면도 새삼스럽지 않다. 눈앞에 실존하는 인간관계를 무시하면서 모바일상의 누군가와 대화하는 이런 모습을 미국 매사추세츠공대(MIT) 세리 터클 교수는 "함께 있지만 혼자있는 현상"이라고 명명했다. 이런 현상은 무선인터넷 서비스가 최고 수준인 한국에서 더욱 심하다.

미국에서도 페이스북이 인간을 더 고독하게 만들었다는 분석이 나온다. 소셜네트워크 시대를 통한 자극과 재미 용이한 접근성은 실제 삶에서의 대화 및 반응 능력을 쇠퇴시키고 있다. 친구들끼리 등교길 에 카카오톡으로 '어디까지 왔니'를 끊임없이 묻지만 정작 상대를 학교에서 만나면 인사는 건네지 않는 세상이다. '내 앞의 당신'은 오히려 부담스러운 존재인가!

스마트폰은 인지발달 통제력 사회관계 형성능력이 완성되지 않는 어린이와 청소년에게 특히 해롭다. 최근 초등학생을 대상으로 한 여론조사에서도 71%가 카카오톡 때문에 스마트폰이 좋다고 응답했다. 초등학교의 SNS 중독은 문자폭력 사이버왕따 등의 폐해를 낳고 있다. 주머니 속의 작은 기기에 마음을 빼앗겨 진짜 삶을 배울 기회를 잃어버리는 것이다(동아일보,).

나. 스마트폰으로 PC와 채팅한다.

건당 20원으로 값이 싸고, 상대가 전화를 받기 힘든 상황이라도 쉽게 뜻을 전할 수 있어 인기였던 휴대전화 문자메시지(SMS)가 크게 달라지고 있다. 스마트폰 시대를 맞아 PC와 통합되면서 생긴 변화다.

기존의 SMS는 글자 입력이 불편한 좁은 휴대전화 자판이나 스마트폰의 터치스크린 키보드로만 글을 입력해야 해 긴 글을 쓰기가 힘들었다. 하지만 스마트폰 앱(응용프로그램) 형태로 등장해 인기를 모으고 있는 최근의 메시지 서비스는 SMS 역할을 하는 것은 물론이고 PC로도 글을 써서 보낼 수 있다. e메일 수준의 긴 글과 사진, 동영상 등 멀티미디어 파일까지 전송할 수 있는 데다 이용료도 무료라 인기가 폭발적이다.

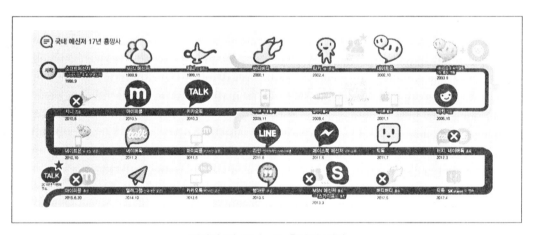

메신저 앱 20년, 그 흥망의 역사

(출처: 한겨레, 2015.6.8.)

현재 다음카카오에서는 마이피플과 카카오톡의 2개 모바일 메신저를 서비스하고 있다. 하지만 한정된 자원으로는 두 개의 모바일 메신저를 모두 서비스한다는 것에 현실적인 어려움이 있고, 그로 인해 두 메신저 모두 서비스 개선과 발전에 속도를 내지 못하고 있다. 각각의 서비스에 집중하지 못하는 지금의 상태를 유지하기 보다는 마이피플 서비스를 2015.6.30. 종료 하였다 (http://blog. daum.net/my.people).

국내외 메신저의 기능은 '상향평준화'된 상태다. 빠른 속도는 물론 무료 음성통화, 화상통화 기능까지 '특별하다'고 내세우기 어렵게 됐다. 앞으로 승부는 플랫폼 전략에서 나올 것이라는 것이 전문가들의 예측이다. 지난해 카카오와 다음이 합병한 뒤 '다음카카오'는 모바일 결제 시스템인 '카카오페이', 콜택시인 '카카오 택시' 등을 내놓으며 '메신저 플랫폼의 활용'에 박차를 가하고 있다. 네이버 라인은 아시아 시장에서 라인 페이, 라인 택시 등을 운영 중이다.

광범위하게 사용하는 메신저가 많아지면서 용도에 따라 서로 다른 메신저를 쓰려는 움직임도 있다. 앱 통계 분석 서비스 '앱애니' 집계 결과를 보면, 연인을 위한 둘만의 메신저 '비트윈', 익명의 소통을 주선하는 '모씨' 등이 애플 앱스토어 '소셜 네트워킹' 분야 10위권 안팎에 올라 있다. 네이트온도 올해 안에 사무용 메신저 기능을 강화한 서비스를 내놔 '직장인 사용자'를 잡을 계획이다(한겨레, 2015.6.8.).

다. 모바일 카드 = 신용카드+스마트폰

스마트폰 보급률이 이동통신가입자의 절반을 넘어서고 있다. 이제는 신용카드가 스마트폰과 만나 '신마폰' 세상을 만들고 있다. 모바일 카드 시대가 우리 곁에 다가와 있다. 우리나라 신용카드 발급수가 1억장이 넘고 1인당 평균 5장의 카드를 가졌다고 한다. 이러한 지갑속의 모든 카드를 통합시키고 싶을 때 모바일 카드가 대안이다. 모바일 카드는 휴대전화 금융 USIM(가입자 인증식별모듈)칩에 내려 받아 플라스틱 카드 없이도 결제를 할 수 있는 시스템이다. 근거리 무선통신(Near Field Communication)기술을 이용해 가까운 거리에서 단말기 간 데이터를 전송하여 결재한다.

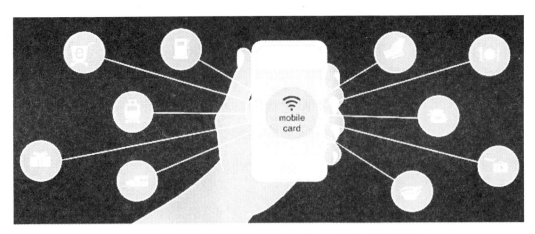

카드·멤버십·쿠폰 '통합'…단말기에 대면 "결제 및 분실 끝"

(출처: 중앙경제)

결제는 물론 다양한 혜택이 있으며, 멤버십카드와 쿠폰까지 담을 수 있는 전자지갑 서비스로 확대되고 있다. 상점·온라인 쇼핑몰·대중교통 요금 등을 지불할 때 일일이 신용카드를 꺼낼 필요가 없다. 휴대폰만 단말기에 가져다 대면 '결제 끝'이다. 모바일 카드는 설치도 간단하다. 이미 발급 받은 신용카드만 있으면 간단한 절차로 쉽게 가입할 수 있다. 발급비용도 적고 카드를 잃어버려 은행에 지급 정지하는 번거로움도 피할 수 있다.

현재 모바일 카드는 모바일 커머스 분야에 특화된 서비스를 강화한 하나SK카드, 모바일 전자지갑인 '신한 스마트월렛'은 신용카드의 모바일 신용·체크카드, 이동통신사·유통업체 등의 각종 멤버십과 카드사나 가맹점에서 제공하는 다양한 쿠폰을 하나의 스마트폰 애플리케이션으로 사용할 수 있다. BC카드는 지식경제부 기술표준원이 주관하는 '모바일 지급결제 표준화 추진협의회'에 참여 해 BC의 '차세대 모바일 카드 지급결제 국가표준(KS)으로 제정됐다. KB국민카드도 갤럭시S, 갤럭시S2, 베가레이서, 옵티머스3D 같은 안드로이드 운영체제 스마트폰 고객을 대상으로 모바일 카드 발급을 하고 있다.

삼성카드도 스마트폰 애플리케이션에 모바일카드·멤버십기능·쿠폰기능을 모두 탑재해 일반 플라스틱 카드처럼 사용하도록 하는 것이다.

롯데카드는 NFC 기반의 모바일 카드 결제서비스를 롯데백화점에 도입했으며, 신청 후 모바일카드 지원 가능 휴대폰 여부를 확인한 후 휴대폰에 다운로드 받을 수 있다.

☰🔍 근거리무선통신망[NFC]

무선정보인식장치(RFID)의 하나로 10Cm 이내 가까운 거리에서 전자기기간 데이터를 전송하고 읽어내는 기술. 교통카드나 택배상자 등에 주로 쓰이는 RFID가 데이터를 읽기만 하는 수동적인 기능에 머문다면 NFC는 데이터를 기록해 서로 통신을 할 수 있다는 차이점이 있다.

NFC를 활용한 모바일 결제(출처: 동아일보)

그러나 모바일카드 사용이 급속히 늘어나고 있지만 아직 모바일카드를 사용할 수 있는 단말기나 가맹점이 아직 부족하다. 앞으로 모바일카드 단말기와 가맹점이 늘어나면 모바일결제 서비스 산업이 급속도로 팽창될 것으로 보인다(중앙일보).

라. 모바일인터넷 이용 통계

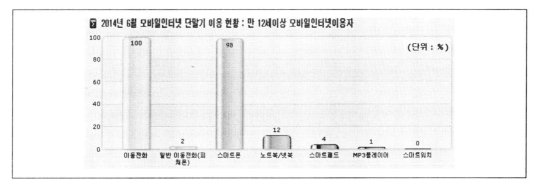

모바일인터넷 단말기 이용현황(KISA,2015.7.23.)

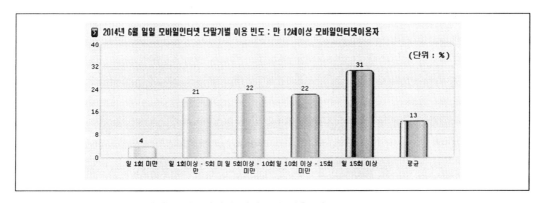

일일 모바일인터넷 단말기별 이용 빈도(KISA,2015.7.23.)

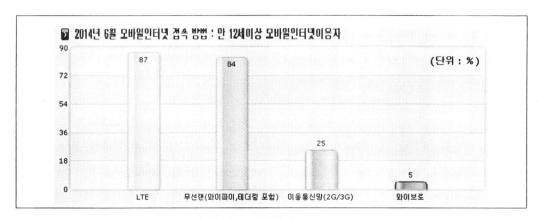

모바일인터넷 접속방법(KISA,2015.7.23.)

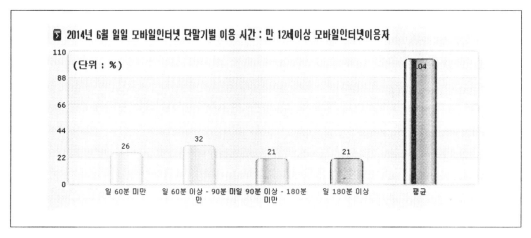

일일 모바일인터넷 단말기별 이용시간(KISA,2015.7.23.)

마. 애플의 괴력…세계 스마트폰 영업이익(1분기) 92%차지

삼성전자는 15% 점유, 다른 업체는 흑자 없어
양강 구도 갈수록 견고

　세계 스마트폰 시장에서 삼성전자와 애플의 양강 구도가 더욱 견고해지고 있다. 2015년 1분기 스마트폰 시장에서 이익을 거둔 업체는 삼성전자와 애플뿐인 것으로 나타났다. 1000여개에 이르는 나머지 업체는 겨우 손익분기점을 맞췄거나 적자를 냈다.

월스트리트저널(WSJ)은 12일(현지시간) 캐나다 투자분석회사 캐너코드제뉴이티의 분석 자료를 인용해 올해 1분기 세계 스마트폰 시장에서 발생한 **이익**과 손실을 합산한 총 영업이익 중 92%를 애플이 차지했다고 **보도했다**. 삼성전자는 같은 기간 이익 점유율 15%를 기록했다. 양사의 점유율 합계가 100%를 넘는 것은 영업 손실을 본 기업도 있기 때문이다. 2013년 3분기만 해도 애플이 전체 이익의 56%를, 삼성전자가 52%를 거뒀지만 이후 격차가 점점 벌어졌다. 삼성전자가 **애플보다 이익 점유율이 낮은 이유는 중저가** 폰 판매가 **많기 때문이라는 분석이다**(한국경제, 2015.7.14.).

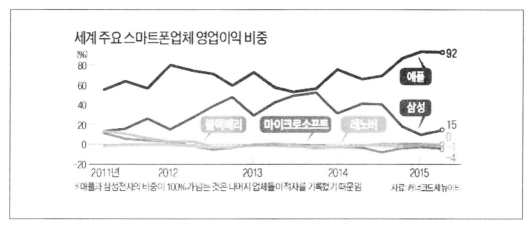

일일 모바일인터넷 단말기별 이용시간(KISA,2015.7.23.)

양강 구도 속에서 구글 마이크로소프트(MS) 등 정보통신기술(ICT) 공룡들도 스마트폰 시장에 뛰어들었다가 고배를 마시고 발을 **뺐다**. 세계 최대 소프트웨어업체 MS는 휴대폰 사업을 정리하는 구조조정에 들어갔다. 사티아 나델라 MS 최고경영자(CEO)는 지난 8일 휴대폰 부문 직원 7800명을 감원하는 구조조정 계획을 발표했다. 전체 임직원의 6%에 달한다. 계획안에는 노키아 인수 비용을 포함한 76억 달러(약 8조6000억원)와 구조조정 비용 8억5000만달러(약 9600억원)를 회계상 손실로 처리하는 내용도 포함됐다.

구글도 2012년 휴대폰 제조업체 모토로라를 인수해 휴대폰 사업을 시작했다. 그러나 이렇다 할 실적을 내지 못하고 지난해 중국 레노버에 모토로라를 매각했다. 피처폰(일반 휴대폰) 시절 '휴대폰 명가'였던 LG전자는 스마트폰 시장 대응에 늦어 어려움을 겪었다. 지난해 2분기에야 영업이익이 흑자로 돌아섰다. 일본 소니도 최근 적자를 기록하고 있는 모바일 부문의 구조조정 계획을 발표했다. 비용 30%, 인력 20%를 감축할 계획이다.

국내에서는 제조업 벤처 신화를 썼던 팬택이 매각 절차를 밟고 있다.

바. 와이파이(Wi-Fi)

와이파이(Wireless Fidelity)는 유선 초고속 인터넷망을 활용한 무선 인터넷이며, 무선 인터넷 발신 장치 주변에서만 사용 가능하다.

와이파이는 홈 네트워킹, 휴대전화, 비디오 게임 등에 쓰이는 유명한 무선 기술의 상표 이름이다. 와이파이는 개인 PC의 운영체제, 고급게임기, 프린터, 다른 주변기기에서 지원된다.

① **무선 공유기 안테나**를 설치하면 50~100m 범위에서 와이파이를 설치할 수 있다. 안테나로부터 거리가 멀어지거나, 동일한 발신 장치에 접속한 동시 사용자가 늘어나면 데이터 처리속도가 떨어진다. 지하철역, 공항, 사무실, 도서관, 커피숍 등 실내뿐만 아니라 가로등, 도로표지판 등 실외에 설치할 수도 있다.

이때 무선 안테나는 **통상** 가정이나 사무실에서 쓰는

② **유선 초고속 인터넷**(broadband)을 활용한다.

와이파이 지역에 들어서면 ③ **스마트폰**이나 ④ **노트북**을 자유롭게 쓸 수 있다.

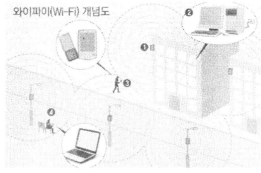

와이파이(Wi-Fi) 개념도

무선 네트워크를 하이파이 오디오처럼 편리하게 쓰게 한다는 뜻에서 하이파이 이름을 붙였다. 이용지역을 벗어나면 하이파이 사용이 불가능하다. 스마트폰 혹은 노트북 사용자는 이용지역을 벗어나면 기존 휴대전화망(3G)이나 와이브로(Wi-Bro) 망을 접속해야 한다.

5 블루투스(Bluetooth)

* 블루투스는 영어로 푸른 이빨이라는 뜻이다. 그 이름은 10세기 스칸디나비아 국가인 덴마크와 노르웨이를 통일한 바이킹으로 유명한 헤럴드 블루투스(Harald Bluetooth ~985)의 이름에서 유래되었다. Herald가 스칸디나비아를 통일한 것처럼 블루투스 기술이 서로 다른 통신장치들 간에 선이 없고 단일화된 연결 장치를 이룰 것이라는 뜻을 지니고 있다. 또 Herald Bluetooth가 여행가로도 유명한 것처럼 호환성을 지닌 블루투스 기술이 전 세계 어디를 여행하든, 단일 장비로 통신이 가능 하도록 모든 통신 환경을 일원화시켜 주기를 바라는 뜻도 포함되어 있다.

* 최근 IT 분야의 화두가 되고 있는 블루투스는 근거리에서의 데이터 통신을 위한 기술로 적은 소비전력과 낮은 가격으로 무선 통신을 할 수 있는 인터페이스의 연구에서 비롯되었으며, 1998년에 공개 표준이 되었다. 가장 큰 특징은 통신의 투과성에 있기 때문에 주머니에 넣고도 다른 기기들과의 통신이 가능하다.

Bluetooth 개념도

- 보통 10m 정도 내에서의 근거리 통신이 가능하며 이동전화, PDA, 노트북, 기타 가정용기기 등에 탑재될 것으로 예상된다. 구체적으로 살펴보면, 블루투스는 작고(0.5 평방인치), 저렴한 가격(5달러 내외), 그리고 적은 전력 소모(100mw)로 휴대폰, 휴대용 PC 등과 같은 휴대 장치들, 네트워크 액세스 포인트들, 기타 주변 장치들 사이의 좁은 구역(10m~100m) 내 무선 연결(Radio Link, 2.4GHz ISM Open Band)을 위한 하나의 기술 규격 사양이다.

- 블루투스 기술이 상용화되면 사용자는 많은 편리함을 얻을 수 있을 것으로 보인다. 블루투스가 탑재된 노트북을 이용하여 떨어져 있는 이동전화를 이용해서 인터넷에 접근 할 수 있고 선이 없는 헤드셋을 사용할 수 있으며, 무선 단말기와 PC가 자동으로 동기가 맞추어진다. 또한 가전제품에서 모든 연결선을 없앨 수 있으며, 사용 중인 PC의 모든 연결선도 사라질 수 있다.

- 블루투스는 2.4GHz대의 ISM(Industrial Scientific Medical) 대역의 주파수를 사용하는 것이 특징이다.

- 1Mbps 전송속도(실제 721Kbps)로 최대 10m 내에서 무선 통신이 가능해 노트북 PC, 휴대용 단말기, 게임기, 디지털 카메라, 프린터, MP3 플레이어, 가정 내 네트워크장치 등의 무선 활용을 실현하게 된다.

6. 무선식별 인식 시스템(RFID)

- 전자인식 태그(RFID: Radio Frequency Identification)는 반도체 집적회로(IC) 칩과 무선을 통해 식품, 동물, 사물 등 다양한 개체의 정보를 관리할 수 있는 차세대 인식 기술이다.

- RFID는 생산에서 판매에 이르는 전 과정의 정보를 초소형 칩(IC칩)에 내장시켜 이를 무선주파수로 추적할 수 있도록 한 기술로서, '전자태그' 혹은 '스마트 태그', '전자라벨', '무선식별' 등으로 불린다(네이버지식 iN).

- RFID는 지금까지 유통분야에서 일반적으로 물품관리를 위해 사용된 바코드를 대체할 차세대 인식기술로 위치추적, 결제, 신원확인, 도난방지, 범죄방지까지 공공 및 민간산업에서 다양한 용도로 활용되고 있다.

* RFID는 판독 및 해독 기능을 하는 판독기(Reader)와 정보를 제공하는 태그(Tag)로 구성되는데, 제품에 붙이는 태그에 생산, 유통, 보관, 소비의 전 과정에 대한 정보를 담고, 판독기로 하여금 안테나를 통해서 이 정보를 읽도록 한다. 또 인공위성이나 이동통신망과 연계하여 정보시스템과 통합하여 사용된다.

* 기존의 바코드는 저장용량이 적고, 실시간 정보 파악이 불가할 뿐만 아니라 근접한 상태(수 cm 이내)에서만 정보를 읽을 수 있다는 단점이 있다. 그렇지만 RFID는 완제품 상태로 공장 문 밖을 나가 슈퍼마켓 진열장에 전시되는 전 과정을 추적할 수 있다. 소비자가 이 태그를 부착한 물건을 고르면 대금이 자동 결제되는 것은 물론, 재고 및 소비자 취향관리까지 포괄적으로 이뤄진다.

* 또한 RF 판독기는 1초에 수백 개까지 RF 태그가 부착된 제품의 데이터를 읽을 수 있다. 대형 할인점에 적용될 경우 계산대를 통과하자마자 물건가격이 집계돼 시간을 대폭 절약할 수 있게 되는 것이다. 정보를 수정하거나 삭제할 수 있는 점도 바코드와 다르다.

* 유비쿼터스 기술은 개인 일상사는 물론 쇼핑습관마저 완전히 바꿀 태세이다. 예를 들어 냉장고는 RFID 리더(reader)를 통해 부족한 식품을 알아내 인터넷을 통해 자동 주문한다. 슈퍼마켓의 계산대 앞에서 굳이 지갑을 열고 현금이나 카드를 꺼낼 필요가 없다.

* RFID는 1m 이내 무선으로 다량의 정보를 동시에 읽을 수 있다. 미국 라스베이거스 맥카런(McCarran) 공항은 RFID 시스템을 도입했는데 예상대로 수하물 분실률이 낮아지고, 화물처리 인건비가 크게 줄어들었다. RFID 리더기는 수하물을 자동으로 행선지 배행기로 분류해주는 일을 정확하게 처리했다. 국내 유통업계에서는 신세계계열이 서울 구로 디지털 산업단지 안에 '미래형 매장'을 설치했다.

* RFID는 식품안전에 대한 소비자들의 공포감을 줄 수 있다. 농수산물·공산품의 원산지나 재료·유통기간 정보를 1~2초 안에 정확하게 알려준다. 슈퍼마켓에서 카트에 달린 리더기에 도매 포장육(肉)을 대면 가공지역에서부터 사육지·족보 등 관련 정보를 한눈에 보여준다.

* RFID를 사용하는데 최대 걸림돌은 개당 칩 가격과 프라이버시 문제이다. 개당 가격이 떨어지면 상품화·대중화는 급물살을 탈 것으로 보인다. 국내의 경우 RFID는 대중교통 요금징수 시스템으로써 자리 매김을 해내고 있으며, 앞으로 그 활용 범위가 유통분야 뿐 아니라, 동물 추적 장치, 자동차 안전장치, 개인 출입 및 접근 허가장치, 전자요금 징수 장치, 생산관리 등 여러 분야로 확산될 것이 예상되고 있다.

∘ **국외에서는 월마트** : 제품태그로 제품정보 및 제고, 위치 파악

월마트는 2003년 6월 RFID 국내 적용사례 도입계획 발표, 2006년 말 전 공급업체를 대상으로 RFID 확산 적용. 이를 통해 월마트는 바코드 대비 3배 빠른 물류관리효과, RFID 기반의 상품케이스 추적시스템 도입 이후, 매장 결품률이 16% 감소하는 효과를 거두었다(SK C&C).

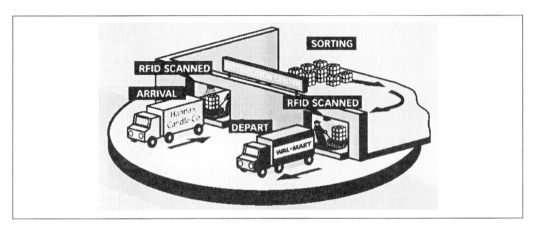

Bluetooth 개념도

∘ **엑손모빌** : 비접촉식 요금지불

세계 최대 정유회사 엔손모빌은 1997년 'Speedpass'프로그램을 도입.

운전자의 개인정보가 저장되어 있는 RFID칩을 운전자의 열쇠고리나 유리창에 부착하여 운전자가 주유기 근처로 가져가면 주유기가 자동으로 개인정보를 식별함과 동시에 주유기를 가동시키고 사전에 등록된 운전자의 신용카드로 주유요금이 자동으로 지불된다. 소비자의 편의성과 개인정보 유출에 대한 문제를 예방해 주는 효과가 있다.

7. 실용화 되고 있는 주요 IT기술

가. 로봇(ROBOT)의 실용화

'로봇(robot)'은 '강제로 일한다, 노동, 노예' 등을 뜻하는 체코어 robota에서 a가 빠진 형태로, 체코 작가 카렐 차페크의 희곡 〈로섬의 인조인간(원제 Rossum's Universal Robot)〉(1920)에서 최초로 쓰였다. 차페크는 이 희곡에서 기술의 발달과 인간사회와의 관계에 대하여 아주 비관적인 견해를 상징적으로 표현하였다.

모든 정신노동과 육체노동을 인간과 똑같이 할 수 있으나 인간적 정서나 영혼을 가지지 못하며, 마모되었을 때에는 폐품으로서 신품과 교환할 수 있는 인조인간을 등장시켰는데, 이 로봇은 노동자로서 인간의 지배를 받는 사회를 그렸다.

로봇은 사람 대신 어렵고 힘든 반복 작업을 대신하는 산업용 로봇이 현실화되었으며, 최근엔 산업용 로봇과 달리 인공지능을 갖고 걸어 다니거나 굴러다니면서 인간에게 다양한 서비스를 대신해주는 지능형(퍼스널) 서비스 로봇이 등장하였다.

에스원에서 개발한
경비로봇

침입자를 최루가스로
제압하는 경비로봇

독일 월드컵 당시 경기장의
경비를 담당한 경비로봇 오프로

디지털 폐쇄회로(CC)TV가 사람의 얼굴을 찍어 관제센터로 보내면 얼굴인식시스템이 얼굴 윤곽과 눈의 크기, 눈 사이의 거리 등으로 본인 여부를 확인한다. 사무실에 출입할 때나 구내식당에서 밥을 먹을 때 '얼굴' 하나로 모든게 해결되기 때문이다. 국내 보안업체 의 실제 상황으로, 이런 영화 같은 이야기는 먼 미래의 일이 아니다. 미국과 영국에서는 이미 공항과 역(驛)에서 테러 용의자를 찾아내는데 얼굴 인식 시스템을 사용하고 있다.

1) 영상인식과 유비쿼터스 보안으로 발전

현재 보안 산업은 인력경비에서 첨단장비를 사용하는 시스템경비로 빠르게 이동 중이다. 매년 인건비가 오르는 데다 첨단기기를 사용하면 사람보다 더 정확한 서비스를 저렴한 가격에 제공할 수 있기 때문이다.

한국인터넷진흥원은 2015년 새롭게 등장할 이슈를 조망하기 위해 인터넷과 정보보호 분야의 10대 산업이슈를 도출하였다. 인터넷 10대 산업이슈는 웨어러블 디바이스, 핀테크, 기가인터넷, 데이터 사이언티스트 등이며 정보보호 10대 산업이슈는 Embedded & Linked 보안, 지능화되는 악성코드, 개인식별정보 보안, 비정상거래 탐지시스템 등으로 도출되었다.

국내 정보보안 시장 규모는 2014년 6조원으로 세계시장(209조원)의 2.9% 수준이며, 국내 IT시장 규모는 2014년 391조원으로 세계 IT시장 4,552조원의 8.6%이다(KB금융지주 경영연구소, 2015.3.11).

최근의 첨단 보안 서비스 중 가장 두드러지는 것은 영상인식과 유비쿼터스 시스템이다. 이전에는 출입센서가 이상신호를 보낼 때마다 무조건 경비요원이 출동했다. 하지만 요즘에는 쌓아놓은 짐이 무너지거나 쥐 같은 동물이 센서를 건드리는 '예외 상황'을 영상신호 시스템이 가려낸다(http://www.bloter.net/).

'유비쿼터스 도시(U-City)'에서는 IT 기술로 한결 안전한 생활이 가능해진다. KT 텔레캅은 경기 화성시 동탄 신도시에서 'U-방범' 시스템을 시작할 계획이다. 이 시스템에서는 360도 회전하는 CCTV 280대가 도시 곳곳에 설치된다. 피해자가 CCTV와 함께 설치된 비상벨을 누르거나 감시 장비가 범죄 화면, 비명 소리 등을 파악하면 자동으로 경찰에 통보된다.

보안 산업의 '위치추적' 기술은 어린이나 노인을 돌봐주는 '토털 케어'로 발전 중이다. 국내 2위 사업자인 ADT캡스는 위성위치확인시스템(GPS)을 이용해 어린이나 치매노인을 보호하는 서비스를 제공하고 있다.

보호자가 '집에서 반경 2km 이내'와 같이 어린이나 노인의 활동 영역을 설정해 놓으면 이들이 영역을 벗어났을 때 보호자에게 문자메시지로 알려준다.

2) 경비로봇 이미 실용화

사람을 대신하는 경비로봇도 커다란 흐름 중 하나이다.

경비로봇

<small>(출처: JTBC)</small>

독일 로보워치의 경비로봇 '오프로(Ofro)'는 지난해 독일 월드컵의 '숨은 공신'으로 통한다. 오프로 로봇 16대는 냄새로 **위험물질**을 감지하고 경기장 구석구석의 영상을 **중앙관제실**로 전송했다.

일본의 대표적 경비업체인 ALSOK와 세콤은 이미 몇 년 전부터 기업용 경비로봇을 실용화했다. 국내에서도 에스원이 올해 초 경비로봇을 개발했다.

로봇은 환자나 노인을 **보호**하는 역할도 수행한다.

일본 이화학(理化學)연구소는 지난해 세계에선 **처음**으로 노인이나 환자를 껴안아 욕조나 침대로 안전하게 운반해 주는 간병로봇을 **개발했다**. 일본 세콤은 2003년 환자에게 밥을 떠먹여 주는 로봇 '마이스푼(My Spoon)'을 만들어 현재 일본과 유럽에서 판매하고 있다.

하지만 첨단 IT를 이용한 보안 산업은 개인정보 **유출**이나 사생활 침해 등 부작용도 불러올 것으로 전망된다.

이러한 장점과 특징에도 불구하고 문제는 수집된 **개인정보**나 데이터베이스가 유출되거나 다른 용도로 남용되는 일이 없도록 관리체계를 **법적**으로 제도화하고 감독해야 한다(동아일보).

나. 로봇일꾼 도입 서두르는 일본

고령화시대 인력난 대안 각광… 정부 규제완화 박차

초고령사회 일본의 산업현장 곳곳에서 부족해진 사람의 일손을 로봇이 대체하고 있다. 로봇이 호텔 안내 데스크와 은행 안내원으로 등장하는가 하면 댐과 터널·교량 등 인프라

설비 보수·관리에 로봇을 활용하기 위한 정부 차원의 규제 완화도 가시화하고 있다. 생산인구 감소로 부족해진 일손을 채우는 동시에 성장 분야인 로봇산업을 육성하려는 일본의 움직임이 빨라지고 있다.

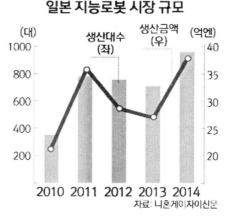

일본 지능로봇 시장 규모

자료: 니혼게이자이신문

니혼게이자이신문은 2015년 7월 20일 일본 정부가 공공 인프라 설비를 점검하는 일에 로봇을 활용하기 위한 규제 완화를 추진하고 있다고 보도했다. 지금은 사람이 설비 표면의 균열이나 부식 상태를 직접 확인하기 위해 위험을 감수하며 높은 곳에 올라가거나 잠수를 해야 하지만 앞으로는 소형 무인기(드론)나 수중로봇 등으로 대체하겠다는 것이다. 일본 정부의 규제개혁회의와 관련 부처는 이를 위해 불필요한 규제를 없애고 새로운 규정을 도입하기 위한 작업에 착수했다고 신문은 전했다.

일본 정부가 로봇 도입을 서두르는 것은 갈수록 심화하는 일손부족 때문이다. 인프라 점검 작업에는 표면의 미세한 균열을 찾아내거나 소리로 설비 강도를 확인하는 등 숙련된 기술과 경험이 필요한데 인프라 노후화로 기술자 수요는 늘어나는 반면 저 출산 고령화에 따른 인력난으로 작업을 제때 수행하지 못하는 지경에 이른 것이다.

일본 정부는 로봇 도입을 촉진하기 위한 규제 완화로 기술인력 부족에 대응하고 인프라의 안전성을 높이는 동시에 간접적으로 로봇산업 육성을 지원하는 일석삼조의 효과를 노린다고 볼 수 있다.

기업들 사이에서도 로봇은 미래의 성장동력이자 인력난과 비용절감을 위한 대안으로 급부상하고 있다. 히타치하이테크놀로지와 파나소닉·NEC·후지쓰 등 전자기기 업체들은 세계적인 인프라 노후화 추세에 따른 점검수요 확대를 겨냥해 수중로봇과 드론 등 관련 로봇 개발을 서두르고 있다. 신문에 따르면 세계 인프라 점검시장 규모는 현재 50억 엔에서 오는 2030년 2조엔에 달할 것으로 전망된다.

제조 및 서비스업 현장에서도 로봇의 활약은 갈수록 커지는 추세다. 일반제조는 물론 식품산업과 외식업·세탁업 등 로봇의 손길은 업종을 망라하고 각 산업현장에 미치고 있다. 도쿄 하네다공항 여객터미널에는 인공지능 탑재 청소로봇 등 작업지원 로봇이 등장했으며 나가사키현 테마파크인 하우스텐보스에는 최근 안내데스크와 룸서비스 등의 인력을 로봇으로 대체해 비용을 대폭 줄인 신개념 호텔이 문을 열었다. 미즈호은행은 주요 지점 5곳에서 소프트뱅크가 개발, 판매하는 휴머노이드 로봇 '페퍼'에 고객 응대를 맡기고 있다.

일본 경제 산업성은 일본 내 로봇시장 규모가 올해 1조5,000억 엔에서 2035년 10조엔으로 6배 이상 확대될 것으로 보고 있다(서울경제, 2015.7.21).

다. IPTV(인터넷TV)의 혁명

인터넷과 TV의 결합은 통신과 방송의 결합을 통해 TV의 기능이 무한대로 확장하는 것을 의미한다. 인터넷 회선과 TV 수상기를 연결하는 IPTV는 세계적 흐름으로 등장하고 있다. IPTV는 주문형비디오(VOD)뿐만 아니라 온라인 뱅킹과 홈쇼핑, 인터넷 서핑 등 통신과 방송을 융합한 거의 모든 서비스를 제공한다.

인터넷과 TV의 결합(IPTV) - IPTV는 더 이상 TV가 아닌 컴퓨터이다.

IPTV를 이용하여 쌍방향 쇼핑몰의 예를 들어본다. 인터넷 회선과 TV를 연결한 인터넷(IP) TV로 광고를 보다가 새로 출시한 멋진 디지털 카메라가 눈에 들어왔다. 곧바로 TV화면을 정지시킨 뒤 마우스로 디지털 카메라를 클릭했다. 화면은 바로 홈 쇼핑에 연결되어 화소 수와 배율, 가격 등 카메라 성능을 알기 위해 홈쇼핑 업체에 메신저로 문의하자 자세한 설명을 해주었다. 그는 곧바로 카메라를 사겠다는 의사를 전달했고, 다음 날 카메라가 집으로 배달됐다. 가상의 이야기지만 이렇게 될 날이 멀지 않았다.

롯데백화점, 현대백화점, 신세계백화점, GS 홈쇼핑, CJ 홈쇼핑 등 대형 유통업체들이 IPTV의 상용서비스를 통한 제품을 사고파는 새로운 방식의 유통 채널을 구축한다.

인터넷과의 결합은 TV를 엔터테인먼트 도구에서 보다 종합적인 미디어로 교육과 정보, 쌍방향 인터넷 기능까지 제공하는 '종합생활기기'가 된다는 것이다.

원하는 방송을 아무 때나 골라서 시청할 수 있으며, 콘텐츠제작에도 참여하는 쌍방향 소통이 가능하다. TV 혁명의 핵심 중 하나는 다수의 시청자들이 방송국이 일방적으로 내보내는 방송을 수동적으로 수용하는 대신, 원하는 콘텐츠를 능동적으로 선택해 원하는 시간에 보게 된다는 점이다. 즉, 대중을 대상으로 한 방송인 브로드캐스팅(Broadcasting)이 개인을 대상으로 하는 방송인 내로캐스팅(Narrowcasting)으로 점차 변하고 있다.

∴ IPTV 서비스는 어떤 방식으로 이뤄질까

IPTV를 이용하려면 TV 옆에 전용 셋톱박스는 TV옆에 두는 작은 상자 모양의 기기이다. 셋톱박스는 이용자가 TV화면에서 영화를 요청하면 인터넷을 통해 통신기업의 컴퓨터 서버에 저장해 놓은 영화를 내려 받도록 하는 기능을 말한다. 하나로 텔레콤은 약 7만

254

스마트한 소셜미디어 세상

건, KT는 2만 건의 영화, 드라마, 음악, 데이터 등을 컴퓨터 서버에 저장해 놓고, 고객이 요청하는 즉시 각 가정의 TV로 보내준다. 원하는 시점에 내려 받아 본다는 의미에서 이를 주문형비디오(VOD)라고 한다.

초고속인터넷의 전송속도가 더 빨라지는 '가정 내 광가입자망(FTTH)' 등에 가입되어 있으면 파일을 내려 받은 뒤 이용하는 다운로드 방식이 아닌 실시간 전송방식으로 발전할 수 있다. 이 경우 지상파 방송을 재충전하는 케이블 TV를 대체할 수 있게 된다.

IPTV 셋톱박스는 TV 신호를 전송하는 역할 외에도 전화 등 통신서비스와 홈 네트워크 서비스의 중심(허브) 역할을 하기도 한다.

셋톱박스는 전달된 신호를 무선 인터넷, 전력선 통신(PLC)을 통해 집안의 냉장고, 주방기기 등으로 보내 자동으로 동작하게 하는 홈 네트워크 서비스를 구현할 수 있다. 이 서비스는 아직 시범서비스 단계이지만 KT, SK 텔레콤, 삼상전자, LG전자 등이 상용화를 준비 중이다.

라. 롯데, 그룹 유통역량 총동원해 옴니채널 전략

롯데는 2014년부터 O2O(Online to Offline)와 옴니채널 서비스를 활성화하기 위해 적극적인 움직임을 보이고 있다. 옴니채널은 온라인, 오프라인, 모바일을 가리지 않고 모든 채널을 유기적으로 연결해 소비자가 마치 하나의 서비스를 이용하는 것처럼 느끼게 만든 것이다. 롯데는 그룹 내 온·오프라인 유통망을 총 동원해 옴니채널 구축에 주력하고 있다.

롯데의 옴니채널 서비스 활성화 계획은 스마트폰 보급과 온라인 쇼핑채널 확산으로 고객의 쇼핑 행태가 변화하고 있는데 따른 것이다. 롯데그룹이 실시한 국내 소비자들의 쇼핑 행태 조사에 따르면, 온라인 채널에서의 구매활동 비중이 전 연령대에 고르게 분포하는 것으로 나타났다.

소비자가 언제 어디서든 쉽게 원하는 것을 얻을 수 있도록 하는 것은 온·오프라인 모두의 과제인데, 옴니채널은 이를 가능하게 하는 솔루션이다.

"롯데는 전국에 1만 2000여 개 오프라인 점포를 갖고 있어 옴니채널 서비스 보급에 유리하고 사용자 반응을 확인해 서비스를 개선할 기회가 많다는 것이 중요한 장점"이라고 말했다. 롯데의 경우 백화점, 마트, 면세점, 편의점 등 오프라인 매장은 물론 TV홈쇼핑, 인터넷 쇼핑몰 등 다양한 온라인 쇼핑채널이 있어 옴니채널 구축에 유리한 환경을 가지고 있다는 것이다.

롯데는 지난해 계열사 사장단 워크숍 등을 통해 '빅데이터 활용', 'IT 기반 마케팅과 세일즈', '고객경험 업그레이드'라는 옴니채널 3대 전략과 '매장 픽업 서비스', '위치 기반 마케팅' 등 9개의 세부적인 실행과제를 수립했다. 롯데는 3대 전략방향을 기준으로 그룹 차원의 옴니채널 구축을 추진하고 있으며, 롯데의 주요 유통사인 롯데백화점, 롯데마트, 롯데닷컴 등을 포함한 19개 유관 계열사가 협의해 9개 실행과제를 진행하고 있다고 밝혔다(출처: TECHM. 2014.4월호).

양방향 지원 IPTV 서비스 분류(TTA Journal No.122)

서비스 분류	대표 서비스
통신형 서비스 T-Communication	SMS, TV-메신저, TV-mail, 영상전화
상업형 서비스 T-Commerce	양방향 광고, T-Shopping, T-Banking, 증권
정보형 서비스 T-Interactive	생활정보 (날씨, 교통, 뉴스, 문화, 요리 등)
오락형 서비스 T-Entertainment	Game, 노래방, 배팅
참여형 서비스	설문, 여론조사
교육형 서비스	유아, 중등, 어학, 자격증, 세미나, e-learning
웹 기반 서비스 TV Portal	풀브라우징, Push 서비스

위치에 맞게 쿠폰을 지급하는 롯데마트의 비콘 서비스

(출처: TECHM. 2014.4월호)

지난해 12월에는 서초와 강남 지역에 3시간 이내에 신선식품을 배송하는 온라인 서비스 '롯데프레시'를 시작하는 한편, 1월에는 롯데멤버스를 롯데카드에서 분사해 옴니채널에 맞춰 사업을 추진할 수 있는 체계를 만들었다.

온라인 픽업 서비스는 온라인과 오프라인을 결합한 롯데 옴니채널 서비스의 대표 사례다. 온라인에서 상품을 구매하고 오프라인 매장에서 찾아갈 수 있도록 하는 서비스로,

현재 롯데마트와 롯데백화점에서 시행하고 있다.

시작은 롯데마트였다. 롯데마트는 지난해 6월 처음 **야간 픽업** 서비스를 선보였다. 21시 이전에 롯데마트 모바일 **앱**이나 웹으로 상품을 **주문한 후** 픽업 가능한 날짜를 선택하면, 해당 날짜에 21시부터 23시까지 고객만족센터에서 **상품을** 받을 수 있도록 했다.

적용 매장을 점차 늘려 **현재는** 전국 80여 개 **매장에서 서비스를** 시행하고 있다. 모바일로 물건을 구매하고 야간에 물건을 찾아갈 수 있도록 **해** 직장인이나 맞벌이 부부에게 인기를 끌고 있다.

비콘을 이용해 경로를 안내하는 롯데백화점의 스마트 비콘 서비스

(출처: TECHM. 2014.4월호)

옴니채널 서비스는 다양한 채널을 통해 고객에게 쇼핑 정보를 제공해 손쉽게 제품을 구매하고 수령할 수 있도록 한다. 하지만 자신과 관련 없는 정보가 제공되거나 원치 않는 시점에 정보 제공 알람이 울릴 때 오히려 고객은 옴니채널 서비스를 스팸으로 인식하며 불편해하거나 해당 기업을 좋지 않게 생각할 수 있다.

그만큼 옴니채널 서비스는 고객에 따라 서비스를 최적화하는 과정이 중요하다.

롯데마트는 지난해 10월 롯데마트 월드타워점에서 대형마트 업계 최초로 비콘 서비스를 시작했다. 고객이 매장 입구에서 '롯데마트몰' 앱을 실행해 월드쿠폰을 클릭하면, 쇼핑 동선에 따라 다양한 맞춤형 할인 쿠폰이 고객 스마트폰으로 자동 제공되는 서비스다. 롯데백화점 역시 비콘을 이용한 위치기반 서비스인 '스마트 비콘 서비스'을 선보였다. 이 서비스는 고객의 위치에 따라 스마트폰을 통해 행사정보, 할인쿠폰 등 다양한 쇼핑 정보를 제공한다. 매장을 검색해 길 안내를 받을 수도 있다. 롯데백화점의 '스마트쿠폰북' 앱을 통해 이용할 수 있다.

바. 안경 속 환상 스크린 - 웨어러블 디스플레이

사람 동공 크기의 초소형 TV 스크린을 안경테에 끼인 비디오 안경'이 등장해 눈길을 끌었다. 이 안경을 쓰면 대형 TV를 보는 것 같은 느낌이 든다.

눈짓만 하면 상대의 신상정보가 고글 같은 안경에 감지된 디지털 화면에 펼쳐지고 이메일 확인이나 업무 스케줄 변경 등도 손쉽게 처리할 수 있다.

눈을 두 번 깜빡이면 지금 보이는 모습이 그대로 프린터에서 출력되기도 하며, 안경렌즈를 스크린 삼아 날씨와 교통정보가 펼쳐진다.

마치 영화 속 한 장면 같은 다양한 형태의 초경량 웨어러블 디스플레이(Wearable Display) 관련 연구들이 가시화되고 있다.

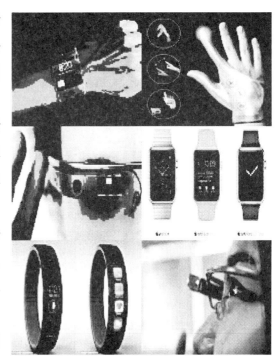

웨어러블 디스플레이
(출처: bodnara.co.kr, zdnet.co.kr외)

∴ 스플레이 결합, 구글아이

2012년 4월 처음 공개된 구글아이(가칭)는 헤드업 디스플레이 장치(HUD: Head Up Display)로 터미네이터의 눈처럼 주변 정보를 읽어 들이고 위치정보와 시간, 날씨 등 각종 정보를 안경을 통해 보여준다.

눈앞에서 길 안내를 받고, 날씨를 확인하고, 소셜 네트워크 서비스(SNS)에 접속할 수 있다. 안경 오른쪽 상단에 탑재된 투명 스크린을 통해 사용자가 원하는 각종 정보가 디스플레이 된다.

카메라, 검색, 통신, 디스플레이 등 첨단 IT기술이 집약된 안경형 디스플레이다.

LG디스플레이가 최근 가장 핫한 분야로 꼽히는 세계 웨어러블 디스플레이 시장을 사실 상 독점하고 있어 주목된다. 삼성디스플레이와 함께 세계 디스플레이 시장의 양강으로 꼽히는 LG는 유독 웨어러블분야에서는 라이벌들을 다 밀어내고 독주하고 있다.

LG는 1분기에 공급할 것으로 예상되는 스마트워치 디스플레이가 무려 830만대에 이른다. 계열사인 LG전자의 스마트워치 판매가 호조를 보이고 있는데 따른 것이다. 이는 2015년 1분기 세계시장규모 1000만대의 80%를 넘어서는 것이다.

1분기 디스플레이서치의 전망치를 보면 LG가 830만대, 샤프가 55만대, 삼성디스플레이가 20만대 정도다. 그야말로 LG의 독주라고 해도 과언이 아닐 정도의 점유율이다(LG디스플레이, 세계 웨어러블 시장 '독주'브릿지경제, 2015..3.18).

착시현상 이용한 3D 모바일 시어터, 마이버드

구글의 HUD와 유사한 형태의 헤드마운트 디스플레이(HMD: Head Mounted Display)도 최근 웨어러블 디스플레이로 주목 받고 있다.

국내 광학 디스플레이 전문 기업 아큐픽스의 3D HMD 마이버드(mybud)는 안경처럼 머리에 장착해 사용하는 휴대용 디스플레이 기기. 안경 속 안구 근접 거리에 초소형 디스플레이를 탑재함으로써 시야전체를 덮는 3D 아이맥스 극장을 구현한다. 100인치 사이즈의 LCD 고화질 영상과 이어폰을 통한 서라운드 음향을 지원함으로써 완전 몰입형 디스플레이 환경을 제공한다.

스마트폰, 콘솔게임기 등 휴대용 기기와 연결해 별도의 모니터 없이도 주변 환경에 구애받지 않고 게임이나 영화를 감상할 수 있다.

웨어러블 디스플레이 최고봉 '각막 디스플레이' 현실화

콘택트렌즈를 사용하는 웨어러블 디스플레이도 2년 내에 상용화될 전망이다.

콘택트렌즈에 증강현실 구현이 가능한 초소형 칩과 LED를 탑재한 제품. 이미 미군은 이 같은 웨어러블 디스플레이 연구를 진행 중에 있다.

무인정찰로봇에서 전송되는 각종 영상과 이미지를 활용하는 등의 목적으로 군사용으로 사용될 전망이다(http://www.nocutnews.co.kr/, 2012.5.10.).

　이동통신과 방송이 결합된 새로운 방송서비스이다. 휴대폰이나 PDA에서 다채널 멀티미디어 방송을 시청할 수 있다. 전송 방식과 네트워크 구성에 따라 지상파 DMB와 위성 DMB로 구분된다. CD 수준의 음질과 데이터 서비스 제공이 가능하고, 휴대폰·PDA나 차량용 리시버를 통해 이동하면서도 다채널 멀티미디어 방송을 볼 수 있기 때문에 차세대 방송 서비스로 부른다.

사. LED(Lighting Emitting Diode: 발광다이오드)

　'빛의 혁명', '꿈의 조명' 등 화려한 수식어를 자랑하는 발광다이오드(LED) 시장이 주목 받고 있다. LED는 전압을 가하면 빛을 내는 반도체이다.

　양과 음의 전기적 성질을 가진 두 화합물이 접합해 전기가 흐르면 빛이 발생하는 반도 체로, 화합물의 종류를 바꾸면 빛의 빛깔을 조정할 수 있다.

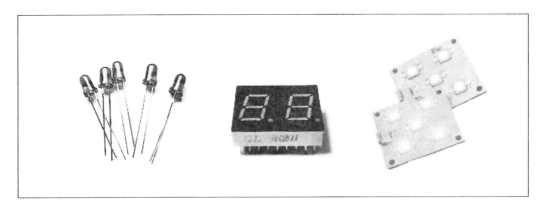

　LED는 기존의 광원에 비해 효율이 높아 전력 소모가 적고 소형으로 만들기 쉽다는 것이 장점, LED의 전력 소비량은 백열전구의 20%에 불과하다. 빠른 응답속도, 안정성, 하지만 수명은 10만 시간(11.4년)으로 백열등의 100배나 된다. 물 세척만으로 본래의 색을 유지할 수 있어 유지 보수비용도 적게 든다.

　또 수은 등의 유해물질이 포함되지 않아 친환경적이며 파손되더라도 화재위험이 없다. 이런 장점들로 전 세계 LED 시장은 초대형 디스플레이와 자동차 외장, 액정 백라이트 분야에서 수요가 급격히 확대되면서 크게 성장 중이다.

　LED의 시장 전망은 밝지만 아직 다른 조명제품에 비해 2~20배 비싼 가격도 해결해야 할 문제이다.

　현재는 휴대전화, 액정표시장치(LCD)와 키패드 조명, 대형 전광판, 교통신호등, 자동차 계기판 등 디스플레이 제품에 많이 쓰인다. 최근에는 고급차를 중심으로 자동차 후미등, 전조등, 실내등, 방향 지시등이 LED 조명으로 바뀌고 있다.

백열전구의 밝기는 W당 20lm(루멘), 백열등은 60lm 정도이며, 유럽 다국적 업체인 루미레즈와 미국 크리 등 업계 선두주자들은 이미 60~70lm 밝기를 내는 LED 시험제품을 만들고 있다.

아. 갈수록 눈부신 LED조명 시장

"친환경 · 사물인터넷과 접목…2020년 조명시장 84% 차지"
필립스 등 기존 강자들 앞 다퉈 사업구조 개편 나서

LED(발광다이오드)가 조명시장을 빠르게 잠식하고 있다. 세계 각국이 에너지 절감과 친환경 정책을 추진하고 있는 데다 사물인터넷 기술과 접목해 다양한 **활용이 가능해졌기** 때문이다. 백열등 형광등 할로겐 등 기존 조명 수요가 위축되면서 사실상 독과점 지위를 누려왔던 글로벌 조명업체도 앞 다퉈 사업 구조를 새로 짜고 있다.

미국 컨설팅업체 프로스트앤드설리번에 따르면 지난해 글로벌 LED시장 규모는 323억 달러(약 37조6460억원)로 전년 대비 35% 성장했다. 프로스트앤드설리번은 2019년이면 LED 시장이 700억 달러로 커질 것이라고 예상했다. 전체 조명시장에서 LED가 차지하는 비중도 올해 50%에서 2020년 84%까지 높아질 것으로 전망했다. 효율성이 높은 LED가 전통적인 조명을 빠르게 대체할 것이라는 설명이다.

빠르게 성장하는 LED 시장
(억달러)

LED 확산으로 조명시장 외에도 확대되고 있다. 기존 조명은 필라멘트에 의존해 빛을 생산하는 역할만 했다. LED는 사물인터넷 기술을 기반으로 다양한 데이터 송수신 장치 역할까지 하고 있다. 실제 프랑스 북부 릴의 까르푸 매장은 사고 싶은 물건을 찾기 위해 휴대폰 안내만 따라가면 된다. 제품 위치를 알려주도록 LED 안에 센서를 내장했기 때문이다(서울경제, 2015.8.4.).

형광등 vs LED Dimming(조도) 비교(출처: 한국LED응용기술연구조합)

구분	형광등	LED
광효율	최대 80% 광효율 감소 봉입 가스의 압력, 용량에 따라 설계된 최적 주파수 변동으로 인한 효율 감소	광효율 상승 디밍으로 구동 전류 감소時 LED 소자의 전류 밀도 감소로 인해 광효율 상승
가격	일반 안정기 比약 8배 가격 상승 일반 6,500원 vs 디밍용 55,000원 (* 32W 2등용 소비자가격 기준)	가격 변동 거의 없음
정확도	세밀, Linear 한 제어 불가능	Digital 제어를 통한 세밀, Linear한 제어 가능
깜빡임	최저광속 디밍 시 램프 깜빡임 有	최저광속 디밍 시 램프 깜빡임 無

LED의 다양한 응용분야(출처: 삼성경제연구소)

분류	장점 및 사용 분야
건물 디자인	건물 전면을 LED로 디자인
도시 디자인	도심 대형 전광판 등에 활용
의료	세포치료 가능 활용, 초소형 내시경 제작
농업	농작물에 비추어 농약을 사용하지 않고 조기에 재배
환경	햇빛이 없는 해저에서 규조류를 증식시켜 바닷물 정화

LED의 조명 활용 분야(출처: 삼성전기)

분류	장점과 필요한 밝기	사용 분야
일반 조명	·긴 수명, 전력절감 ·다양한 색 표현, 100lm/W	가정용 조명
건축 조명	·자유로운 디자인 가능 ·다양한 색 표현, 60lm/W	공원, 극장, 상점 할인점 장식용
산업 및 의료기계 조명	·소형화 가능 ·특수한 색 표현, 100lm/W	산업 의료용 조명
특수 조명	·긴 수명(유지비 절감) ·소형화 가능, 60lm/W	항공기기, 열차, 무대조명 모바일 기기 조명

.:. LED의 디자인

다양한 색상 표현, 디자인의 유연성, 밝기 및 색상 제어가 가능하다.

조명의 발전 방향

고에너지가 극복을 위한 '운영비용 절감형 조명'이 보편화된 시점 이후로는 인간 생활의 질(Quality)을 높이는 조명 기능이 강화될 것이다.

* 업계의 '조명을 통한 고부가가치 창출' 노력과도 Matching
* 장수명 광원에 따른 제품 형태 및 유통 구조의 변화(반영구적 광원)
* Application에 맞추어 조명기기를 설계하고 광원을 선택하는 개발(응용 중심)
* "See and Be Seen"의 단순 조명 기능에서 탈피, 지능형 조명 구현(시스템, 컨트롤 중심)

향후 과제

제어장치의 저가화 및 Compact화 가능, 제어에 따라 1,600만 가지 색상 구현

New Application

시스템 조명	경관 조명	감성 조명
LED 수도꼭지	벽면	LED 벽지

자. IT시대의 텔레매틱스 서비스

* 2012년 4월 출시된 현대차의 신형 싼타페에는 텔레매틱스 서비스인 '블루링크' 시스템이 처음으로 장착됐다. 스마트폰을 통해 원격시동이 가능하고 에어컨과 히터를 켤 수도 있다. 또 차량을 도난당했을때 자동으로 경찰에 신고되어 위치추적이 가능해진다.

* 국토해양부는 올해 초 기존 도로교통체계에 첨단 정보기술(IT)과 자동차 기술을 융합한 '스마트 교통체계(ITS)'를 2020년 전국 도로의 30%로 확대하겠다고 발표했다. 이 체계가 확대되면 교통 혼잡, 사고, 물류비용의 절감으로 연간 11조8000억원 이상을 아낄수 있고, 차량정체 등에 의한 온실가스 배출이 현재 교통부문에서 발생하는 배출량에 비해 12%정도 감소할 것으로 기대했다.

2020년 스마트 교통체계 갖추면

체증, 물류비용 등 연11조대 절약

연료 효율 최대화 CO$_2$최소화

아우디, 스마트 엔진 프로젝트 가동

교통정보를 무선으로 주고받으며 자동으로 차량 주행을 제어할 수 있는 수준으로 자동차와 IT의 융합 범위가 점점 넓어지고 있다. 자동차가 외부와 소통하는 인포테이먼트의 성격이 짙어지고 있는 셈이다. 상용화된 예로 도로에서 앞차와 간격까지 감지해서 차량의 속도를 자동으로 늦추는' 어댑티브 크루즈 컨트롤' 을 들 수 있다.

미국 포드는 차량 간 충돌사고 예방 시스템을 연구 중이다. 이 시스템은 위성위치확인시스템(GPS)과 와이파이 신호를 감지하면서 다른 차량의 이동속도를 파악해 사고발생을 미연에 방지한다.

구글 무인자동차의 핵심은 지붕 위 레이더를 포함해 전체를 뒤덮은 센서다. 이들 센서가 차량에 탑재된 고성능 컴퓨터와 연결돼 차량 스스로 도로 상황을 판단 할 수 있다. 여기에 구글이 구축한 '구글맵'이 주변 환경 정보를 실시간 차량으로 전송한다(중앙경제).

프로스트 앤 설리번 한국 지사가 발표한 '2015 세계 상용차 텔레매틱스 시장 전략적 전망 보고서(Strategic Outlook of Global Commercial Vehicle Telematics Market in 2015(http://www.frost.com/nef9'에 따르면, 2014년 텔레매틱스가 설치된 상

용차가 1,470만 대였던 것으로 나타났으며 2020년이면 3,790만대에 달할 것으로 예측됐다. 해당 보고서는 소형 및 중대형 상용차 부문을 다루고 있다. 인도와 중국 등에서는 중대형 상용차가 수익 창출에 주요 부문을 차지하고 있지만, 작년 기준으로 텔레매틱스 설치된 전체 상용차들 중 약 60%가 소형 상용차인 것으로 나타났다.

2015년에는 운전자 습관 관리 시스템 사용을 볼 수 있게 되고, 인캡(in-cab) 트레이닝 및 시뮬레이터 서비스에 대한 수요가 높아질 것이다(프로스트 셀레반, 2015.4.29.)

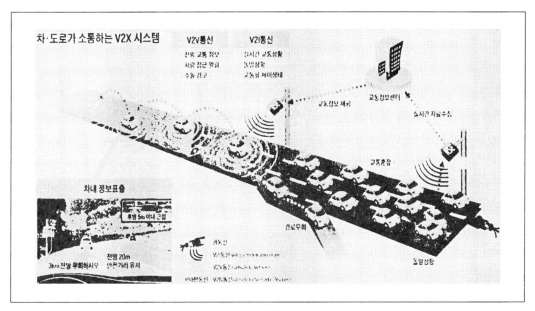

차 · 도로가 소통하는 V2X 시스템

8. 소셜미디어 시대의 신기술

우리는 사용하기 편리하고, 좀 더 빠르고, 저렴하게 실시간으로 활용할 수 있는 온갖 기기들을 원하고 있다. 지금 이 순간에도 세상 곳곳의 연구실에서는 우리의 생활방식에 혁신적 변화를 가져올 기술들을 개발하고 있을 것이다.

가. 10년 후 산업 경쟁력에서 영향을 주는 차세대 기술

첨단기술의 발전은 오늘날의 글로벌 시장에서 경쟁을 이끄는 원동력이다.

.: SRI 컨설팅 사에서 제시한 6대 기술군

바이오전자 기술, 카본 나노튜브 기술, 마이크로 전원 기술, 감정인식 컴퓨터 기술, 광 컴퓨터 기술 등

.: IDC는 미국 유명 대학 연구소와 국립연구소 등에 자문하여 미래 생활 풍속도를 바꿀 9대 신기술

스마트 더스트, 랫보트, 나노튜브, 시만틱 웹, 나노 머신, 퀀텀 컴퓨팅, 플라스틱 트랜지스터, 그리드컴퓨팅, 릴리 패드 등

.: MIT 미디어 랩에서 제시한 10대 기술군

무선지능센서 통신망, 배양생체조직 주사가능 기술, 나노태양 전지, 메카트로닉스, 그리드 컴퓨터, 분자단위 영상화면 기술, 나노패턴사진 기술, 소프트웨어 완전보장 기술, 글리코겐 인체응용 기술, 양자암호화 기술

나. 10년 내에 세상을 바꿀 신기술

2020년 주사 한 대만 맞으면 신종 인플루엔자 등 여러 질병을 한꺼번에 예방하는 게 가능해질까?

한국과학기술기획평가원(KISTEP)은 10년 후 우리생활을 바꿀 '10대 미래 기술'을 선정해 발표했다(2010.2.18.).

① 입는 컴퓨터 : 몸에 착용하거나 옷처럼 입는 형태의 개인용 컴퓨터

② 3차원 디스플레이 : 입체 영상을 가정에서 안경 없이 볼 수 있게 됨. 홀로그램 TV로도 발전

③ 간병 도우미 로봇 : 사람의 행동과 표정을 인식해 환자나 노인 간병

④ 다목적 백신 : 주사 한방으로 여러 질병을 동시에 예방

⑤ 유전자 치료 : 질병 유전자를 제거하거나 치료용 유전자를 몸에 넣어줌

⑥ 홈 헬스케어 시스템 : 가정에서 건강 정보 측정해 병원으로 전달하여 이상이 생기면

신속 대응

⑦ 고효율 휴대용 태양전지 : 휴대 가능한 소규모 **에너지** 생산 장치, 전자기기 수시 **충전**

⑧ 스마트 원자로 : 저용량 전력망 국가나 해수 **담수화** 등에 이용되는 중소형 원자로

⑨ 무선전력 송수신 : 콘센트와 플러그 없이도 **전력을** 주고받는 기술

⑩ 에코-에너지 제로 건축 : 재생에너지와 첨단 **자재 활용해** 에너지 소비량을 **최저로** 줄임

10대 기술 중에는 현재 각광받고 있는 정보기술(IT), 바이오, 에너지, 환경, 로봇분야의 첨단기술이 망라됐다. 영화 '아바타'를 3차원 **영상으로** 보려면 10년 뒤엔 가정에서 안경을 안 쓰고도 3차원 영화를 즐길 수 있게 된다. 개인이 휴대용 태양전지를 갖고 다니며 휴대전화, 디지털 카메라 등 전자기기를 충전하는 **것도 흔한** 장면이 된다.

다. 10년 뒤 과학기술분야 유망직업군

한국과학기술기획평가원(KISTEP)이 최근 과학기술자 625명을 대상으로 심층 설문조사를 벌여 10년 뒤 유망할 과학기술분야 신직업군 10가지를 선정했다. 조사 결과 10년 뒤에는 로봇전문가가 가장 유망할 것이라고 나왔다. 로봇전문가는 전문성, 발전성, 소득, 인력수요, 사회적 인식 등에서 고른 점수를 얻었다.

1) 로봇 전문가

2007년 세계로봇 시장은 113억 달러(약 15조 원)에서 2015년에는 6배로 늘어날 것으로 전망했다. 일본에서는 최근 애완용 로봇엔지니어가 유망직업 1순위로 선정되기도 했다(로봇개발자·설계자, 로봇 프로그래머, 로봇 콘텐츠 개발자, 로봇 엔지니어 등).

2) 인지·뇌공학 전문가

두뇌과학과 기술을 접목해 교육, 자기개발, 과학수사, 감정조절, 두뇌 마케팅 등의 분야에서 활동한다. 또한 인공지능을 개발해 인간과 기계의 결합, 로봇 공학 등에서도 활동한다(인공지능 개발자, 뇌분석·뇌질환 전문가, 두뇌개발 전문가 등).

3) 금융서비스 전문가

금융 산업에 수학, 통계학, 금융공학 등을 접목해 파생상품과 사이버 금융 등에 적용한다. 안정성과 수익성이 높은 금융 산업을 만들며 금융거래의 리스크를 줄인다(비용 산정 전문가, 금융상품·자산관리 전문가, 사이버 금융 전문가 등).

4) 환경·에너지 전문가

전통적인 오염 문제뿐 아니라 산업 필수재인 물 공급, 제품의 친환경 가치를 높이는 청정생산기술 및 신·재생에너지를 개발하는 일을 만든다(환경·기상 컨설턴트, 친환경 제품 개발자, 차세대 에너지 연구원 등).

5) 바이오·의공학 전문가

생명공학 기술을 이용해 '고령화 사회와 삶의 질 추구'를 목적으로 하는 전문가로, 새로운 식품, 의약품, 의료장비 등을 개발하거나 활용한다(유전자·줄기세포 연구원, 인공장비 개발자, 의료장비 개발자, 유해성 평가 전문가, 식량전문가 등).

6) R&D 컨설팅 전문가

기술개발 관리, 특허, 기술거래, 아웃소싱 등의 컨설팅 서비스를 제공해 연구개발(R&D)의 효율성을 높인다. 개발도상국에서 새로운 사업기회가 만들어질 것이다(지식재산 전문가, 산학연 협력 코디네이터, 기술지원 컨설턴트, 랩 매니저, 전문 테크니션 등).

7) 유비쿼터스·사이버 전문가

유비쿼터스 사회가 요구하는 다양한 서비스를 만들어 내고, 시간과 장소에 상관없이 사람들의 커뮤니케이션을 원활하게 하는 직업이다(유비쿼터스 시스템·네트워크 전문가, U시티 전문가, 사이버환경(가상현실) 전문가, U학습 개발자 등).

8) 생활안전 전문가

사회의 안전과 개인정보, 컴퓨터 시스템 등을 보호하고 각종 범죄의 예방과 수사를 담당한다. 또한 재난, 방화, 유괴, 국제테러 등의 범죄도 감시한다(정보보안 전문가, 사이버 수사 전문가, 방재 전문가, 제품 안전진단 전문가 등).

9) 문화·홍보 전문가

문화예술 및 인문사회학적 지식과 소양, 경영능력, 과학기술 지식을 겸비한 문화산업 전문가이다. 새로운 과학기술을 이용해 창조적인 문화콘텐츠를 만든다(특수효과 기술자, 디지털 PD, 기술마케팅 전문가, 과학문화 전문가 등).

10) 건강·실버 전문가

사회 구성원에게 참살이(웰빙)와 건강관리 서비스를 제공한다. 일본에서는 노인용 식사 배달업, 효도 미팅, 노인전용식당 등이 등장했다(다이어트 프로그래머, 건강 코디네이터, 병원 코디네이터, U헬스케어 서비스 전문가, 실버시터 등).

라. 삼성, 미래기술 10개 과제 선정

스마트 센서·시스템 SW 등

삼성그룹은 2015년 7월13일 미래기술 육성사업 지정 테마로 스마트 센서 소재와 시스템 소프트웨어 분야의 10개 과제를 선정했다.

미래기술 육성사업은 삼성이 2013년부터 10년간 1조5000억 원을 출연해 기초과학, 소재기술, 정보통신기술(ICT) 분야의 국가 미래기술을 육성하는 프로그램이다. 지난해부터 3대 분야 외에 매년 지정 테마를 추가로 선정하고 있다.

스마트 센서 소재 분야에선 나노 크리스털을 이용한 고감도 3차원 풀 컬러(full color) 촉각 센서 등 5개 개발 과제가 선정됐다. 이 센서는 인체 피부를 모사한 마이크로 돔 구조의 디자인을 활용해 기존 광학식 촉각 센서와 달리 힘의 방향을 색깔로 구현할 수 있다. 각종 스마트 기기와 스마트홈 보안 센서, 장애인 재활용 보조기구 등에 활용할 수 있을 것으로 기대된다.

이 밖에 △복합 차원 나노 소재를 이용한 유연한 촉각 인터페이스 △고분자 앱타이드 연결체 △병원균 검출용 무기발광 인공항체 △질병경고 센서 등도 개발 과제로 뽑혔다(한국경제, 2015.7.14.).

마. 인간형 로봇 프로젝트 전무(全無) … "차세대 성장 동력 외면 말아야"

로봇기술 미국·일본에 뒤처져…장기 투자로 미래 먹거리 선점을

'대한민국은 로봇 강국입니까'라고 묻는다면 당신은 어떻게 대답할 것인가. 한국도 인간형 로봇분야에서는 세계 강국들과 어깨를 나란히 하는 것으로 보이지만, 로봇기술 전체로는 미국이 가장 앞서고 일본과 유럽이 비슷하게 뒤따르며 우리는 그다음쯤으로 여겨진다.

엄청난 투자와 국가 차원의 전폭적인 지원을 하는 미국의 로봇은 한마디로 강하다. 보스턴 다이내믹스의 아틀라스는 키 190㎝, 무게 250kg의

삼성 미래기술
스마트 리빙을 위한 센서 소재
과제명
Upconverting nanocrystal 을 이용한 고감도 3차원 풀 컬러 촉각센서 개발
1D-2D 복합차원 나노소재를 이용한 유연한 촉각 인터페이스 개발
무세척 현장 진단 센서를 위한 수용성 전도성 고분자-엡타머 연결체
병원균 검출용 무기발광 인공항체
Redox 단백질-핵산결합 신호를 이용한 체액 내 바이오틴을 기반 질병경고 센서
시스템 소프트웨어
과제명
초대용량 마이크로 스트림 질의 처리 플랫폼
가용시간 30% 향상을 위한 모바일 기기 전력 관리 시스템 소프트웨어 기술
NVMe Direct: A User-Space I/O Framework for Direct Access to NVMe SSD
밀기 모델 기반의 차세대 Hadoop 계산 엔진 개발
디바이스 중심 초고성능 시스템 및 소프트웨어

거구다. 덩치가 큰 만큼 힘도 세다. 하지만 투박하게만 봐서는 안 된다. 유압식 관절을 사용해 사람과 가장 비슷한 움직임을 구현하는 진보된 형태의 로봇으로 평가받는다.

전통적인 로봇 강국 일본은 정교하고 완성도가 높은 로봇을 개발해낸다. 미국 방위고등연구계획국(DARPA)이 2013년 시작한 세계 재난로봇대회(DRC) 예선에서 1위를 차지한 샤프트의 에스원은 모든 면에서 여타 로봇을 두어 단계 이상 뛰어넘는 수준이었다. 넘볼 수조차 없는 다른 차원의 기술력이라고 회자될 정도였으니 말이다.

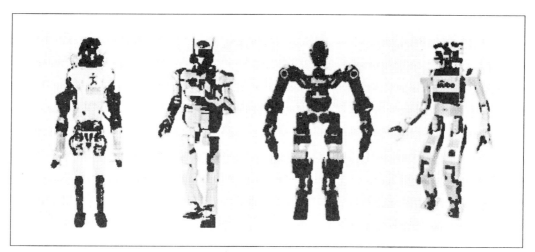

미국 다이내믹스사의 로봇 '아틀라스'(왼쪽부터), 일본 산업기술종합연구소의 로봇 'HRP 2',
이탈리아 피사대 등이 제작한 로봇 '워크맨'. KAIST가 개발한 'DRC 휴보+'

유럽은 휴머노이드 개발에는 늦게 뛰어든 편이다. 하지만 오래전부터 산업용 로봇으로 기반을 닦아놓은 데다 로봇에 대한 기초 연구와 인지 연구를 **활발하게** 진행하고 있다. 예술을 향유하고 투철한 장인정신을 자랑하는 사람들답게 로봇의 **외관을** 섬세하고 미려하게 디자인하는 것도 특징이다.

한국 인간형 로봇의 특징은 단순함과 개방성이다. KAIST의 **휴보는** 최소 비용으로 단기간에 개발됐으며 세계 최초로 상업화에 도전해 미국 중국 싱가포르 등 15곳에서 연구 및 **교육용으로** 활용하고 있다.

최근 개발된 DRC-휴보는 미국 네바다주립대에 인도된 바 있다. 하지만 다른 로봇 강국들처럼 국가 차원에서 제시하는 방향성이 없는 것이 현실이다. 보행이나 인공지능 등 각기 다른 분야에서 학문적인 형태로 연구하고 있지만 모든 연구를 아울러 실질적인 인간형 로봇을 개발하는 프로젝트는 전무하다.

인간형 로봇은 원천 기술이다. 당장 상용화해서 돈벌이가 될 수 있는 연구는 아니다. 하지만 구글은 몇 해 전부터 로봇 관련 기업을 계속해서 사들이고 있고, 일본의 소프트뱅크는 2013년 프랑스 휴머노이드 개발업체 알데바란 로보틱스를 인수해 감정 인식 로봇인 페퍼를 내놓았다. 로봇사업이 차세대 성장 동력이 될 것이라는 확신이 있기 때문일 것이다.

반짝하는 관심과 지원으로 만족할 것인가, 장기적인 계획과 투자로 미래의 기술력을 선점할 것인가. 이제 대한민국도 방향을 정해야 할 때다(한국경제, 2015.7.6.).

바. 덱스터, 중국에 아시아 최대 '시각효과 생산기지' 만든다.

베이징 법인 '덱스터차이나' 확장 개소
할리우드급 기술력에 제작비는 4분의 1…현지 생산 전환
완다그룹·레전드캐피털로부터 2,000만 달러 투자 유치
내년 칭다오에 대규모 완다스튜디오 완공…VFX 허브로

덱스터가 시각효과 작업을 맡은 중국영화 '몽키킹:손오공의 탄생'.

한국 최대 시각효과(VFX)업체인 덱스터가 중국에 작업장을 짓고 현지 생산체제를 구축했다. 중국 업체에서 주문받은 것을 한국에서 작업하던 단순 수출 단계에서 벗어나 영화시장이 급성장하는 중국에 생산기지를 마련, 중국은 물론 아시아를 망라하는 'VFX산업의 허브'로 도약할 계획이다.

영화 '국가대표' '미스터 고' 등으로 유명한 김용화 감독이 설립한 덱스터는 29일 베이징 798예술단지에서 현지법인 덱스터차이나를 확장해 열었다. 영업 인력만 있던 현지법인을 생산기지로 전환한 것. 덱스터차이나는 슈퍼컴퓨터와 3차원(3D) 스캔장비 등 최신 기자재를 갖춰 한국과 동시에 컴퓨터그래픽(CG) 작업을 하게 된다.

"아시아 최대 VFX 생산기지로 도약"

덱스터의 중국 진출은 뛰어난 기술력을 인정한 중국 굴지의 기업들이 파트너로 지분 투자를 했기에 가능했다. 올해 들어 세계 최대 극장체인인 완다그룹과 콘텐츠 분야의 거대 벤처캐피털인 레전드캐피털이 1,000만 달러씩, 2,000만달러를 덱스터에 투자했다. 영화시장이 급성장하는 중국에 덱스터가 진출해 수익을 공유하는 조건이다.

중국에서 영화 제작 및 극장 부문에서 강력한 영향력을 지닌 두 기업이 지원함에 따라 덱스터차이나는 중국뿐만 아니라 글로벌시장에서 손꼽히는 VFX업체로 성장할 가능성이 커졌다.

기술은 할리우드급, 비용은 4분의 1

덱스터의 경쟁력은 할리우드와 맞먹는 기술력과 할리우드의 4분의 1 수준에 불과한 가격 경쟁력이다. 2011년 11월 설립된 덱스터는 그간 한국영화 '미스터 고' '해적:바다로 간 산적'과 중국 영화 '적인걸2:신도해와의 비밀' '몽키킹:손오공의 탄생' '지취위호산(타이거 마운틴)' 등 5편의 대작 CG를 했다. 미스터 고에서 고릴라, 지취위호산에서는 호랑이를 거의 실물처럼 재현해 중국인의 시선을 사로잡았다. 주로 대작을 맡아 전문화함으로써 이른 시일 안에 기술력을 축적했다.

중국 발판으로 할리우드 진출

한국콘텐츠진흥원에 따르면 지난해 영화부문 VFX시장은 미국이 약 4조원, 중국 3000억 원, 한국은 300억원 규모다. 광고 게임 애니메이션 등에서도 VFX시장이 급성장하고 있다. 특히 중국에서는 제작비 500억 원 판타지 영화들이 폭발적인 인기를 누리면서 VFX시장이 몇 년 안에 할리우드 규모로 커질 것이란 전망이 지배적이다(한국경제, 2015.7.30.).

사. 증강현실

증강현실은 현실 세계 안에 가상 영상을 겹쳐 보여주는 기술을 말한다. 사용자가 모니터를 통해 보는 현실 세계에 실시간으로 가상 세계를 합쳐 하나의 영상으로 보여주는 식이다.

증강현실(Augmented Reality)이란 1992년 항공기 회사 보잉(Boeing)의 Tom Caudell이 항공기 전선 조립 과정의 가상이미지를 실제 화면에 중첩시켜 설명하면서 처음 사용된 용어로써(유재훈, 2010), 단어의 구성에서와 같이 실제 공간과 가상객체가 혼합하여 현재 정보를 증강시킨 상태를 의미하고, 구현적 의미로는 증강현실은 현재 영상을 취득하여 수치적으로 해석하고 그 속에서 특정 정보를 추출하여 정합된 위치에 3차원 정보를 실시간으로 출력시킨 디지털 공간을 말한다(김태민, 김태균, 2010).

Milgram과 Kisino(1994)가 현실(Reality)과 가상(Virtual) 사이의 연속체계(Continuum)인 '가상 연속체(Virtuality Continuum)'를 정의한 것에 따르면 증강현실은 모든 환경을 컴퓨터 3차원 이미지로 제작하는 가상현실(Virtual Reality)과 달리, 실세계의 영상 위에 가상으로 만들어진 영상을 덧입히는 방식의 혼합현실(Mixed Reality)을 말하며, 특히 현실에 가까운 혼합현실이 증강현실이다(통합적 커뮤니케이션 시대의 스마트미디어 광고효과 연구).

현실-가상 연속체(Reality-Virtuality Continuum)

출처: Milgram, Takemura, Utsumi, Kishino(1994).

증강현실 기술은 2000년대 중반까지는 연구개발 및 시험적용 단계에 머물러 있었으나 최근 기술적 환경이 갖춰지면서 실용화 단계에 진입하였고, 스마트폰등장 이후 주변환경을 비추면 사용자가 원하는 가게 등의 위치나 평판 등을 알려주는 'Wikitude', 'Layar', 'Sekai Camera' 등 모바일용 증강현실 프로그램이 잇따라 등장하고 있다.

모바일용 증강현실 프로그램이 등장하면서 증강현실은 광고, 게임, 교육 등 다양한 분야에서 적극적으로 활용되고 있다. 김태민과 김태균(2010)에 따르면 특히 모바일을 기반으로 하는 증강현실 광고는 2D/3D 기술을 기반으로 현실과 가상세계의 혼합현실을 증폭하여 소비자와 실시간 상호작용을 구현하는 것으로, 고객의 'TPO(Time, Place, Occasion)'를 기반으로 하여 실시간으로 개인화 대응 및 다양한 인터랙션 정보를 부가하여 고객에게 색다른 브랜드 경험을 제공해 줄 수 있다는 장점을 가지고 있다.

증강현실 광고는 3차원 입체영상이라는 공감각적 체험을 통해 소비자들의 인지능력을 확장시키고, 자연스럽게 광고대상에 대한 몰입을 유도하며 여기에서 발생된 소비자들의 몰입은 쌍방향적 커뮤니케이션을 유도하여 광고의 **효과를** 극대화한다. 즉, 소비자들은 증강현실 광고를 통하여 재미와 더불어 제품에 대한 **정보를** 습득하게 되고, 재미로 인해 발생된 관심과 흥미는 광고대상은 물론 기업의 브랜드**에도** 긍정적인 이미지를 갖게 만든다.

증강현실을 활용한 광고는 현실의 브랜드 이미지를 기반으로 사용자의 브랜드경험을 확장시켜줄 수 있는 **최적화된** 마케팅 방법이라고 **할 수** 있지만, 증강현실의 가상 및 현실 정보 결합의 정확성이 떨어지는 것은 아직까지 **문제로** 지적되고 있다. 기술적인 보완이 이루어지고 사용자의 편의성이 제고될 경우 기업들에게 보다 효과적인 마케팅 수단으로 활용될 수 있을 것이다.

아이폰 출시를 계기로 소비자들이 가상현실을 **접할 수** 있는 기회가 늘어났다. 스마트폰에서 가상현실 앱을 내려 받아 손쉽게 경험해볼 수 있기 때문이다.

캐릭터와 증강현실 결합의 가장 대표적 유형은 **게임 앱** 형태다. 스마트폰을 통해 증강현실 활성화가 촉발된 만큼 스마트폰 유저들을 **직접** 공략하겠다는 것이다. 부즈클럽은 증강현실 전문 업체 티그램과 손잡고 게임 앱을 **개발** 중이다. 주인공은 부즈클럽이 올해 새롭게 내놓은 캐릭터 '캐니멀'을 사용했다(아시아경제).

"입체 3D 이후 패러다임은 증강현실" = 증강현실은 영상을 기초로 한 것인 만큼 앱 말고도 다양한 영상 플랫폼에 적용될 수 있는 게 장점이다. 증강현실은 이미 세계적 추세다. 최근 세계적 시장조사업체 가트너는 미래를 이끌 10대 혁신 기술 중 하나로 증강현실을 꼽은 바 있다.

• SK 텔레콤은 T스토어를 통해 안드로이드 기반의 증강현실 서비스 '오브제'를 무료로 제공한다고 밝혔다. 사용자가 휴대전화 카메라로 보는 화면에 실시간으로 다양한 정보를 결합해 보여준다. 예를 들어 세종문화회관 앞에서 관련정보가 궁금하면 휴대전화 카메라로 세종문화회관을 비춘다. 그러면 **예약전화 연결,** 오브제의 세종문화회관 홈페이지 연결, 공연 관련 웹사이트 검색 등을 할 수 있다. 국내 100만여 개의 건물 및 입점 점포에 대한 정보를 검색할 수 있다. 검색 도중에 다른 사용자가 남긴 댓글을 확인하거나 글을 남길 수도 있다. 오브제 서비스는 T스토어에서 무료로 내려 받을 수 있다. 서비스 이용 시 데이터 통화료는 유료이다(donga.com).

☰Q 증강현실(AR · Augmented Reality)

실제에 가상의 디지털 콘텐츠를 접목하는 기술을 뜻한다. 카메라로 사물을 촬영한 뒤 관련된 디지털 정보를 그래픽 형태로 덧씌워 만든다.

서울 한복판에서 식당을 찾던 A씨. 갑자기 휴대폰 카메라로 주변을 비춘다. 그러자 휴대폰 화면에 가까운 식당 정보가 바로 뜬다. 휴대폰이 주변 사진을 토대로 현재 위치를 인지한 뒤 바로 관련 정보를 덧붙여준 것이다.
A씨가 이처럼 쉽게 주변 정보를 찾을 수

증강현실_빌딩 광고탑 관련 정보 검색

있었던 것은 바로 증강현실 때문이다. 증강현실이란 현실에 가상 객체를 더한 것으로 검색, 여행, 게임, 교육 등에 사용되는 서비스다.

예를 들면 카메라가 내장된 스마트폰으로 특정 사물을 비추면 해당 사물에 대한 정보를 담고 있는 창이나 가상 캐릭터들이 화면 안에 나와서 사용자가 원하는 콘텐츠를 제공해주는 식이다.

증강현실은 모바일 분야에서 특히 활용도가 높다. 최근 스마트폰 시장이 급성장하면서 자연히 증강현실 시장의 성장 잠재력도 높이 평가되고 있다.
시장조사업체 주니퍼리서치는 증강현실이 2014년까지 7억3천200만 달러(약 8천515억 원) 규모로 성장할 것이라고 전망했다. 또 가트너는 '미래를 이끌 10대 혁신 기술' 중 하나로 증강현실을 꼽기도 했다.

모바일 솔루션 업체들은 위치기반 기술 등을 활용한 증강현실 솔루션들을 속속 내놓고 있다.

∴ 실제 상황에 더해지는 '정보'

증강현실 애플리케이션들은 위치 추적 기술, 나침반, 카메라, 인터넷 네트워크를 결합해 주변의 거리나 건물 등에 대한 정보를 그 자리에서 제공해준다.

증강현실 솔루션 사용자들은 외출이나 여행 시 맛집 정보 책자나 여행책자 등을 들고 다니지 않아도 된다.

또 특정 건물 등을 비추면 관련 정보를 제공해준다. 주변 사물들이 모두 '실물 검색어'인 셈이다. 이 애플리케이션들은 구글맵스와 같은 웹 지도 서비스, 온라인 백과사전 위키피디아 등으로부터 해당 정보를 가져다준다.

예를 들면 아이폰을 위한 증강현실 애플리케이션인 '니어리스트 플레이스(Nearest places)'를 이용하면 현재 위치에서 가장 가까운 레스토랑, 바, 주유소, 영화관 등을 검색해준다. 해당 장소의 이름과 주소, 전화번호 뿐 아니라 걸어가야 할 방향도 알 수 있다.

또 산봉우리를 비추면 해당 산에 대한 정

증강현실 프로그램 '피크스'

보창을 화면위에 띄워주는 '피크스(Peaks)', 주변 지역 이름 및 유래 등을 알려주는 '위키튜드(Wikitude)', 하늘을 비추면 그 방향에 있는 별자리 정보를 제공하는 '스카이맵(Sky map)'등의 애플리케이션들이 있다.

∷ 현실에서 이뤄지는 협업과 공유

인터넷이 등장하면서 사이버 공간에서 이뤄지던 정보공유와 협업 개념이 증강현실을 통해 실제 세상에서도 그대로 구현된다.

인터넷에서는 한사람이 공개한 정보를 불특정 다수가 웹을 통해 공유하고, 또 다른 사람이 정보를 자유롭게 추가하는 등 협업 형태의 정보공유가 이뤄졌다. 대표적으로 사용자들이 함께 만들어가는 온라인 백과사전 '위키피디아'가 전형적인 협업적 정보 공유 모델이다.

증강현실 이용자들은 실제 상황에서 이를 누릴 수 있다. 예를 들면 사용자는 스마트폰 화면을 통해 주변의 건물이나 거리 등 특정 장소에 대한 정보를 얻을 뿐 아니라, 자신이 관찰한 내용을 기존 정보에 추가할 수도 있다.

아이폰용 애플리케이션 '세카이카메라'는 이러한 기능을 제공하는 서비스 중 하나다.

교육 분야에도 이러한 협업 모델을 활용할 수 있다. 이를테면 식물원 현장학습 시 특정 식물을 모바일 기기 카메라로 비추면 관련 정보가 뜨고, 여기에 자신이 관찰한 내용을 추가해 학급 친구들과 공유하는 등의 협업 학습 모델을 생각해 볼 수 있다.

그 외 실제 상황과 가상 캐릭터들을 혼합해 화면에서 보여주는 증강현실 게임, 그림을 비추면 가상 객체들이 나와 생생한 정보를 알려주는 증강현실 책 등도 있다.

예를 들면 스포츠댄스 교본에서 특정 부분을 카메라로 비추면 화면 속에서 남녀 무용수가 나와 해당 동작의 시범을 보이는 식이다. 이처럼 증강현실의 적용 분야는 무궁무진하다(아이뉴스24, 2010.1.8).

우리는 인간의 상상을 실제로 현실화시킬 수 있는 세상에 살고 있다. 액자의 그림이 TV처럼 움직인다거나 컴퓨터의 기능을 가진 스마트폰이 손안에서 놀고 있는 기술이 우리가 이전에 경험하지 못했던 다양한 서비스를 제공하고 있다.

∷ 스마트폰만 대면 건물정보 한눈에

서울 강남구가 스마트폰 보급 활성화에 발맞춰 모바일 강남구 오피스 종합정보 시스템을 운영한다고 2012년 6월10일 밝혔다. 이를 위해 현재 강남구가 오피스빌딩 임대정보를 제공하는 1476개 동 모든 건물번호판에 QR(Quick Response)코드를 부착했다.

현장에서 스마트폰으로 QR코드를 스캔하면 해당 오피스빌딩의 건물 규모, 공실 현황, 입주기업, 임대료, 건물 사진 등 정보를 모두 조회할 수 있다. 토지 면적, 지목, 건물 층수 등 부동산 정보도 함께 제공된다.

이는 행정구역, 지번 등을 일일이 입력해야 하는 기존 웹 기반 서비스에서 한발 더 나아간 것이다. 이에 앞서 강남구는 2011년 4월부터 강남구 전 지역 5층 이상 2000㎡ 이상 오피스빌딩 1476개 동에 대한 오피스종합정보와 부동산종합정보를 담은 포털사이트 '강남구 오피스종합정보시스템(land.gangnam.go.kr)'을 구축했다. 하루 평균 3,500명, 현재까지 누적 98만 명이 접속하는 등 높은 이용률을 보이고 있다(매일경제, 2012.6.11., A28).

∷ 가상현실(Virtual Reality: VR)

가상현실(假想現實)은 컴퓨터 등을 사용한 인공적인 기술로 만들어낸 실제와 유사하지만 실제가 아닌 어떤 특정한 환경이나 상황 혹은 그 기술 자체를 의미한다. 이때, 만들어진 가상의(상상의) 환경이나 상황 등은 사용자의 오감을 자극하며 실제와 유사한 공간적, 시간적 체험을 하게함으로써 현실과 상상의 경계를 자유롭게 드나들게 한다. 또한 사용자는 가상현실에 단순히 몰입할 뿐만 아니라 실재하는 디바이스를 이용해 조작이나 명령을 가하는 등 가상현실 속에 구현된 것들과 상호작용이 가능하다. 가상현실은 사용자와 상호작용이 가능하고 사용자의 경험을 창출한다는 점에서 일방적으로 구현된 시뮬레이션과는 구분된다. 쉽게 떠올릴 수 있는 가상현실 시스템의 예로는 비행훈련시뮬레이션과 3D로 표현되었으며 사용자의 의지가 반영될 수 있는 세컨드라이프와 같은 게임이 있다.

가상현실의 종류는 몰입의 정도에 따라 몰입형 가상현실, 비 몰입형 가상현실 및 증강현실의 세 가지로 나눌 수 있다. 휴대전화 카메라로 교보빌딩을 비추면 최근 베스트셀러가 뭔지 화면에 나오는 증강현실(AR: Augmented Reality) 서비스가 국내에 등장했다.

미국 해군에서 이용되는 VR 낙하산 훈련기

아. 스마트폰을 비추면 '책'이 살아난다.

스마트기기 보급 확대 힘입어
AR기술 접목한 책 출간 잇따라

스마트폰 또는 태블릿 PC로 책을 비추면 책 속에 있는 공룡과 바다동물이 스마트폰 화면 등을 통해 나타난다. 그림이었던 동물들이 살아 난 듯 생생하다.

출판업계에 따르면 증강현실(AR, Augmented reality) 기술을 접목한 AR책이 최근 잇달아 출간되고 있다. 증강현실이란 실제 환경에 가상 사물을 합성해 원래 존재하는 사물처럼 보이도록 하는 컴퓨터 그래픽 기술을 말한다.

유아전문 서적 출판사인 블루래빗은 최근 '살아 움직이는 공룡', '놀라운 동물의 세계', '신비로운 바다 동물', '아름답고 신비한 새' 등 총 4종의 AR책을 출간했다.

'살아 움직이는 공룡'에는 육식공룡인 벨로키랍토르, 스피노사우루스, 티라노사우루스, 초식공룡인 트리케라톱스, 이구아노돈, 브라키오사우루스, 켄트로사우루스 등의 모습이 담겨 있다. 앱을 다운 받아 스마트폰 또는 태블릿 PC로 책을 비추면 1억 5,000만 년 전 공룡들이 나온다. 공룡에게 먹이 주기, 울음소리 듣기, 특징 관찰하기, 공룡과 놀기, 퍼즐놀이 등 여러 가지 흥미로운 활동을 즐기며 학습 효과를 높일 수 있다.

공룡과 함께 사진을 찍고 저장할 수 있으며,  사진을 이메일로도 보낼 수 있다. 다른 책들 역시 비슷한 기능으로 마치 영화를 보는 것처럼 눈앞에서 다양한 동물들을 볼 수 있다. 블루래빗 관계자는 "AR책이 간혹 나오긴 했었는데 크게 주목은 못 받았었다"며 "이번엔 동물 종류를 확대했고, 기법들도 화려하고 다양해졌다"고 말했다.

예림당에서 출간된 '어메이징 공룡 월드'에는 총 42마리의 공룡이 등장한다. 공룡의 피부, 힘줄, 털 표현까지 감수를 거쳐 사실감을 높였다. 예림당 관계자는 "책 반응이 꽤 좋아 출간 한 달 만에 1쇄(5,000부)를 다 소진했다"며 "앞으로도 AR책을 계속 개발하려고 한다"고 말했다(서울경제, 2015.8.4.).

자. 가상현실 · 인공지능…게임, 미래기술과 손잡다.

눈앞에 총탄 빗발치고 가상 블록 쌓아 성 건설

MS, 증강현실게임 개발 중

엔씨소프트, 클라우드 활용

넥슨, 서든 어택에 AI 적용

모바일로 영토를 넓힌 게임 산업이 가상현실, 인공지능(AI) 등 신기술과 결합해 빠르

게 진화하고 있다. 지난 6월 미국 로스앤젤레스(LA)에서 열린 세계 최대 게임쇼 'E3'에서도 첨단 게임기술이 대거 선보여 주목받기도 했다. 올해 E3에 참석한 가상현실 게임업체는 지난해 6개보다 4배 이상 늘어난 27개에 달했다. 마이크로소프트(MS)는 가상과 실제를 혼합한 증강현실 게임을 선보였다. 인공지능과 클라우드 기술도 게임의 지평을 넓히고 있다는 분석이다.

⁛ 게임 속으로 들어간 가상현실

페이스북이 2014년 3월 20억 달러에 인수해 화제가 된 가상현실 기기 업체 오큘러스VR은 MS와 손을 잡았다. 오큘러스VR은 지난 6월 가상현실 기기 '오큘러스 리프트'와 MS의 콘솔 게임기 '엑스박스원'을 호환할 계획이라고 발표했다.

두 회사는 이번 제휴를 통해 내년 출시 예정인 콘솔게임 헤일로5에 가상현실 기술을 적용할 계획이다. 실제 게임 속 세상에 들어간 듯 눈앞에서 총탄이 빗발치는 긴장감을 생생하게 느낄 수 있게 될 전망이다. MS가 오큘러스VR과 손잡은 이유는 경쟁업체인 소니가 가상현실 기기인 '프로젝트 모피어스'와 가상현실 게임인 '서머레슨'을 자체 개발하고 있어서다. 소니는 주력 콘솔 제품인 플레이스테이션(PS)의 미래를 가상현실에 맞추고 있다.

게임에 적용된 첨단기술

기술	게임명	개발사	지원기기	내용
가상현실	헤일로5	번지스튜디오	오큘러스리프트	실제 게임 공간에 들어간 것 같은 느낌 제공
	서머레슨	반다이남코	프로젝트 모피어스	
증강현실	마인크래프트	모장	홀로렌즈	현실 세계와 게임 세계가 겹쳐 보이며 상호작용
클라우드	리니지이터널	엔씨소프트	PC, 스마트폰	게임 연산 작업을 PC CPU가 아닌 서버가 담당
인공지능	리니지이터널	엔씨소프트	PC, 스마트폰	게임 캐릭터들이 이용자의 행동에 따라 반응
	서든어택2	넥슨GT		

MS가 따로 공을 들이는 분야는 현실과 가상을 중첩해 보여주는 증강현실 기술이다. MS는 지난 1월 안경 형태의 증강현실 기기 홀로렌즈를 발표했다. 발표 당시 주목 받았던 것은 홀로렌즈를 통해 블록 쌓기 게임인 '마인크래프트'를 시연하는 장면이었다. 내 방 책

상 위에 가상의 블록을 쌓아 성(城)을 건설할 수 있을 뿐 아니라 게임 캐릭터가 책상에서 의자로 뛰어내리기도 한다.

∴ 음악처럼 스트리밍 기술 도입

넥슨과 함께 '온라인 게임' 산업을 주도해온 엔씨소프트는 또 한 번의 기술적 도약을 준비 중이다. 현재 개발 중인 클라우드 게임 '리니지 이터널'을 통해서다.

클라우드 게임은 게임의 실제 구동을 사용자의 PC나 모바일 기기가 아니라 게임사의 서버에서 처리하는 식이다. 김요한 엔씨소프트 과장은 "아직까진 온라인 게임이라 해도 대부분의 게임 요소를 사용자 PC의 하드디스크에 저장하고 중앙처리장치(CPU)를 통해 구동한다"며 "리니지 이 터널은 게임 데이터의 저장부터 그래픽 처리까지 모두 서버에서 진행된다"고 강조했다. 사용자의 PC나 스마트폰은 명령의 입력과 게임화면의 출력만 담당한다는 설명이다.

이렇게 되면 저사양 스마트폰으로도 동시에 수천 명이 접속하는 공성전(성뺏기 싸움) 등 고사양의 PC로 즐길 수 있는 게임을 구동할 수 있게 된다. 동영상, 음악에 이어 게임에도 '스트리밍' 방식이 도입되는 것이다.

인공지능도 게임사들이 주목하는 분야다. 엔씨소프트는 국내 게임사 최초로 AI연구소를 설립하고 관련 기술을 개발하고 있다. 이용자의 행동에 따라 실시간으로 반응이 달라지는 게임 속 캐릭터나 전투 시 이용자와 비슷한 실력의 상대방을 찾아 연결해주는 기술 등이 대표적이다. 넥슨의 자회사 넥슨GT도 차세대 총싸움(FPS) 게임 '서든어택2'에 AI 기술을 활용할 계획이다(한국경제, 2015.7.14.).

차. 빅데이터(big data)

빅 데이터(big data)란 기존 데이터베이스 관리도구로 데이터를 수집, 저장, 관리, 분석할 수 있는 역량을 넘어서는 대량의 정형 또는 비정형 데이터 집합 및 이러한 데이터로부터 가치를 추출하고 결과를 분석하는 기술을 의미한다.

위키백과의 편집 현황의 시각화 자료(IBM 작성). 수 테라바이트의 용량을 지닌 위키백과의 텍스트 및 이미지 자료는 빅 데이터의 고전적 사례에 속한다.

전 세계 저장 매체 용량의 증가 및 디지털화. (출처: 워싱턴 포스트)다양한 종류의 대규모 데이터에 대한 생성, 수집, 분석, 표현을 그 특징으로 하는 빅 데이터 기술의 발전은 다변화된 현대 사회를 더욱 정확하게 예측하여 효율적으로 작동케 하고 개인화된 현대 사회 구성원 마다 맞춤형 정보를 제공, 관리, 분석 가능케 하며 과거에는 불가능했던 기술을 실현시키기도 한다.

이같이 빅 데이터는 정치, 사회, 경제, 문화, 과학 기술 등 전 영역에 걸쳐서 사회와 인류에게 가치 있는 정보를 제공할 수 있는 가능성을 제시하며 그 중요성이 부각되고 있다.

하지만 빅데이터의 문제점은 바로 사생활 침해와 보안 측면에 자리하고 있다. 빅데이터는 수많은 개인들의 수많은 정보의 집합이다. 그렇기에 빅데이터를 수집,분석할 때에 개인들의 사적인 정보까지 수집하여 관리하는 빅브라더의 모습이 될 수도 있는 것이다. 그리고 그렇게 모은 데이터가 보안 문제로 유출된다면, 이 역시 거의 모든 사람들의 정보가 유출되는 것이기에 큰 문제가 될 수 있다(위키백과).

❖ 기업이 원하는 빅데이터란?

빅데이터(Big Data)란 단어가 이미 익숙한 단어가 되었으며, 2015년~ 2016년에는 빅데이터 시장이 본격적으로 형성되어 선택이 아닌 필수가 되는 시기이다.

출처: 헤럴드경제

일반적인 관점으로 빅데이터(Big Data)와 IT 기업에서 바라보는 빅데이터 비즈니스 (Big Data Business)는 차이가 있다.

빅데이터 솔루션을 제공하는 '스플링크(Splink)'란 기업을 예로 들면, 2010년부터 2014년까지 매출이 상당한 속도로 증가하고 있지만, 영업 손실(operating loss)이 계속 발생하는 실질적으로 적자를 보는 회사이다. 이 회사가 손해를 보고 있음에도 불구하고 3번의 Funding Rounds를 통해 400억 원에 달하는 지원금(Funding)을 받았다. 이는 빅데이터 기술의 검증은 끝났지만, 시장에서 수익을 낼 수 있는 솔루션이 공급되고 있는 가에 대한 측면에서 보면 아직은 의문이 남아있다는 것을 의미한다. 그럼에도 불구하고 지원금(Funding)의 규모가 큰 것을 보면 미국의 실리콘밸리에서 조차도 빅데이터 솔루션에 대한 가능성을 보고 투자를 하고 있는 것이 아닌가란 생각이 든다.

전체 빅데이터 시장에서 가장 큰 비중을 차지하는 분야는 Professional Service분야로 Professional Service분야는 Big Data 기술을 Integrate하여 시스템을 구축하거나, 분석 Tool을 활용하여 분석 컨설팅을 하는 서비스이다. 그리고 현재 규모는 상대적으로 작지만, 데이터를 처리하거나, 분석을 지원하기 위한 Solution 제공하는 Application/ Analytics의 성장 폭을 주목 할 필요가 있다.

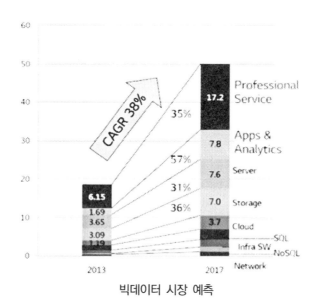

빅데이터 시장 예측

(출처 : wikibon, 2013)

빅데이터 시장은 2015년부터 선택이 아닌 필수적인 항목으로 성장한다는 점은 변함이 없다. 다만, 솔루션(Solution)을 개발하여 라이센스로 수익을 창출하는 구조가 아닌 솔루션을 기반한 SI 사업들이 시장을 확보해 나가는 것이라 생각된다.

즉, 기업이 원하는 빅데이터란 단순한 데이터 분석 자체가 아니라 통찰력을 통해 사업적 성과를 만드는 것이라 할 수 있다.

∴ IoT시대의 빅데이터

IoT(사물인터넷, Internet of Things)의 여러 정의가 있지만, LG CNS가 정의하는 IoT는 '센서가 탑재된 다양한 디바이스들을 통해 의미 있는 센싱 정보들이 지속적으로 수집되고, 직/간접으로 연결된 유/무선 네트워크를 통해 빠르고 안정적으로 정보들이 송/수신되어 Cloud Computing 환경 및 Big Data 분석을 통해 자동화된 지능형 서비스가 제공되는 것'이다.

IoT 서비스가 제대로 제공되기 위해서는 디바이스에서 발생하는 다양한 형태의 신호를 쌓고, 분석하는 과정이 필요하다. 바로 이것을 빅데이터라 할 수 있다('IT MEGA VISION 2015' 컨퍼런스 강연, 2015/01/23, LG CNS).

〈국내외 빅데이터 활용 우수 사례(매일경제, 2014.10.22.)〉

기업	분야	내용
SK C&C	수율관리	SK하이닉스 공정에 빅데이터 솔루션 도입해 반도체 불량률 낮춰
KT	교통관리	서울시 교통데이터와 KT유동인구 데이터 융합해 최적 심야노선 수립
삼성라이온즈	선수관리	빅데이터 솔루션 '스타비스'로 경기데이터 모아실시간 복기
ZARA	재고관리	전 세계 매장 판매량 실시간 집계·분석해 재고 최적화
뉴욕시	재난관리	시내 5만천여개 맨홀 정보모아 폭발 가능성 높은 고위험군 예측

SK C&C가 관계사인 SK하이닉스와 손잡고 시도하는 빅데이터 협업 모델에도 관심이 모아지고 있다. SK C&C가 SK하이닉스 반도체 공정 곳곳에 센서를 달고 수율에 영향을 미칠 만한 불량 요소를 사전에 쪽집게처럼 집어내는 것이다. 민감하기로 소문난 반도체 공정은 작은 변수 하나가 수율에 영향을 미칠 가능성이 높아 이를 예방하기 위해 미리 '빅데이터 백신'을 맞는 것이다.

카. 음원사이트, 소리 없는 전쟁

빅데이터로 내 취향의 음악 골라주는 멜론…벅스는 스마트카 서비스
이용자 감상 패턴 분석해 음악·관련 상품 자동 추천
와이파이로 스피커 제어도

멜론 벅스 지니 등 국내 음원 사이트들이 빅데이터, 사물인터넷(IoT) 등을 활용한 신개념 음악 서비스를 속속 선보이고 있다. 기존의 단순한 음악 스트리밍(온라인 실시간 전송) 서비스를 넘어 종합 음악 플랫폼으로 진화하려는 시도가 잇따르고 있다. 애플 구글 등 내로라하는 글로벌 정보기술(IT) 강자들이 음악 스트리밍시장에서 영향력을 확대하고 있는 가운데 국내 업체들이 차별화한 서비스로 가입자 확대에 나서고 있는 것이다.

빅데이터 활용한 쇼핑몰 선봬

회원 수가 2600만 명에 달하는 국내 1위 음원 사이트 멜론은 최근 빅데이터 기반의 아티스트 쇼핑몰인 '멜론쇼핑' 서비스를 시작했다. 멜론쇼핑은 빅데이터를 통해 가입자들의 음악 취향을 분석한 뒤 다양한 기획상품(티셔츠 머그컵 등)을 추천해 주는 게 특징이다. 예컨대 평소에 즐겨듣는 음악, 좋아하는 가수 등과 관련한 상품이 나오면 사용자에게 알림 메시지 등을 보낸다.

멜론은 방대한 음원을 바탕으로 큐레이션(맞춤형 콘텐츠 제공) 음악 플랫폼으로 진화하고 있다. 대표적 서비스는 '멜론라디오'다. 빅데이터로 개인의 취향과 음악 이용 행태를 분석해 음악을 들려주는 서비스다. 회사 관계자는 "멜론은 단순히 음악만 제공하는 서비스가 아니라 문화를 판매하고 가수와 팬을 잇는 종합 플랫폼으로 성장하고 있다"고 강조했다.

스마트카, IoT 서비스까지

네오위즈인터넷이 운영하는 음악 포털 벅스는 국내 최초로 애플의 스마트카 서비스 '카플레이'를 지원하는 기능을 선보였다. 카플레이는 애플의 자동차용 인포테인먼트(정보+오락) 시스템으로, 한국GM의 신형 스파크 차량에서 **이용할 수 있다.**

벅스 가입자들은 카플레이 화면을 통해 자신이 벅스 **계정에** 설정해둔 '내 앨범' '좋아하는 음악' 등의 리스트를 재생할 수 있다. 또 '운전할 **때** 듣고 싶은 음악' '실시간 톱100' 등 원하는 채널을 선택해 노래를 즐길 수도 있다. 네오위즈인터넷 최고운영책임자(COO)는 "이용자들이 언제 어디서나 음악을 즐길 수 있도록 서비스를 강화해 나갈 것"이라고 말했다.

KT뮤직은 국내 처음으로 IoT 기반의 음악 서비스를 **내놓았다.** KT뮤직의 지니 애플리케이션(앱 · 응용프로그램) **이용자는** 와이파이 네트워크를 **통해** 최대 10개의 무선 스피커를 제어하며 음악을 들을 수 있다.

KT뮤직은 또 애플의 스마트워치 '애플워치'에 맞춘 **신규** 서비스도 최근 선보였다. 지니스포츠라는 이름을 붙인 이 서비스는 걷기, 달리기, **요가,** 자전거, 헬스, 등산 등 6개 테마로 구성됐다. 지니 이용자들은 각각의 테마에 따라 **다양한** 음악을 즐길 수 있다.

인터넷업계 관계자는 "모바일 메신저 라인은 최근 **일본에서** 채팅창을 통해 음악을 공유할 수 있는 '라인뮤직' 서비스를 선보이기도 했다"며 "**앞으로** 글로벌 음악 서비스가 IT와 결합하며 진화해 나갈 것"이라고 내다봤다(한국경제. 2015.7.29.).

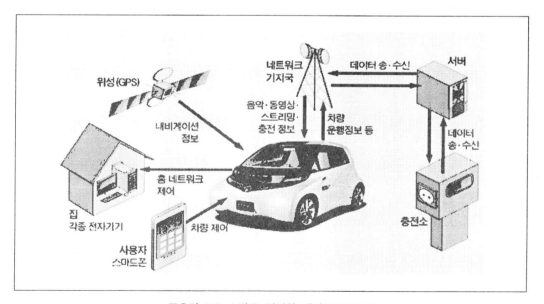

도요다-MS 스마트 전기차 개념도(한국경제)

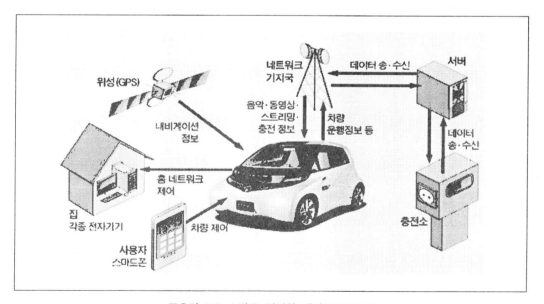

287

타. 드론(Drone)

무인 항공기(無人航空機, 영어: unmaned aerial vehicle, UAV) 또는 단순히 드론 (영어: drone)은 조종사를 탑승하지 않고 지정된 임무를 수행할 수 있도록 제작한 비행체 이다. 무인 항공기의 다른 이름으로 '벌이 윙윙거린다'는 것에서 "드론"(drone)이라고도 불리기도 한다. 기체에 사람이 타지 않은 것으로 지상에는 원격 조종하는 조종사가 존재 하고 있다는 점을 강조해 Uninhabited Aerial(Air) Vehicle의 약어로 지칭하는 경우도 있다(위키백과).

독립된 체계 또는 우주/지상체계들과 연동시켜 운용한다. 활용분야에 따라 다양한 장 비(광학, 적외선, 레이더 센서 등)를 탑재하여 감시, 정찰, 정밀공격 무기의 유도, 통신/정보중계, EA/EP, Decoy 등의 임무를 수행하 며, 폭약을 장전시켜 정밀무기 자체로도 개발되어 실용화되고 있어 향후 미래의 주요 군사력 수단으로 주목을 받고 있다. 최근 몇 년간 빠른 성장이 이루어지고 있는 추세이다

드론은 군사용으로 제일 먼저 개발되어 시장을 형성했지만, 오픈소스 드론의 제작이 많아지면서 소비자 시장도 급속도로 확대되고 있다. 최근 중국의 DJI는 기업가치 100억 달러 이상을 넘볼 정도로 급성장을 하였고, 드론용 소프트웨어나 플랫폼을 확보한 스타 트업 기업들에 대한 투자도 활발하게 이루어지고 있다. 구글이나 페이스북, 아마존 등은 자사의 서비스 강화를 위한 목적으로 드론 기술을 적극적으로 활용하고 있으며, 드론의 시장 확대에 따른 드론 시장 생태계도 크게 확장되고 있다.

비행반경에 따른 분류

* 근거리 무인항공기(CL:Close Range) : 약 50km 이내에서 활동할 수 있으며 사단급 이하 부대를 지원하는 전술 무인항공기이다.
* 단거리 무인항공기(SR:Short Range) : 약 200km 이내에서 활동할 수 있으며 군 단급 이하 부대를 지원하는 무인항공기이다.
* 중거리 무인항공기(MR:Medium Range) : 약 650km 이내에서 활동할 수 있는 무인항공기이다.
* 장거리 체공형(LR:Long Range) : 약 3000km 내외에서 활동할 수 있으며 전략정보지원임무를 수 행한다.

🔍 비행고도에 따른 분류

* 저고도 무인항공기(Low Altitude UAV) : 6,200m(20,000 ft) 이하의 무인항공기로서 저고도 비행을 하며 전자광학 카메라, 적외선 감지기 등을 탑재한다.
* 중고도 체공형 무인항공기(MAE:Medium Altitude Endurance) : 13,950m(45,000 ft) 이하의 무인항공기로서 대류권 비행을 하며 전자 광학 카메라, 레이더 합성 카메라 등을 탑재한다.
* 고고도 체공형 무인항공기(HALE:High Altitude Endurance) : 13,950m(45,000 ft) 이상의 무인항공기로서 성층권을 비행하며 레이더 합성 카메라 등을 탑재한다.

1) 드론 산업 활성화에 따른 관련 생태계 확대

① 드론(Drone)은 비행기나 헬리콥터와 유사한 형태로 제작된 소형 무인 비행체를 지칭
  * 최근 드론 기술이 발전을 거듭하면서 경찰의 도난 차량 추적이나 마약 수사, 재난지역의 실종자 수색, 미디어 업계의 항공 촬영 등 활용범위가 확산되는 추세
  * 또한 2015년 5억 달러 규모로 예상되는 민간용(civilian) 드론 시장 규모가 2023년 22억 달러에 달할 것으로 전망되는 등 개인 소비자의 드론에 대한 관심도 급증

② 기업부터 일반소비자에 이르기까지 드론에 대한 수요가 본격화됨에 따라 관련 산업 생태계 역시 빠르게 조성되는 양상
  * 이미 드론 시장에는 드론 제조업체, 카메라 벤더, 자동항법장치 개발 진행 등 고유의 경쟁력을 바탕으로 한 드론 관련 사업자들이 출현 중

③ 이전까지는 RC헬기에 카메라를 달아서 촬영하는 헬리캠을 주로 사용했지만, 드론은 GPS가 내장된 비행체이므로 RC헬기보다 원하는 위치에 정확히 위치시켜 완벽한 촬영이 가능할 것이다. 이런 기술적인 산업의 끝은 점차 소형화되어 좁은 틈이나 구멍 등으로 정확히 투입시켜 그 내부를 촬영할 수 있을 것이다(http://lastark.tistory.com/34).

Chapter 09. 소셜미디어 신기술

289

2) 드론 산업 활성화를 위한 규제 방안

① 드론의 활용 범위 확대와 더불어 시장 성장 가능성까지 목격됨에 따라 각 국 정부는 규제 완화에 초점을 둔 드론 산업 활성화 정책을 전개

- 2015년 2월 미국 연방항공청(Federal Aviation Administration, FAA) 이 발표한 '상업용 드론 시장 활성화를 목적으로 한 드론 규제안 공고 (Notice of Proposed Rulemaking)'에서는 소형 드론의 상업적 활용 기준이 대폭 완화
- 유럽항공안전기구(European Aviation Safety Agency, EASA)의 경우 2015년 3월 사업자의 규제 예측 가능성을 극대화한 드론 활용 가이드라인 을 발표(출처: 정보통신기술진흥센터, 해외 ICT R&D 정책동향(2015년 02호)

미국	7500대, 세계 최다 보유국
이스라엘	세계 최대 드론기술 보유 및 수출국
영국	MQ-9 등 공격형 드론 보유 및 아프간 전 실전사용
중국	공격형 드론 포함 25기 자체 개발
이란	작전 반경 2000Km '샤헤드 129' 자체개발
러시아	무인기 '프첼라' 개발 후 수 백대 생산, 북한에도 수출
인도	중장거리 공격형 드론 '루스통-C' 등 자체 개발
독일	정찰형 드론 '바라쿠다' 자체개발
프랑스+EU 5개국	최신형 공격형 드론 공동 개발 중, 2014년 양산
터키	'앙카' 자체 개발, 향후 무기 탑재 계획

국가별 드론 개발 및 보유현황(출처: http://lastark.tistory.com/34)

국가	기업	제품특징	비 고
미 국	AIRDOG	조종자의 팔에 찬 밴드 센서를 따라다니면서 촬영, 격렬한 동작 인식에 유리	
	BLADE (QX Series)	소형 헬리콥터 및 소형드론	
	YUNEEC (Q 500)	항공사진에 강점이 있고, 드론OS 개발 참여기업	
	AIRWARE	신생기업으로 드론OS 개발의 선두주자, 자동조정 등 드론 S/W 개발에 우선순위	
	3DRobotics (IRIS)	쿼드라콥터라는 드론에 인공지능 장착	
	Nixie	팔찌처럼 착용하는 웨어러블 셀카 드론	
일 본	YAMAHA (농업R MAX TYPE II)	20년 전부터 농업을 위해 생산 하였고 제초제, 비료 등을 살포	
	HI TECH (NANO Q)	손바닥 만한 크기로 현존하는 가장 작은 드론	
	PHENOXLAB (PHOENIX Series)	드론에 소리인식 센서를 달아 조종. 치면 이륙하고 휘파람을 불면 착륙하는 조작 가능	
한 국	BYROBOT (드론 파이터)	30g 정도의 완구제품. 적외선 센서를 이용해 서로 대결, 드론 활용 로봇 구상	
	XDrone (XD Series)	데이터 링크 통한 자동비행 공공분야 드론 강점	

연습문제 Ⅰ ※ 다음 문제의 정답을 표시하시오.

01. '어디에나 존재한다.'는 뜻의 라틴어에서 유래한 성장엔진 기술?
　① WiBro　　　　② 유비쿼터스　　　③ IPTV　　　　④ RFID

02. 유통분야에서 일반적으로 물품관리를 위해 사용된 바코드를 대체할 인식기술?
　① RFID　　　　② Wibro　　　　③ 유비쿼터스　　　④ Bluetooth

03. 한국이 개발한 2.3[GHz] 대역이 4G 이동통신의 세계 공통 주파수 대역으로 선정된 국제표준기술?
　① MP3　　　　② WiBro　　　　③ Bluetooth　　　④ 텔레매틱스

04. 기존 통신사의 이동통신망을 빌려 별도 요금제로 휴대폰 서비스를 제공하는 사업자를 말한다?
　① MVNO　　　　② VoLTE　　　　③ CDMA　　　　④ AMPS

05. 보통 10m 정도 내에서의 근거리 통신이 가능하며 이동전화, PDA, 노트북, 기타 가정용기기 등에 탑재될 것으로 예상되는 기술?
　① RFID　　　　② WiBro　　　　③ 유비쿼터스　　　④ Bluetooth

06. 이동통신과 방송이 결합된 새로운 방송서비스로서, 휴대폰이나 PDA에서 다채널 멀티미디어 방송을 시청할 수 있는 기술?
　① WiBro　　　　② DMB　　　　③ PCS　　　　④ IPTV

07. 발광다이오드(LED: Lighting Emitting Diode)의 장점이 아닌 것은?
　① 전력 소모가 적다　　　　　② 대형으로 만들기 쉽다
　③ 유지보수 비용 적다　　　　　④ 빠른 응답속도

08. 웨어러블 컴퓨터의 특징 중 가장 거리가 먼 것은?
　① 착용감　　　　② 편리성　　　　③ 안정성　　　　④ 사용자인터페이스

09. 로봇기술의 장점이 아닌 것은?
　① 첨단산업의 집합체　　　　　② 막대한 고용 효과
　③ 무인전투기 산업 활발　　　　④ 자체 판단력 가능

연습문제 Ⅱ ※ 다음 문제를 설명하시오.

01. 유비쿼터스의 활용분야

02. 텔레매틱스(Telematics)

03. 와이브로(WiBro)

04. 드론(Drone)

05. 블루투스(Bluetooth)

06. 근거리통신망(NFC)

07. IPTV 서비스

08. RFID의 활용 분야

09. 증강현실과 가상현실의 차이점

10. LED의 장·단점 및 활용 분야

11. 이용자가 자신의 파일을 온라인 공간에 저장할 수 있는 일종의 웹하드 서비스로 여러 개의 모바일기기와 쉽게 연동되는게 가장 큰 장점이다. (　　　)

12. 10Cm 이내 가까운 거리에서 전자기기간 데이터를 전송하고 읽어내는 기술로, 교통카드나 택배 상자 등에 주로 쓰이는 (　　　)가 데이터를 읽기만 하는 수동적인 기능에 머문다면 (　　　)는 데이터를 기록해 서로 통신을 할 수 있다는 차이점이 있다.

13. (　　　)은 온라인, 오프라인, 모바일을 가리지 않고 모든 채널을 유기적으로 연결해 소비자가 마치 하나의 서비스를 이용하는 것처럼 느끼게 만든 것이다.

14. 가상현실의 종류는 몰입의 정도에 따라 몰입형 가상현실, 비 몰입형 가상현실 및 (　　　)의 세 가지로 나눌 수 있다.

참고문헌

* 김성태, 스마트 사회를 향한 대한민국 미래전략, 법문사, 2011
* 오픈타이드(2013), 전략적 관점에서의 웹사이트 기획 방법론
* IoT 시대의 빅데이터 현재와 미래, LG CNS, 2015.01.23
* 유혜림, 송인국, 웹 서비스 형태 변화에 따른 소셜네트워크 서비스의 진화
* 한국인터넷 정보학회(제11권 제3호), 2010.9
* 정보통신기술진흥센터, 해외 ICT R&D 정책동향, 2015년 02호
* '기업 UC&C 시장 동향 및 전망', 유엔젤 ICT 동향 리포트 제9호 2014.4.28.
* 한국인터넷진흥원, 스마트워크 기술동향 및 국내외 추진 현황, 2015.6.15.
* A Revolution That Will Transform How We Live, Work, and Think, 2013
* "현실로 다가온 '삼성 스마트홈', 일상을 바꾸다", 2014.4.2.
* LG경제 연구원, 2010. 8
* 이재성외, 스마트워크 현상과 활성화 방안 연구
* 실감형 전송기술을 이용한 화상회의 장면, ITWORLD
* 한국향토문화전자대전, 한국학중앙연구원
* 비즈니스혁신의 10대 경영도구, 커뮤니케이션북스, 2014.4
* 인구고령화 전망, 통계청, 2015.7.8.
* 이종태, POSCO, 산업연구센터, 2015.6.10.
* 디지에코(2014), 신한 FSB리뷰(2014), 소프트웨어정책연구소(2014)
* The Science Times, 2015.7.30.
* 유엔젤 ICT 동향 리포트 제9호, 2014.4.28.
* IDC 보고서(2013), 안랩 보고서(2013)
* 삼성SDS UC사업부, '글로벌 통합 커뮤니케이션 서비스'
* SK텔레콤, Enterprise Mobility 구현 개념도
* Sage Research, IWGDPT, Iwiss Electric Co.,Ltd, 2008,
* 경제 패러다임의 변화, KT경제경영연구소
* Boyd & Ellison, 2007, 오픈타이드 2013
* eMarketer, STRABASE, 2015
* 미즈내일, 2012.7
* 이영탁 세계미래포럼이사장.서울신문. 2014.10.6.

* BDT Insights, 2014.4.1.

* 2020 새로운 미래가 온다, LG경제 연구원, 2011.

* 선 없는 사회, 박현길, 청년정신, 2010.

* 파이낸셜 뉴스, 2012.1.30.

* 스마트시대의 패러다임 변화전망과 ICT전략, 한국정보화진흥원, 2010.12

* 미래창조과학부, KT경제경영연구소, 가트너-KT경제경영연구소

* 유혜림, 송인국, 한국 인터넷 정보학회(제11권 제3호), 2010.9

* 위키노믹스(Wikinomics)의 주요내용과 시사점, KISTEP〈혁신경제팀〉, 2007

* Lynman, P., & Varian, H., 2003

* (주)컴퓨터생활 〈PC사랑〉, 2013.03.28.

* 방송통신융합진흥본부 융합진흥부, 방송·통신·전파, 통권 제64호, 2013. 07.

* IDC, Clarice Technologies, 2014

* ChosunBiZ, 2015.7.24.

* 두산백과, 위키백과, Naver 지식 iN

* CHEIL WORLDWIDE, 2014.12.22.

* 기술이 삶을 흔든다', 서울경제, 2015.1.27.

* 모바일 퓨처', 조선일보, 2014.4.4.

* '만물인터넷이 모든 걸 바꾸고 있다', 동아일보, 2014.5.21.

* 전자신문, 2015.4.21. Chosun Biz, 2015.7.21.

* 동아일보, 2009.10.24., 2011.7.19., 2015.7.24., 2015.8.14., 2015.8.17.

* 한겨레, 2015.5.4., 2015.6.8., 조선경제, 2015.1.6., 세계일보, 2015.7.24.

* 서울경제, 2015.1.3., 2015.8.4., 2015.7.2.

* 한국경제, 2015.7.6. 2015.7.14., 2015.7.16., 2015.7.21., 2015.7.29. 2015.8.4.

* 매일경제, 2012.6.11., 2014.10.22.

* 서울경제, 2015.7.21., 2015.7.27. 2015.8.4.

* 웨어러블 컴퓨터 기술 현황과 전망, 한국전자통신연구원, 2013.10

* 기술과 경영한국전자통신연구원, 2013.10

* SK C&C, JTBC, KISA, 2015.7.23.

* KB금융지주 경영연구소, 2015.3.11

* TECHM, 2014.4월호, 한국온라인쇼핑협회

* LG디스플레이, 세계 웨어러블 시장 '독주'브릿지경제, 2015.3.18

* 프로스트 셀레반, 2015.4.29., wikibon, 2013

* 한국LED응용기술연구조합, 삼성경제연구소, 삼성전기

* Milgram, Takemura, Utsumi, Kishino,1994.

- 아이뉴스24, 2010.1.8

- 'IT MEGA VISION 2015' 컨퍼런스 강연, 2015/01/23, LG CNS

- 정보통신기술진흥센터, 해외 ICT R&D 정책동향(2015년 02호)

- Power Review, KISA, 2015. 5

- 모바일 오피스 구성도, ftp://public.dhe.ibm.com/software/kr/

- 사이렌 오더 서비스, istarbucks.co.kr

- reco2.me, daumkakao.com

- http://blog.naver.com/no1_hanafax/220050301526

- 한국취업신문, http://www.koreajobnews.com

- 앱피타이저, appetizer@chosun.com

- http://www.innovationiseverywhere.com

- https://ko.wikipedia.org/wiki

- http://www.ufcom.org/2007/insub1_1.php

- kin.Naver.com, bloter.net

- syrup.co.kr, yap.net

- http://wifilog.tistory.com/52

- http://blog.daum.net/my.people

- http://www.bloter.net/

- http://www.nocutnews.co.kr/

- http://lastark.tistory.com/34

- https://www.youtube.com

- https://www.youtube.com/yt/copyright/ko/

- http://www.youtube.com/watch?v=6nV3sDHeoto

- http://blog.naver.com/creativesup

- http://k.daum.net/qna/view.html?qid=2eQKD

- http://financedoctor.org

- http://blog.socialmkt.co.k

- http://biz.chosun.com/

- http://www.bloter.net/archives/

- http://www.itworld.co.kr/

- http://oneceo.co.kr/129

찾아보기

스마트한 소셜미디어 세상

1판 1쇄 발행 2015년 08월 31일
1판 2쇄 발행 2016년 03월 02일
저   자 황의철
발 행 인 이범만
발 행 처 **21세기사** (제406-00015호)
　　　　　경기도 파주시 산남로 72-16 (10882)
　　　　　Tel. 031-942-7861   Fax. 031-942-7864
　　　　　E-mail : 21cbook@naver.com
　　　　　Home-page : www.21cbook.co.kr
　　　　　ISBN 978-89-8468-617-5

정가 **18,000원**